本书是国家自然科学基金项目"区域价值链合作视角下⋯⋯理与升级路径研究"（项目编号：72063020）的研究⋯⋯

经管文库·经济类
前沿·学术·经典

从全球价值链到
区域价值链

FROM GLOBAL VALUE CHAIN TO
REGIONAL VALUE CHAIN

屠年松 著

经济管理出版社
ECONOMY & MANAGEMENT PUBLISHING HOUSE

图书在版编目（CIP）数据

从全球价值链到区域价值链/屠年松著．—北京：经济管理出版社，2023.10
ISBN 978-7-5096-9355-1

Ⅰ.①从…　Ⅱ.①屠…　Ⅲ.①制造工业—工业发展—研究—中国　Ⅳ.①F426.4

中国国家版本馆 CIP 数据核字（2023）第 202053 号

组稿编辑：王　洋
责任编辑：王　洋
责任印制：黄章平
责任校对：蔡晓臻

出版发行：经济管理出版社
　　　　　（北京市海淀区北蜂窝 8 号中雅大厦 A 座 11 层　100038）
网　　址：www. E-mp. com. cn
电　　话：（010）51915602
印　　刷：唐山玺诚印务有限公司
经　　销：新华书店
开　　本：720mm×1000mm/16
印　　张：13.75
字　　数：267 千字
版　　次：2023 年 11 月第 1 版　　2023 年 11 月第 1 次印刷
书　　号：ISBN 978-7-5096-9355-1
定　　价：98.00 元

目　录

第一章 绪论

以互联网、大数据、云计算、物联网等新一代信息技术广泛应用为特征的第四次工业革命推动了传统制造模式和组织模式变革，促使全球价值链分解、融合和创新，使国际产业分工的"微笑曲线"发生变形，各环节附加值也相应发生变化。世界经济已进入了全球价值链（Global Value Chain，GVC）重构阶段。田文等（2015）指出 GVC 重构是指原先形成 GVC 的比较优势因素已发生了变化，从而导致产品生产的不同阶段出现收缩与异地迁移。

20 世纪 90 年代，欧美等西方国家分别以欧盟（European Union，EU）和北美自由贸易协定（North American Free Trade Agreement，NAFTA）构建了欧洲和北美的区域价值链（Regional Value Chain，RVC）。受美国制造业"回归本土"、欧盟"抱团取暖"和美国在关键技术方面对中国进行封锁等政策影响，传统多边自由主义受到冲击，更加灵活、直接的双边主义和区域主义开始盛行，区域价值链更加流行。

全球价值链重构的进程中，区域价值链的兴起成为重要趋势。本书将阐述主要产业——制造业全球价值链的特征、发展状况以及影响因素，分析制造业区域价值链的构建基础、影响因素、演进机理和升级路径。

第一节 为什么需要重构全球价值链[①]

"价值链"（Value Chain）是由 Porter 在 1985 年首先提出的。他在 2002 年 OECD 召开的工商业政策年会指出，企业在全球价值链中的位置因国际分工的变化而变化，而企业要持续发展就必须重构价值链。由此学术界对价值链重构展开

[①] 参见屠年松，易泽华. 价值链重构研究综述［J］. 管理现代化，2018，38（1）：111-114.

了高度的关注和持续的研究。从 Porter 和 Millar（1985）将价值链作为分析工具，对企业竞争优势问题进行研究，到 Gereffi 等（2001）提出全球价值链（GVC）的概念。如今关于价值链重构的研究，文献丰富，涵盖面广。吴海平和宣国良（2003）研究认为，全球价值链网络构建是价值链全球分布的前提，依靠价值链将全球资源、信息、研发、生产和营销组合成一个网络结构。田文等（2015）的研究表明，随着中国劳动力成本的增加及其他因素的变化，在某种程度上价值链重构具有必然性。Koopman（2012）认为，随着对外开放的深度和广度不断扩大，中国企业参与全球价值链的深度和广度将不断提高。中国有效地承接了发达国家的产业转移，并正突破全球价值链的低端锁定，向高处攀升。总的来说，中国仍处在以发达国家跨国公司为主导的价值链环流低端水平（蓝庆新和姜峰，2016）。

中国学者对价值链重构的研究主要集中在微观企业角度，即企业如何实现价值链重构。马秀丽和孙友杰（2004）解释了企业重构价值链的重要性和如何重构；谭力文和马海燕（2006）构建价值链重构模型解释了全球外包下企业为什么要进行价值链重构。

随着价值链重构在内容上的深入和范围上的扩展，以及逆全球化的思潮抬头，区域价值链成为理论界和实务界关注的一个新方向。研究全球价值链的发展和演化，以及区域价值链的构建基础、影响因素、演化机理和升级路径，是我们急需解决的课题。

一、价值链重构的内涵

价值链重构的本质就是在不断变化的研发、生产和销售环节中，企业灵活调整自己的价值活动，形成适应市场的新价值链。这就涉及原有价值链的分解和新价值链的整合（许晖和王琳，2015）。如图 1-1 所示，各个子系统共同构成价值链重构系统的理论框架。价值链重构系统具有三个内在特征，即开放、动态、循环。开放表现在价值链可以与外界进行自由的资源、信息、要素和物联交换；动态表现在价值链不是固定不变的；循环表现为前后向关联的链状网络结构，下游环节的投入是上游环节的中间产出，通过产业链系统和供应链系统共同构成价值链重构系统循环结构。周晋竹（2017）认为，中国的价值链重构呈现三个特点，即贸易结构会随着供应链的变化而变化；贸易结构会因为结构和周期的因素而发生不可逆的改变；中国正由世界工厂向世界市场转变。

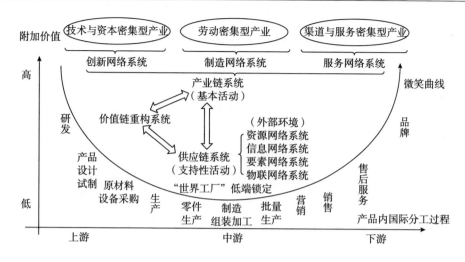

图1-1 价值链重构系统

资料来源：笔者根据已有文献编制。

二、价值链重构的动因

（一）影响价值链重构的因素分析

（1）外部环境：价值链不是永远不变的，如果遇到外界干扰就会发生改变，目前经济问题政治化、民族主义盛行等外界干扰正在影响着价值链的重构，各主要经济体更加重视产业链的安全。当外界干扰是创新或者技术因素时改变更加明显。因此，企业如果要继续保持或获取竞争优势，就必须进行价值链重构（马秀丽和孙友杰，2004）。

（2）内生动力：价值的增值伴随着资金和信息的内部交换，它们与产品紧密关联，同时也被新产品所吸纳，以实现新产品的价值。在价值传递过程中，创新因素会驱动价值链上的环节发生新的价值分配，从而重新构造出新的价值链。

（3）驱动机制：Gereffi（1999）将价值链分为生产者（供应商）驱动和消费者（采购商）驱动两种类型，并对两种驱动机制进行了比较。

（二）产品内国际分工导致价值链重构

产品内国际分工，将一个产品的生产过程碎片化、全球化，位于价值链高端的是研发、设计、营销以及品牌等核心环节，而低端环节则是零部件生产、加工、批量生产环节（唐海燕和张会清，2009）。当今新型的国际生产分工以全球价值链为主要特征，即价值链在全球不同公司和不同地点形成生产分割，各国只专业化于生产流程中的特定阶段。产品内国际分工直接导致了价值链重构。

（三）重构是突破 GVC 低端锁定的必由之路

就发展中国家而言，重构价值链不只是为了实现经济的可持续发展，最主要的是获得价值链重新"洗牌"的机遇，不断提升自身在价值链中的相对位置，实现从低端锁定向高端跃迁的目标（唐海燕和张会清，2009）。价值链重构是中国企业重新配置原有价值链的过程，也是对外部干扰的自适应过程，在国际竞争日益激烈的环境下，价值链重构是目前中国的必然选择（张天顶，2017）。价值链的重构与跃迁，已成为中国摆脱 GVC 低端锁定并向高端攀升的必由之路。

（四）价值链的分解与整合促进价值链重构

价值链的不断分解，使得价值链被拆分成不同程度的增值片段。因此通过市场的筛选把一些可以融合的片段重新组合起来赋予它们新的价值，这就形成了价值链重构。厉无畏和王玉梅（2001）认为，价值链重构会使企业的重心转移，从之前的全面均衡发展到现在的专一化，有针对性地重视某一特定片段、环节，利用自身在特定环节的比较优势，将比较优势转化为竞争优势，重新构建适合自己的价值链，做出相应的战略调整。

三、价值链重构的演进机理

（一）从微观、中观、宏观三个视野进行价值链重构

（1）就宏观层面——国家层面而言，在人才、政策等方面缺乏相应的措施，尤其是人力资本缺乏制约着中国在价值链的攀升（唐海燕和张会清，2009）。在人才和政策方面，政府应该有所为，要营造良好的制度环境。因此国家应该加强对价值链重构的治理，制定相应的政策法规，营造良好的制度环境，搭建方便快捷的交易平台，从而降低交易成本，摆脱低端锁定，向价值链高端位置迈进（周晋竹，2017）。

（2）就中观层面——产业转型而言，制造业向服务业转型升级，并在价值链中重新定位（OEM 制造商转为品牌制造商），从而形成了价值链重构（方新和余江，2002）。价值链中的研发、设计、生产、制造、销售和售后等各个环节都可以做成服务产品进行"出售"，企业在提高产品质量的同时更要把服务做好，从而促进企业由单一的制造业向新兴的服务制造业转型升级（厉无畏和王玉梅，2001）。

（3）就微观层面——企业自身而言，中国改革开放的不断扩大，最先解决的问题就是企业的竞争优势在价值链重构中如何继续得到保持。Azmeh 和 Nadvi

（2014）从企业角度，主要以东南亚为代表的新兴经济体跨国公司的行为为例进行研究，认为这样的跨国公司在塑造全球价值链的地理位置和组织结构方面发挥着战略性的作用，同时保持着高度的全球区位灵活性。在价值链重构中，就企业而言，就是重新寻找自己位置的过程，企业通过发挥自己的比较优势，将比较优势转化为竞争优势，从而不断地提升自己在市场中的竞争力和影响力（谭力文和马海燕，2006；许晖和王琳，2015）。因此，企业必须结合自身特点，对价值链进行重新调整，构建出适合自身发展的企业价值链，从而不断挖掘自身的比较优势，形成新的竞争优势（马秀丽和孙友杰，2004）。

（二）从产业链、供应链、价值链三个方面进行价值链重构

首先，随着产品技术复杂度的不断提升，单一的个体不再能完成所有的生产，不同的个体之间需要进行协同配合，生产者、中介机构和消费者要同时发挥其自身作用才能够创造出更高的价值；其次，随着云计算、大数据时代的到来，交易成本的降低促进国际分工更加细致。因此，形成了技术资本密集型、劳动密集型、渠道服务密集型等产业相结合，前后向联系、横纵向扩展的产业链（李平和狄辉，2006）。刘明宇和芮明杰（2012）研究了价值链、供应链、产业链三者之间的关系，价值网络按照功能分为三部分：价值链活动、供应链网络、产业链整合。价值链重构是企业更专业化于某一环节，充分发挥比较优势。供应链重构是使服务业实现规模经济，降低交易成本，扩大市场需求。产业链重构是将某些厂商整合成一体，通过消费者需求调整生产，实现规模报酬递增，从而创造更多的价值。价值链、供应链、产业链不同类型的活动形成一个有机的整体即价值网络，并通过价值链作为载体，将最终价值传递给客户，如图1-2所示。

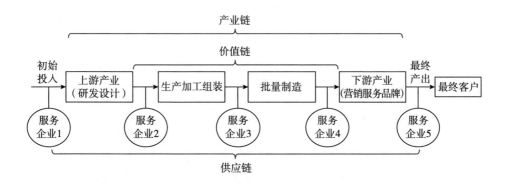

图1-2　产业链、价值链、供应链的价值网络

资料来源：笔者根据已有文献编制。

第二节　概念界定

一、全球价值链

全球价值链是指在全球范围内对商品生产环节的分配机制，包括产品设计、研发、制造、营销、售后等一系列的价值创造、价值增值环节。全球价值链理论的发展融合了商品链、价值链、全球化的理念。

Porter（1985）将企业的生产经营活动分为基础性环节和支持性环节两类。基础性环节包括制造、营销、物流和售后服务等，支持性环节包括科技、人力资源、财税核算、法务支持等，这些环节随着公司的生产经营活动，传递价值、创造价值，形成企业内部的价值链体系，最终使商品的市场价值得以实现。而随着经济全球化的趋势越来越显著，全球生产活动也突破了地理位置的限制，全球分工由产业间分工逐步走向产业内分工、产品间分工，甚至是要素分工。Krugman（1995）最早捕捉到了这一现象，进而提出了全球价值链的概念，是指在全球生产网络中，每个国家在特定的生产阶段获得的增加值收入，Krugman（1995）的理论认为，一国或区域在全球价值链上的地位是由其比较优势决定的，根本上，比较优势取决于该国或区域内部企业的竞争力强弱。相比 Porter（1985）的企业价值链理论，Krugman（1995）将价值链置于经济全球化的大背景下，并反映了全球产业垂直分工的趋势。Gereffi（1999）提出全球商品链的概念，并将全球商品链分为购买者驱动、生产者驱动和混合驱动三种类型，完成了全球价值链理论由企业到国家（区域）再到全球范围的发展过程。21 世纪以来，全球价值链理论因其良好的容纳性、系统成体系的优点，成为研究经济全球化的一个重要方向。

二、区域价值链

（一）区域价值链的定义

Baldwin 和 Okubo（2012）指出区域化的产业价值创造已经逐渐替代原来的全球化的产业价值创造，成为价值链研究的新一代热点问题。构建以区域内企业为主体的区域价值链有助于地区整体竞争力提升。魏龙和王磊（2016）指出区域价值链是一个发起国与与其互补性强的周边国家进行合作的区域性跨企业网络组织，其目的是使参与国实现产业和发展的双重升级。

（二）区域价值链的构建基础

Baldwin 和 Venables（2013）发现当今世界的 RVC 体系主要有三种，分别是以美国为核心的北美 RVC 体系、以德国为核心的欧洲 RVC 体系以及以日本为核心的东亚 RVC 体系。胡艺和沈铭辉（2019）认为在东亚、南亚经济发展的压力下，中国 40 年的"干中学"效应和知识等相关资源积累使得构建中国—东盟区域价值链成为可能。魏龙和王磊（2016）从产业层面进行研究，也得到了类似结论。

国内一些学者研究提出构建"一带一路"区域价值链，实现中国对"低端俘获"的突破和向全球价值链高端的攀升。吴博（2020）的研究表明，构建"一带一路"区域价值链对我国国内价值链具有显著的促进作用，进而作用于国内产业结构，带动国内产业结构的转型升级。黄先海和余骁（2018）基于 GTAP 模型定量分析了"一带一路"建设对提升我国在全球价值链中分工地位的作用，并指出其核心驱动力源于"一带一路"引致的结构优化效应和贸易创造效应。刘志彪和吴福象（2018）提出要通过"一带一路"RVC 的构建实现"双重嵌入"，进而实现产业升级和重构"以我为主"的 GVC。

关于合作建设区域价值链的主要形式，不是简单地停留在 FDI、产品贸易和服务贸易阶段，需要向多领域和高层次发展，充分发挥区域内各国大型跨国公司对价值链各增值环节的主导作用，引领各国的技术交流，分享成功经验；充分发挥不同国家的比较优势，错位发展；同时利用产业结构和生产要素的互补优势，实现区域内生产要素的优化配置，实现多领域、高层次的合作，协同建设完善的价值链体系，促进区域内多方利益的最大化（李焱，2020）。

（三）区域价值链合作

广大发展中国家是 RVC 的广阔市场，相对宽松的市场限制为 RVC 企业的产品提供了较多市场机会，而简明的运营流程成为 RVC 各经济体产业升级的良好基础（Kaplinsky & Farooki，2011）。大湄公河次区域（Great Mekong Subregion，GMS）价值链作为全球价值链的重要组成部分，已成为 GMS 经济一体化的主要驱动力量（张志明和黄微，2019）；熊琦（2016）的研究表明，东盟已经在较大程度上参与了全球生产网络，但处在全球价值链中的低端环节，因其要素禀赋和地缘优势，是中国转移价值链中低端产能的首要选择。同时发展中经济体的廉价而丰富的劳动力和自然资源禀赋优势，为我国在区域内形成显著竞争优势的产业整合提供了机会。RVC 建立前，中国是 GVC 中的技术落后方。RVC 的建立，使中国成为 RVC 中的技术先进方，甚至拥有主导 RVC 价值链中高端环节的优势，借力 RVC，有利于实现中国经济发展向中高端水平迈进的目标（赵江林，2016）。

成新轩（2015）发现随着时间的推移，东亚生产网络已经形成新的三角贸易模式，东亚价值链内各国对中国的依赖程度在上升，具体表现为中国正在成为区域内主要的中间品供应地和最终产品消费地，而中国的崛起和"一带一路"的实施，有助于减少对欧美国家的依赖，从而有利于东亚区域价值链的自我成长性。

彭冬冬和林珏（2021）的研究表明，"一带一路"沿线国家和地区的自贸协定通过降低贸易成本与促进直接投资，有力地促进了沿线国家和地区在区域内的价值链合作。

（四）区域价值链测定

20 世纪 90 年代以来，全球价值链分工模式主导国际分工，Hummels 等（2001）建立垂直专业化分工指数，采用一国出口总额中由进口的中间品所创造的增加值所占的比重衡量参与 GVC 的程度（HIY 方法）。Koopman 等（2010，2014）发展了贸易增加值核算体系（KWW 体系），通过分解一国总出口或双边贸易中不同增加值成分，对一国的全球价值链分工地位进行衡量。

HIY 方法与 KWW 体系均建立在增加值基础上，通过分析一国出口的增加值构成判断该国参与全球价值链分工的程度和位置，而 Wang 等（2017a，2017b）构建了全球价值链参与程度指数和位置指数，这一创新使得价值链的研究开始通过研究生产活动的生产长度来判断一国参与全球价值链的地位情况。董虹蔚和孔庆峰（2018）在此基础上构建了区域价值链参与程度指数（RVCPT）和位置指数（RVCPS），对区域内各国价值链分工合作特征及演变趋势进行研究，系统性地建立了传统国际贸易统计方法与国民经济核算体系之间的核算框架。

（五）制造业区域价值链升级影响因素

制造业 RVC 升级影响因素分为微观、中观和宏观三个层面。微观层面上，企业升级能力的影响因素包括企业规模、创新研发投入、高级人力资本、融资约束、技术扩散和吸收、企业家因素等（刘圣香和刘芳芳，2015）。在中观层面上，不管是集聚效应、生产性服务业水平，还是市场结构、制造业服务化等因素，都会影响制造业在 GVC 上的"经济租"，进而影响价值链升级（张虎和韩爱华，2019）。宏观层面上，便利的融资条件及制度、非政策贸易壁垒、贸易摩擦、全球价值链治理模式等都会影响制造业价值链升级（胡昭玲和宋佳，2013；吕越、罗伟和刘斌，2016）。

（六）制造业区域价值链演进机理

包括微观、中观和宏观三个层面。

1. 微观领域——企业创新

William（2010）认为，异质性的企业创新是演化经济学理论体系的核心，也是经济变化的根本原因。在制造业 GVC 升级过程中，企业应在劳动力成本优势等"遗传性"基础上，借助技术创新打破"企业惯例"，以创新推动企业发展和 GVC 升级（曲泽静和张慧君，2017），借助区域交通联系促进区域经济联系，深化区域产业对接与合作，促进产业集聚，争取区域竞争优势（袁嘉琪、卜伟和杨玉霞，2019）和规模经济优势（潘闽和张自然，2017）。

2. 中观领域——产业发展

演化经济学的分析框架包括空间和时间两个维度。在空间维度上，规模经济驱动的市场邻近、供给邻近以及空间产业关联促进区域价值链集聚，推动产业集聚和产业发展（张卓颖和石敏俊，2019）。在时间维度上，Dosi（1997）提出企业与产业是不可分割的整体，企业通过适应性学习、市场选择以及逐利的协同作用，从而推动企业与产业整体价值链的升级。

3. 宏观领域——制度匹配

当代演化经济学的主要代表人物 Nelson 和 Winter（2002）认为，技术与制度是协同演化的。当技术与制度在时间和空间协同演化（时空耦合）时，会推动工业革命的发生（王俊，2014）。从制度层面看，随着区域经济分工合作的加强，RCEP 和 CAFTA 等区域贸易协定在消除 GMS 贸易壁垒、促进产业集聚的同时，也改善制度环境的双门槛效应，提高制造业价值链攀升效率（孙湘湘和周小亮，2018）。

三、价值链升级

（一）价值链升级的概念

全球价值链的关键概念包括价值链治理和产业升级，其中全球价值链治理是研究的核心，也是研究产业升级问题的基础（马海燕，2007）。一方面，发达国家跨国公司通过海外兼并收购、委托加工、离岸外包等方式主导、控制着全球经济的发展方向，其目标是压低生产成本、开拓市场、保持强有力的国际竞争力和贸易话语权，对于这一方向的探讨即为全球价值链治理模式研究；另一方面，对于发展中国家来说，承接产业转移、受托加工等在最初是被动的，但随着本土产业融入全球价值链的过程，又会因知识技术的溢出效应而获得全球价值链攀升的机会，对于这一方向的探讨即为全球价值链升级问题的研究。

不同于传统产业升级概念侧重于产业结构调整，价值链升级强调增值能力的提升和更高效的生产。Gereffi（1999）关于东亚服装产业的一系列研究中，将一国（地区）的产业视为全球价值链的一部分，价值链升级可以看成该国（地区）的企业以及产业整体在价值链上或者不同价值链间的攀越过程，其意义不仅是统计上的产业结构变迁，更重要的是增加价值获取，以及企业增加值、国家税赋、劳动者收入、企业与国家形象乃至自然环境等一系列条件的改善。Humphrey 等（2002）认为，GVC 升级分为产品升级、链条升级、工艺流程升级和功能升级四个阶段。产品升级是指产业通过一定的研发投入，增加产品式样，提升产品质量，提高安全性、环保性，加快产品更新换代的速度，扩大市场份额；链条升级是指产业向附加值更高的价值链转型，通过在高回报率环节的活动增加收益；工艺流程升级是指产业通过优化流程、精简组织等方式，使生产成本更低、效率更高，增强厂家即时供货的柔性；功能升级是指产业专注于高附加值的价值链片段，把低附加值的片段通过外包转移。Gereffi（1999）指出，买方会通过外包、培训技术人员、提供技术和财务支持、规范生产标准等方式帮助新兴产业实现GVC 升级。唐东波（2013）则认为，价值链升级是一个微观概念，并将其定义为企业在整个价值链条上向能够实现更高附加值的环节转移，这不仅包括出口品技术结构（复杂程度）的提升，还意味着更高的国内附加值份额。

（二）制造业区域价值链升级路径

价值链升级的原理就是价值增值片段的不断分解与整合（厉无畏和王玉梅，2001），最终目的是实现微观企业利润最大化、中观产业结构最优化、宏观国家价值链高端攀升。基于这一思路，本部分提出以下两条升级路径：

1. 微观企业—中观产业—宏观国家的升级路径

微观层面——企业发展。企业是制造业实现 RVC 升级的微观主体，通过建立自己的跨国公司，借助要素禀赋优势构建企业价值链，实现创新与市场势力的良性互动（张小蒂和朱勤，2007），形成"增长极"。在"增长极"的辐射带动作用下，各国或地区在 RVC 链条上深化专业分工，形成产业集群，降低生产运营成本，扩大生产范围，加强地区联系，促进 RVC 升级（袁嘉琪等，2019）。

中观层面——产业集聚与产业转型。区域一体化的产业集聚效应，促使区域协同发展（王晓芳和谢贤君，2018），推动不同地区在生产环节实现分工与合作的细化，提高地区产业竞争力，使集群流程升级、产品升级、功能升级和链条升级的路径出现新机会、新动能与阶段跨越（苏东坡、柳天恩和李永良，2018）。张其春和郄永勤（2015）提出正确处理好制造业和服务业的关系，实现制造业向服务化转型，推动企业从产业链中间环节向两端攀升。制造业服务化有利于提高中国制造业的增加值，推动中国企业价值链地位提升（刘斌等，2016）。

宏观层面——分层次的国家政策。胡军等（2005）指出良好的外生环境对于一国企业价值链的攀升是必不可少的。基于这一思路，程新章（2015）指出，对于政府而言，需要运用好"政府干预"这一稳定器，创造良好的市场运营环境以及允许企业不断适应和学习进行创新的机制。具体来说，政府首先应建立联系学术机构和企业的桥梁，推动学术机构的理论研究转化为蕴含在企业产品中的实用科技，激励高素质人才进入企业；其次，建设完整的法律和管理框架，并提高实施效率，有效管理风险，降低交易成本；再次，完善软硬件基础设施是 RVC 升级的保证条件；最后，鼓励地区间的人口流动，促进技术、资源和信息的流动，推进地区间资源整合，加强地区间联系，促使区域价值链的延伸与升级（袁嘉琪、卜伟和杨玉霞，2019）。

2. NVC—RVC—GVC 的升级路径

大力培育中国有潜力的跨国公司，随着本国跨国公司的发展，将成为 NVC 的龙头公司，进一步发展为 RVC 的制造业组织者，最终目标晋升为 GVC "链主"。中国在发展国家价值链的同时，通过合作构建区域价值链，结合"一带一路"倡议将我国的先进制造业推上国际舞台。同时企业在国家价值链和国际区域价值链（IRVC）中不断学习与创新，也能提高一国的价值链综合治理能力，有利于我国构建和主导新型全球价值链。随着"一带一路"倡议深入人心和众多项目的实施，中国引领的价值多环流体系（GVC—NVC—IRVC—New GVC）会逐步形成，必将成为推动中国制造业优化升级的新动力（王晓萍等，2018）。

在价值链上，各个国家和地区的制造业凭借自身要素禀赋参与生产。整体来看，发达国家掌握先进技术，占据价值链高附加值环节，主导着产品的研发设计，经营着品牌的商誉，控制着市场的销售推广；发展中国家主要依靠自然资源和劳动力以代工方式参与全球价值链生产，普遍面临低端锁定、利润低薄、抗风险能力差等困局。因此，发展中国家加强制造业的合作，依托区域价值链，采取区域对区域的竞争战略，增强国际竞争力，并向全球价值链高端攀升，突破现有发展困境，实现制造业价值链升级是一个值得研究的重大问题。

第三节　理论基础

理论基础主要包括国际分工理论和全球价值链理论。

一、国际分工理论

劳动分工依据劳动者的优势进行分工，而国际贸易跨越了国境，贸易的本质交换的是劳动，国际贸易使劳动分工也跨越了国境，成为国际劳动分工。

基于全球价值链的贸易成为国际贸易的新形态，国际劳动分工就进入了全球价值链分工的新时代。从根本上说，全球价值链理论在某种程度上来说是一种国际分工理论，只不过该理论侧重点是各行业或者各工序的价值增值特点。故此，对于全球价值链的理论梳理先从国际生产分工理论开始，主要围绕着产业间分工理论、产业内分工理论和产品内分工理论三个方面的内容展开。

（一）产业间分工理论

从传统的国际分工理论来看，较早出现的国际分工主要是基于产业层面展开的，即在产业与产业之间进行国际分工。而产业间分工的理论基础则主要是亚当·斯密的绝对优势理论、大卫·李嘉图的比较优势理论以及赫克歇尔—俄林的要素禀赋理论。第一，从亚当·斯密的绝对优势理论来看，由于工业时代以来相关技术的发展、大量的机械设备的出现提高了劳动者的工作效率，这使得具备先进工业技术的国家具有较高的产品生产效率，导致这些国家获得在全球生产分工上的绝对优势地位。由于各个国家之间的要素禀赋存在差异，国家间就基于在全球生产分工中的绝对优势行业进行产品的专业化生产，继而进行产品交换流通，最大化全球范围内的资源利用效率。即早期全球的生产模式与产品分工模式由各国在全球分工中的绝对优势地位决定。第二，大卫·李嘉图基于亚当·斯密的绝对优势理论提出了比较优势理论。在亚当·斯密的绝对优势理论下，大多数发展中国家相关行业均处在绝对劣势地位上，那么发展中国家就不会进行国际贸易，参与国际分工。这表明亚当·斯密的绝对优势理论并非适用于所有国家，因为发展中国家也通过国际贸易参与了国际分工。鉴于此，大卫·李嘉图等提出各国并不需要按照亚当·斯密的绝对优势理论参与国际生产分工，各国可以根据彼此间的比较成本差异参与到国际生产分工当中。所谓的比较优势指的是某一国在国际分工的两种商品中均处于绝对劣势地位，但在这两种绝对劣势的产品中始终有一种产品的相对劣势较小。这也就是说该产品在国际生产分工中处于比较优势地位。此时，该国在参与国际生产分工当中应该生产自身的比较优势产品，进而获得相应的利润。但比较遗憾的是，亚当·斯密和大卫·李嘉图均没有指出一国参与国际生产分工的绝对优势和比较优势的来源，这就引出了赫克歇尔—俄林的要素禀赋理论。赫克歇尔和俄林认为一国参与国际生产分工的比较优势来源于各国本身所具备的资源禀赋优势。即各国之间存在的资源等要素禀赋差异决定了一个国家所具备的产品生产的比较优势。各国按照其本身所具备的资源禀赋优势生产产品，以换取自身稀缺要素所生产的产品。

（二）产业内分工理论

产业内分工形式，主要得益于以信息技术、新能源技术等为代表的第三次科技革命的发展。在第三次科技革命之后，国际产品生产分工模式发生了巨大的变化，这不仅仅体现在国际产品分工的形式上，更体现在未来的发展方向上。具体地，产业内分工形式不再呈现出产品生产在不同国家之间进行分工，而是体现出在不同的产业之间或者部门之间进行分工，即原有的国际分工模式演变成了专业化的产业分工或者是部门分工。由此可见，产业内分工的对象主要是针对某一种特定的产品而言，从根本上说，产业内分工的产品特性是相同的，不同国家的产品所体现出的是产品质量的差异，而这些产品质量差异的形成，则与各国的生产设备、工艺和劳动者熟练程度紧密相关。此外，就产业内分工的种类来说，由于该理论下的产品生产不同于中间产品或者是零部件产品，而是最终产品，故而产业内分工主要以水平型的产业内分工和垂直型的产业内分工两种类型为主，而两种类型的产业内分工主要体现在：水平型的产业内分工当中，相关产品主要表现出了不同的产品属性特点；但在垂直型的产业内分工当中，相关产品又主要表现出质量的差异的特点。很显然，产品的不同种类也就决定了同一产品间的价格差异。

（三）产品内分工理论

随着经济全球化的发展，国际分工从产业之间分工发展到产业内分工，继而进入产品内分工，以中间产品生产和零部件产品为主要特征的产品内分工模式成为国际产品生产分工的主要模式。从执行主体看，由于跨国公司的出现，产品生产逐渐依据技术含量、生产方式等内容划分成了资本密集型、技术密集型和劳动密集型三种类型。也就是说，跨国公司从推动其自身发展的目的出发，通过规模经济等方式提高自身的生产效率。而这一方式的主要方法就是将不同种类的产品生产或者是不同环节的产品生产分离开来，通过规模经济效应扩大产品生产规模，降低生产成本。具体方法：跨国公司通过设立子公司的方式，同时考察划分全球范围内各国各地区的比较优势，将劳动密集型的产品划分到劳动要素禀赋丰富的地区，将资本密集型产品划分到资源要素禀赋丰富的地区，将技术密集型产品牢牢把握在母公司的手中，确保自己的核心竞争地位。

这也就是说，跨国公司为降低生产成本，推动自身发展，必须通过以上的行为将产品的生产环节进行拆分。在此基础上，将不同的中间产品或者是零部件产品同自身的产品进行匹配，进而推动价值链的产品生产环节在全球范围内的分工发展。具体地，拆分的生产环节主要包括：第一，技术研发环节，这一环节的主要内容包括新技术的研发、旧有技术的改进以及相关的技术培训等。一般情况下，技术研发环节的科技含量较高，其价值增值能力也相对较高。第二，产品生产环节，这一环节主要包括产品的加工、组装、运输、库存等环节。第三，营销环节，这一环节主要在产品的销售过程中，包括广告宣传、售后服务等内容。但需要指出的是，在以上的跨国公司产品生产环节或者生产工序的划分当中，由于不同环节间的价值增值能力的不同，其产生的利润也就存在差异。一般情况下，由发达国家主导的跨国公司会牢牢控制着价值增值能力较高的核心环节，如技术研发环节等，而将相关的产品生产、组装等价值增值能力较低的生产环节转移到发展中国家。

二、全球价值链理论

（一）全球价值链

全球价值链的发展得益于20世纪90年代以来的科学技术，尤其是生产和通信技术的迅猛发展。在以通信技术为代表的科学技术的迅猛发展的背景下，全球范围内的国际生产分工进一步细化，各国之间的国际贸易日益呈现出以中间品贸易为主的特征，进而导致全球范围内的国际生产分工逐步呈现出全球价值链的分工特征。

全球价值链的概念是在 Porter（1985）的价值链和 Gereffi（1994）的全球商品链（Global Commodity Chain，GCC）的基础上逐步发展起来的。Porter（1985）从企业的日常行为管理视角出发，通过对企业生产经营活动在基本类活动和辅助类活动两个方面划分的基础上首次阐述了价值链的概念。原因在于企业不同类型的生产经营活动共同构成了企业的价值链条。在 Porter（1985）的价值链理论基础上，Kogut（1985）认为在产品的垂直分工生产过程中，由于各国是按照自身的比较优势参与全球生产分工，因为各国本身所具备的资源禀赋优势不同，相应地其产品价值也存在差异。由此，Kogut（1985）提出了价值增值的概念。显然，价值增值的概念为全球价值链理论进一步发展创造了条件。进一步地，Gereffi（1994）在考察研究发达国家主导的跨国公司在全球范围内的价值链活动的基础上，论证了全球商品链的概念。顾名思义，全球商品链的核心思路是以跨国公司为主导，以商品为核心，将全球范围内的商品生产和销售都集合在一个相互连接的网络里，也就是国际生产网络。

尽管 Gereffi（1994）将视角范围聚集在了全球的范围内，但该理论的核心仍然还是商品，并未涉及价值增值的概念。在此基础上，Gereffi（2001）与 Humphrey 和 Schmitz（2002）进一步提出了全球价值链的概念，这一概念包括商品生产的各种活动，如概念设计、生产营销以及产品售后等每个方面的内容。纵向来看，由于不同的环节是在全球范围内的不同的国家中生产，价值增值能力存在差异。可见，全球价值链关注的核心是不同环节的价值增值能力以及相应产业的组织决定因素，而建立在全球价值链基础上的国际生产分工形式也就是全球价值链生产分工。对此，许基南（2007）论证了国际生产分工的"微笑曲线"，以解释不同环节的价值增值能力（见图1-3）。

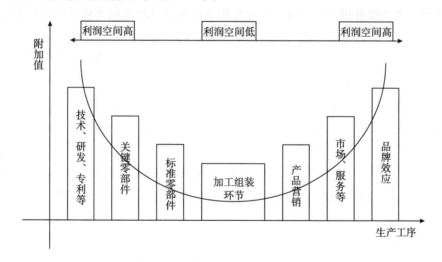

图1-3 全球价值链的"微笑曲线"

从图1-3的"微笑曲线"可以看出，对于某一特定的产品而言，其生产阶段主要包括技术研发、专利、关键零部件、标准零部件、加工组装、营销、市场以及品牌等方面。其中，位于价值链"微笑曲线"两端的研发设计和品牌效应两个环节包含的附加值最高，但目前这部分环节主要由发达国家掌控；而位于价值链"微笑曲线"中间部分的加工组装环节的附加值最低，目前绝大部分由发展中国家承担。由此可见，在当前的全球价值链分工体系当中，发达国家牢牢控制并主导着全球生产分工的发展，广大发展中国家仅能通过自身的资源禀赋优势嵌入全球价值链的低附加值环节，以获得少量利润。

（二）全球价值链升级

当前全球价值链不同环节的附加值不同，参与不同生产工序的不同国家的利益分配也存在差异。对此，Kaplinsky（1998）采用经济租理论阐述了全球价值链之间利润分配存在差异的原因。具体地，他将全球价值链生产分工中的经济租分成两类，第一类是由价值链内部因素自身形成的内生性经济租，主要包括技术租、人力资源租和市场租等。分开来看，所谓的技术租指的是由厂商或者是企业所掌握的生产工艺或者生产技术所产生的收入，人力资源租则是产生于企业或者厂商通过劳动者技能培训而导致的企业人力资源水平高于市场中的同类竞争者的过程中，而市场租则产生于企业通过扩大自身市场规模进而提高自身产品品牌效应的过程中。第二类主要指的是价值链的参与者所创造的其他企业的进入壁垒所导致的经济租，这又主要分为资源租、政策租以及金融租等方面。具体而言，所谓资源租指的是形成于国家或者企业所拥有的稀缺资源禀赋优势所引致的竞争优势产生的收入，而政策租则形成于相关的国家政府设置的行业进入壁垒当中，金融租形成于价值链参与国中的高效金融服务或者是便利的企业融资条件当中。由此，Kaplinsky（1998）认为当全球价值链生产环节的经济租较高时，该环节的价值增值能力就较高，相应地附加值也越高；反之，当全球价值链生产环节的经济租较低时，该环节的价值增值能力也就较弱，相应地附加值也越低。正如许基南（2007）所论证的全球价值链"微笑曲线"所示。

由此，Kaplinsky 和 Morris（2001）、Bair 和 Gereffi（2003）以及 Gereffi 等（2005）定义了全球价值链升级的具体内涵。所谓全球价值链升级指的就是全球价值链参与国或者是全球价值链参与厂商从全球价值链的低附加值活动环节向高附加值活动环节转移升级的过程，进而实现国家或者企业获得高附加值环节所带来的高租金的目标。对此，不同的学者研究指出了不同的全球价值链升级路径。具体地，Humphrey 和 Schmitz（2002）提出了工序升级—产品升级—功能升级—链条升级的升级路径，Frederick 和 Staritz（2012）则提出了渠道升级和供应链升级的升级路径。所谓的渠道升级主要指的是国家或者企业在全球价值链的生产活动当中的相关行为日益多样化，而供应链升级则主要指的是在全球价值链参与各方的供应链当中形成前后连接的特点，进而促进价值链升级。

第二章　贸易自由化与中国制造业全球价值链攀升

本章将深入分析贸易自由化对制造业全球价值链的效应。从中国不同区域层面，通过实证研究贸易自由化对不同技术类型（高技术、中技术和低技术）制造业的价值链升级发展影响的差异性和影响程度提出相关启示。

20世纪90年代以来，随着全球经济一体化的深入，国际分工和贸易形式发生了巨大变化，逐渐由传统的产业间或产业内分工发展为相同产业不同产品之间或相同产品不同工序之间的产品内分工，形成一种新型分工形式，即全球价值链分工（Krugman et al.，1995）。目前随着国际环境的深刻变化，中国制造业发展模式面临巨大的挑战，要进一步提升中国产业国际竞争力，不断向全球价值链高端攀升，取决于在全球价值链分工体系下，能否有效利用全球资源，以服务于中国产业转型升级（任志成等，2014）。

关于全球价值链背景下对贸易自由化影响的研究，吕冠珠（2017）、洪静等（2017）从自由贸易区战略视角着手，研究发现，通过优化要素结构并改善制度环境积极推动自由贸易区协定的实施，有利于参与全球价值链并提升其分工位置。盛斌和毛其淋（2017）、陈维涛等（2017）通过研究发现，贸易自由化通过不同的影响渠道对不同技术类型的制造业出口产品的技术复杂度有着不同的影响。很多学者则具体到某种产业或产品对贸易自由化的影响进行研究，如张艳等（2013）研究了服务贸易自由化对制造业的影响，耿晔强等（2017）则研究了中间品贸易自由化的影响。

与现有文献相比本章将有如下贡献：①在选题方面，已有文献研究虽然对于认识贸易自由化对产业发展的影响具有重要的参考价值，但是对于贸易自由化与全球价值链分工地位的关系问题仍需进一步的拓展研究，本章将具有一定的文献补充作用。②已有文献多数从企业层面和国家层面分析贸易自由化与企业或者产业的发展，但考虑到中国区域发展不平衡的现实问题，本章将从中国不同区域层面研究贸易自由化是否会对不同技术类型（高技术、中技术和低技术）制造业的升级发展有影响，其影响程度如何。③在数据上，本章将对中国 30 个省份①从制造业的整体和不同技术类型两方面测算其全球价值链分工地位，并分析中国不同区域与不同类型制造业在全球价值链分工背景下的演化发展趋势。

第一节　贸易自由化对制造业全球价值链效应的模型设计②

一、计量模型

研究贸易自由化对制造业全球价值链升级的影响，以全球价值链分工地位为被解释变量，以贸易自由化程度为主要解释变量，为了模型的稳健性，适当加入一些控制变量。基础计量模型为：

$$GVC\_position_{it} = \alpha_0 + \alpha_1 FT_{it} + \alpha_2 control_{it} + \eta_t + \mu_i + \varepsilon_{it} \tag{2-1}$$

其中，i 表示 30 个省市，t 表示年份，η、μ、ε 分别表示时间效应、个体效应、其他扰动项，$GVC\_position$ 为全球价值链分工地位变量，$control$ 为控制变量。

由于基础模型只建立在均值模型的基础上研究贸易自由化对制造业的整体影响，为研究贸易自由化对不同区域以及不同技术类型制造业的异质性影响，将对被解释变量做相应的变换。再引入分位数回归，对模型的稳健性进行检验。具体计量模型如下：

$$GVC\_position_{kit} = \alpha_0 + \alpha_1 FT_{it} + \alpha_2 control_{it} + \eta_t + \mu_i + \varepsilon_{kit} \tag{2-2}$$

$$GVC\_position_{it} = \alpha_0^q + \alpha_1^q FT_{it} + \alpha_2^q control_{it} + \eta_t + \mu_i + \varepsilon_{it} \tag{2-3}$$

其中，k 代表不同技术类型，即高技术、中技术、低技术，q 代表价值链分工地位的分位数。

---

① 由于西藏的数据缺失严重，故将西藏从面板数据中剔除。

② 参见屠年松，薛丹青. 贸易自由化与中国制造业的全球价值链攀升——基于中国 30 个省份面板数据的实证研究 [J]. 经济经纬，2019，36（6）：70-77.

二、变量说明

（一）被解释变量：全球价值链分工位置

在全球价值链分工体系下，一国在价值链中的地位状况会反映于其生产或出口的产品上（唐海燕等，2009），一般情况下，发达国家和地区处于生产价值链中生产或研发等高端环节，技术复杂度较高；而发展中国家可能处于价值链的原材料供给和组装等低端环节（邱斌等，2012）。依据国际贸易中贸易结构可以反映产业结构的理论，使用豪斯曼等（2007）提出的测度制成品的出口技术复杂度的方法作为全球价值链分工地位的代替变量，出口产品的复杂度越高，其在全球价值链中的地位就越高。

首先，利用 UN Comtrade 数据库中的 46 个国家 2007～2016 年《国际贸易标准分类》（SITC Rev. 3）中 3 位数分类的 260 种产品，对照中国制造业部门，将产品分为 25 个制造业行业。其次，利用公式计算制造业 25 个行业的技术含量，公式为：

$$TSI_k = \sum_j \frac{\dfrac{x_{jk}}{x_j}}{\sum_j \left(\dfrac{x_{jk}}{x_j}\right)} \times Y_j \tag{2-4}$$

其中，TSI_k 为 k 行业的技术含量，x_{jk} 是国家 j 的 k 行业商品出口额，x_j 为国家 j 的出口总额，Y_j 为国家 j 的人均收入水平。TSI 的本质是以显性比较优势指数为权重的各国人均 GDP 的均值。最后，计算中国 30 个省份整体出口技术复杂度以及不同技术类型的制造业产业出口技术复杂度。公式如下：

$$ES = \sum_K \frac{x_k}{X} TSI_k \tag{2-5}$$

其中，ES 为所求出口技术复杂度，x_k/X 为各省市某一制造业行业出口额占该省市出口总额的比值。

图 2-1 为采用上述方法测算的 2007～2016 年中国各地区制造业的出口技术复杂度[①]的变化趋势图。由图 2-1 可以发现如下特点：①中部地区的出口技术复杂度存在着明显的大幅上升趋势，国家整体趋势和东、西部地区则在样本期间波动，上升并不明显。且无论高技术、中技术还是低技术，中部地区的出口技术复

---

① 国家整体及各地区的出口技术复杂度用每年出口技术复杂度均值表示。

杂度都高于其他地区,这显示出中国的中部地区在制造业上具有一定的优势。②高技术产业与低技术产业的出口技术复杂度都有不同程度的上升,低技术产业上升明显,而中技术产业则在 2009 年大幅下降之后处于波动趋势,并无明显上升。这充分说明,中技术制造业,即传统的资源型重工业,如橡胶塑料制造业、金属制造业、非金属矿物制造业、石油炼焦以及化学纤维制造业等行业发展现状为技术含量偏低,出口竞争力薄弱。③高技术制造业即资本密集型和技术密集型的产业,出口技术复杂度都较高,虽有波动,但也有缓慢上升趋势;低技术制造业即劳动密集型和资源密集型的制造业行业,出口技术复杂度较低,但在 2011 年之后,随着时间的推移,技术复杂度有明显上升的趋势,这显示出中国在低技术制造业行业的出口竞争优势。

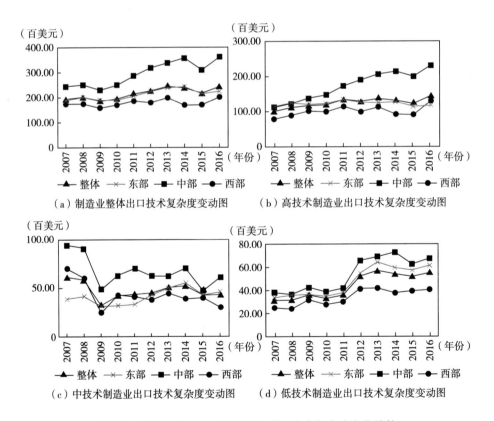

图 2-1 2007~2016 年中国制造业出口技术复杂度变化趋势

（二）解释变量：贸易自由化程度

贸易自由化是指一国对外国商品和服务的进口所采取的限制逐步减少，为进口商品和服务提供贸易优惠待遇的过程，并且主张以市场为主导。我们采用各省份制造业的进口额占全国制造业进口额的比重来表示各省市制造业的贸易自由化程度。

（三）控制变量

控制变量从影响制造业升级的因素中选取，从投入方面选取了研发投入和物质资本投入；从升级环境方面选取了外国资产利用情况以及工资水平。

研发投入：研发和实验投入对于企业来说是进行技术创新升级提高生产效率的重要途径。从产业发展角度来看，研发投入的增加，会增强产业的出口竞争力，进而影响中国制造业在全球价值链分工中的地位升级。因此将研发投入作为影响制造业价值链攀升的重要因素纳入控制变量，利用各省市制造业的 R&D 投入与制造业产值的比重来衡量研发投入。

物质资本投入：资本要素的供给是区域产业发展的重要因素，而固定资产是企业赖以生产经营的主要资产，用固定资产衡量的物质资本禀赋其实质反映的就是资本有机构成，资本有机构成的提高通常会提高劳动生产率进而影响产业的分工地位，故利用制造业固定资产额来衡量物质资本的投入。

外国资产利用情况：改革开放以来，中国融入全球价值链分工体系的一个重要原因就是引进外商投资，特别是 20 世纪 80 年代，"以市场换技术"战略实施，让一部分国内需求由外资企业来供给。其意在开放国内市场，引进外资进行技术转移，利用外商投资的"溢出效应"获取先进技术，消化吸收并实现国内产业的技术创新。因此，产业的出口竞争力在一定程度上与外商投资有着密切的关系。故利用制造业的外商资本额与国有资本额比值作为制造业外国资产利用情况的替代变量。

工资水平：工资水平对全球价值链攀升的影响：一方面，工资水平的高低，反映着制造业的成本高低，高成本的产业在一定程度上会对其出口竞争能力产生一定的削弱作用；另一方面，高工资水平的产业，意味着该产业技术含量较高，富有竞争力和盈利能力。故而工资水平的高低，在一定程度上可以反映产业的竞争力高低。以制造业城镇单位就业人员的平均工资来表示工资水平变量。

第二节　贸易自由化对制造业全球价值链效应实证分析的数据来源及处理

本章使用的数据主要有 UN Comtrade 数据库 SITC Rev. 3 中三位数分类商品的出口数据、中国和中国各省市的制造业的相关经济指标数据，以及关税数据。主要来自 UN Comtrade 数据库、《中国统计年鉴》、《中国工业统计年鉴》、各地方统计年鉴、世界银行数据库以及 WTO 关税数据库，时间跨度为 2007~2016 年，涉及 46 个国家和中国 30 个省份。表 2-1 列举了相关变量的定义。

表 2-1　相关变量定义

变量类型	变量符号	变量名称	变量定义
被解释变量	lnES	全球价值链分工地位	出口技术复杂度取对数
解释变量	FT	贸易自由化程度	地区进口额/全国进口总额
控制变量	R&D	研发投入	R&D 投入/产值
	FI	外资利用情况	外国资产/国家资产
	lnFA	物质资本投入	固定资产额取对数
	lnW	平均工资	城镇单位就业人员平均工资取对数

本章研究最主要的工作是全球价值链分工地位指数的测度，采用制造业出口技术复杂度测算。首先，对照《国际贸易标准分类》与《国民经济行业分类》，将 SITC Rev. 3 三位数分类中的制造业归纳为 28 个行业（李小平等，2015），由于统计年鉴中 2012 年前后的统计口径不同的问题，将农副食品加工和食品制造业合并，橡胶制品业和塑料制造业合并，通用设备制造业与专用设备制造业合并，以及其他制造业行业归类不明确，不使用其数据，最后归为 25 个行业。其次，分别计算 46 个国家的 25 个制造业子行业 2007~2016 年的出口额，并依据式（2-4）计算 25 个制造业子行业出口技术含量。最后，利用中国 30 个省份各制造业行业的出口数据，按照三分类法将制造业分为高技术、中技术和低技术三种不同技术类型，分别计算各省市制造业整体以及不同技术类型制造业的出口技术复杂度。

第三节　贸易自由化对制造业全球
价值链效应的实证结果

（一）基准模型回归结果

通过对面板数据的检验，发现存在组间异方差，不存在组内自相关，再对回归方程进行检验，最后使用聚类稳健标准误来解决异方差问题并对模型进行混合回归[①]，表2-2为回归结果。由于本章最关注的解释变量为贸易自由化程度，因此在回归过程中，以贸易自由化程度（FT）作为主要解释变量，对其他控制变量进行逐步回归，结果见表2-2第（1）至第（5）列。从表2-2中可以看出，在未加入其他控制变量之前，以地区制造业产业进口额占全国总进口额比重表示的贸易自由化程度对中国制造业的全球价值链攀升（lnES）有显著的正向影响；加入控制变量后，除第（2）列外，其余结果均为显著的负向影响。为此，在下文中，将对模型进行异质性影响的检验，从不同区域和不同技术产业对模型进行分类回归，以探究其背后的原因。

表2-2　贸易自由化对中国制造业价值链攀升的整体影响

变量	（1）	（2）	（3）	（4）	（5）	（6）QR05	（7）QR50	（8）QR95
FT	0.0088 **	0.00581 *	−0.0075 **	−0.032 ***	−0.0322 ***	−0.0329	−0.0200 ***	−0.0272 ***
	(0.0036)	(0.0033)	(0.00337)	(0.00528)	(0.00533)	(0.0376)	(0.00605)	(0.00500)
R&D		0.152 *	0.177 *	0.102	0.186	1.225 **	−0.0936	−0.145 **
		(0.0906)	(0.0939)	(0.0847)	(0.123)	(0.500)	(0.0804)	(0.0665)
FI			0.0484 ***	0.0485 ***	0.0450 ***	0.0236	0.0120	−0.000116
			(0.0120)	(0.0141)	(0.0141)	(0.0862)	(0.0139)	(0.0115)
lnFA				0.285 ***	0.308 ***	0.844 ***	0.188 ***	0.164 ***
				(0.0378)	(0.0411)	(0.176)	(0.0283)	(0.0234)
lnW					−0.169	−1.323 ***	0.0707	−0.0683
					(0.116)	(0.430)	(0.0691)	(0.0571)
C	9.826 ***	9.710 ***	9.661 ***	7.463 ***	8.981 ***	14.60 ***	7.837 ***	9.938 ***
	(0.0442)	(0.0983)	(0.107)	(0.350)	(1.061)	(4.094)	(0.658)	(0.544)

---

① 对逐步回归方程显著性做检验发现，相较于固定效应和随机效应，混合 OLS 回归方程具有显著性，故而对基准模型选择混合回归。

变量	(1)	(2)	(3)	(4)	(5)	(6) QR05	(7) QR50	(8) QR95
N	300	300	300	300	300	300	300	300
R^2	0.007	0.013	0.029	0.179	0.187	—	—	—

注：第（1）至第（5）列为式（2-1），第（6）至第（8）列为式（2-3）；＊、＊＊、＊＊＊分别表示在10%、5%、1%水平下显著；括号内为回归系数的标准差。

至于其他控制变量，研发投入的回归系数始终为正，即随着研发投入的增多，中国制造业的出口技术复杂度也会提高，而第（4）和第（5）列研发投入的影响却不显著，导致这一结果的原因在于回归中纳入了固定资产额（lnFA）这一变量，且从结果看这一变量的系数估计值均在1%显著性水平上对lnES有着显著的正向影响。因此，对于R&D在第（4）列、第（5）列不显著的原因可能在于固定资产投入是企业生产经营与发展的主要资产，而R&D的投入则对产业科技实力和核心竞争力的提升至关重要，在中国制造业现阶段的发展过程中，对于资产投入的分配结构不甚合理，导致R&D的投入强度不够，故而对于出口技术复杂度的提升影响微弱。外资利用情况（FI）的回归系数始终在1%的显著性水平上为正，这一结果表明，外资企业对于我国制造业行业提升国际竞争力进行全球价值链的攀升在一定程度上具有显著的推动作用。工资水平（lnW）的回归系数为负且不显著，这一结果意味着制造业行业的工资水平提高，可能会抑制行业的出口技术复杂度的提升，原因可能在于，对于现阶段中国的制造业行业，低的劳动力成本优势仍然是目前制造业行业参与全球价值链分工的主要优势。

由于固定效应的回归模型只是均值回归，易受极值影响，为检验模型的稳健性，为此再采用分位数回归的方法。结果见表2-2第（6）至第（8）列，随着分位数q的不断变化，贸易自由化的回归系数也随之变化，其结果都为负向影响且在q=0.05时并不显著，一方面这基本验证了OLS回归方法的基本结论，验证了其稳健性，另一方面说明贸易自由化对于中国制造业全球价值链攀升可能存在异质性的影响。

（二）异质性影响的检验

以上分析，针对中国制造业的整体样本，但对于不同区域或不同技术类型的制造业受到贸易自由化的影响可能存在一定差异，为了进一步地分析贸易自由化对制造业全球价值链攀升的异质性影响，我们将中国30个省际数据分为东部13省、中部6省和西部11省，将制造业按照三分类法分为高技术、中技术和低技术制造业，分别进行回归。表2-3和表2-4报告了回归结果。

表 2-3　不同地区回归结果

变量	东部地区			中部地区			西部地区		
	(1) FE	(2) QR25	(3) QR95	(4) FE	(5) QR25	(6) QR95	(7) FE	(8) QR25	(9) QR95
FT	-0.0068 (0.0101)	-0.00117 (0.00606)	-0.0112* (0.00261)	0.235* (0.148)	0.316 (0.283)	0.0614 (0.224)	-0.367 (0.273)	-0.776 (0.480)	-0.159 (0.0971)
R&D	-0.292*** (0.0792)	-0.591*** (0.110)	-0.448*** (0.0474)	-0.240* (0.127)	-0.000233 (0.255)	-0.156 (0.202)	0.672*** (0.195)	0.829 (0.702)	0.143*** (0.142)
FI	0.0100* (0.0089)	0.0351** (0.0139)	0.000710 (0.00599)	0.189* (0.174)	0.445 (0.284)	0.158 (0.224)	1.020*** (0.269)	0.925 (0.561)	0.142 (0.114)
lnFA	0.1400** (0.0632)	0.0813* (0.0349)	0.109*** (0.0150)	-0.317** (0.141)	-0.182 (0.238)	-0.127 (0.189)	0.516*** (0.150)	0.772* (0.350)	0.122* (0.0709)
lnW	0.2629*** (0.0839)	0.549*** (0.102)	0.293*** (0.0441)	0.870*** (0.147)	0.759*** (0.282)	0.659*** (0.223)	-0.555** (0.242)	-1.014* (0.557)	-0.00309 (0.113)
C	6.215*** (0.5191)	3.716*** (1.012)	6.659*** (0.436)	3.858*** (0.962)	3.352** (1.442)	4.515*** (1.141)	10.85*** (2.037)	13.43*** (4.646)	9.092*** (0.941)
F检验	28.47***	—	—	14.51***	—	—	51.10***	—	—
Hausman 检验	2.76	—	—	32.23***	—	—	9.42*	—	—
N	130	130	130	60	60	60	110	110	110
R^2	0.382	—	—	0.545	—	—	0.323	—	—

注：第（1）、第（4）、第（7）列为式（2-1），其余各列为式（2-3）；*、**、***分别表示在 10%、5%、1% 水平下显著；括号内为回归系数的标准差。

表2-4 不同技术类型回归结果

变量	高技术产业				中技术产业				低技术产业			
	(1) 整体	(2) 东	(3) 中	(4) 西	(5) 整体	(6) 东	(7) 中	(8) 西	(9) 整体	(10) 东	(11) 中	(12) 西
FT	0.0374*** (0.00820)	0.00149* (0.00537)	0.520*** (0.178)	-0.190 (0.358)	-0.0360*** (0.00851)	-0.0154** (0.00595)	-0.845*** (0.224)	-0.851** (0.387)	-0.0373*** (0.0105)	-0.0424*** (0.0112)	0.431* (0.472)	-0.355 (0.284)
R&D	0.940*** (0.172)	0.288** (0.115)	0.172* (0.107)	1.668*** (0.296)	0.0397 (0.197)	-1.141*** (0.271)	-0.473** (0.178)	-0.0905 (0.400)	-1.216*** (0.166)	-1.254*** (0.173)	-1.862*** (0.407)	-0.542** (0.224)
FI	0.0670*** (0.0210)	0.0508*** (0.0168)	0.580* (0.324)	1.673*** (0.365)	-0.0158 (0.0268)	-0.0260 (0.0226)	-0.853*** (0.206)	0.181 (0.323)	0.0316 (0.0241)	-0.0113 (0.0253)	1.774*** (0.499)	-0.130 (0.200)
lnFA	0.536*** (0.0634)	0.217*** (0.0410)	-0.222 (0.193)	0.885*** (0.231)	0.218*** (0.0797)	0.109 (0.0722)	-0.452** (0.192)	0.576** (0.250)	0.300*** (0.0503)	0.337*** (0.0628)	-0.270 (0.401)	0.248 (0.156)
lnW	-0.530*** (0.166)	0.136 (0.0996)	0.974*** (0.208)	-1.213*** (0.372)	-0.626*** (0.180)	0.456* (0.238)	0.348 (0.249)	-1.250*** (0.400)	0.355** (0.153)	0.334** (0.177)	1.654*** (0.391)	0.0623 (0.264)
C	9.551*** (1.515)	5.585*** (0.991)	0.678 (1.570)	13.04*** (2.980)	13.02*** (1.526)	3.514 (2.134)	10.35*** (1.254)	17.04*** (3.290)	2.961** (1.406)	3.173* (1.685)	-6.245** (2.909)	6.009*** (2.098)
N	300	130	60	110	299	130	60	109	300	130	60	110
R^2	0.320	0.533	0.541	0.472	0.095	0.297	0.713	0.119	0.281	0.433	0.696	0.067

注: 表中各列为式 (2-2) 回归结果; *、**、***分别表示在10%、5%、1%水平下显著; 括号内为回归系数的标准差。

1. 东中西部地区分类回归

从表2-3的第（1）、第（4）、第（7）列可知，对于不同区域，贸易自由化程度对出口技术复杂度的影响存在着较大差异，东部地区和西部地区为负影响，东部地区的影响系数的绝对值远小于西部地区且影响系数均不显著，中部地区则为显著的正向影响。这表明，不同地区的制造业发展状况不同，其制造业进行价值链攀升的主要影响因素则不同。东中部地区出现研发投入小的省市其出口技术复杂度却高的现象，东部地区尤甚，原因可能在于东中部地区一些省市的高出口技术复杂度制造业企业的政治关联较强，导致过度投资，产生挤出效应，削弱了企业的技术创新效率，发生政治资源的"诅咒效应"[①]，影响研发投入发挥其应有的作用（袁建国等，2015）。工资水平的回归系数均为显著的正值，说明工资水平的提高有助于引进高水平人才，从而对于制造业的升级发展有着推动作用。对于西部地区，提高研发投入、引进外资、提高固定资产投入以及低的劳动力成本优势，都是提高西部地区制造业发展的重要因素。

表2-3中的其余各列为对东中西部地区的不同分位数回归结果，用来对基准模型的稳健性进行检验。可以看出，各地区分位数回归的结果与基准模型回归结果相一致，这表明基准回归结果是稳健的。为进一步检验不同技术类型产业的异质性影响结果，考虑可能存在的组间异方差和组间同期相关问题，使用面板校正标准误（PCSE）进行回归估计，表2-4汇报了分地区分产业类型的模型回归结果。

2. 分地区分技术类型回归

从表2-4第（1）、第（5）、第（9）列可知，贸易自由化程度从总体上看有利于高技术产业的出口技术复杂度提升，对于中技术产业和低技术产业则不利。

关于高技术产业，东部地区和中部地区的贸易自由化程度的提升，对高技术制造业的全球价值链攀升有着显著的促进作用，且中部地区的促进作用更为明显，西部地区则不显著。关于中技术产业，贸易自由化程度的提高对东中西部地区的产业发展均有一定程度的抑制作用，由于贸易自由化的发展，国内的生产成本原因或其他原因，导致产成品国内市场价格高于国际市场，则进口这些产品势必成为必然，这将在一定程度上使国内产业生产萎缩，对于出口将产生不利影响，削弱其国际竞争力，这与前文对于中技术制造业全球价值链分工地位演化发

---

① 1993年，Auty在研究产矿国经济发展问题时第一次提出了"资源诅咒"（Resource Curse）这个概念，即丰裕的资源对一些国家的经济增长并不是充分的有利条件，反而是一种限制。

展趋势的结果相一致。关于低技术产业，贸易自由化对东部地区产业发展有显著抑制作用，东部地区的低技术产业本身就不属于其优势产业，由于贸易自由化的影响，这些产业可能会转移至更低生产成本或者资源禀赋更强的地区生产。贸易自由化对中部地区的低技术产业发展有显著的促进作用，而对于西部地区则影响不显著，西部地区产业的发展更重要的在于其他资源与生产要素的投入，其产业的整体发展水平都相对较低，可能处于边际报酬的递增阶段，所以增加有利于产业发展的要素投入，才是促进西部地区制造业发展的重要途径。

对于其他控制变量，研发投入的增加和外资引进对于高技术制造业产业的全球价值链攀升有着明显且较大的促进作用，尤其对于西部地区。对于中部地区来说，固定资产投资的增加并不会对其各技术产业发展产生推动作用。西部地区无论高技术、中技术还是低技术产业其优势都在于有较低的劳动力成本。

本章小结

本章利用 2007~2016 年中国 30 个省份面板数据，从中国制造业整体、不同区域制造业整体、不同技术类型制造业整体以及不同区域的不同技术类型的制造业四个方面考察了贸易自由化对中国制造业全球价值链攀升的影响，得出以下两点研究结论：

（1）出口技术复杂度是可以反映一国或一地区全球价值链分工地位的重要指标，在中国的制造业中存在着以下现象：中国制造业的出口技术复杂度水平有着缓慢的增长趋势，同时，在不同的区域以及不同的技术类型的分类下，技术复杂度的演变存在着差异化的特征。中部地区的制造业行业在整体上都存在一定的竞争优势；低技术制造业出口技术复杂度有稳定的增长趋势，高技术制造业出口技术复杂度水平最高且增速缓慢，而中技术制造业出口技术复杂度水平却在波动中有下降趋势，这反映出中国各地区现阶段制造业发展的特点：劳动密集型和资源型产业仍是我国出口竞争中的优势行业，传统的资源型重工业行业则竞争力薄弱，技术密集型产业的国际竞争力正在不断增强。

（2）以当前发展状况来看，首先，贸易自由化在总体上对于中国制造业的全球价值链攀升有着不利的影响，但对于不同区域、不同技术类型的制造业，其影响不同；其次，从不同区域来看，贸易自由化不利于东西部地区的价值链攀升，但能够提升中部制造业的全球价值链地位；最后，从不同技术类型层面看，贸易自由化程度的提高能提升高技术制造业的全球价值链分工地位，对于中部地区的高技术制造业尤为有利，但不利于中、低技术制造业的发展升级，对于西部地区的高技术、低技术制造业则影响不显著。

上述研究结论，对于我们了解中国制造业全球价值链分工地位的现状，以及采取怎样的政策措施能够有效地促使中国制造业在国际竞争中处于优势地位，甚至于不断向全球价值链高端攀升都有着一定的现实意义。在促进中国制造业向全球价值链高端攀升的战略下，有以下两方面的政策性启示：

（1）结合现实状况推进区域制造业发展。对于不同区域的制造业发展，应该把产业发展、政策实施与区域特征有机结合，有效利用发达地区的产业结构调整转移，构建适应中西部地区制造业发展的分工形式，形成区域协调发展的新局面。对于东部地区，要优化资源的投入结构，形成以市场需求为导向的竞争体制，实现资源的充分合理配置，尽量避免发生"资源诅咒"现象，使资源投入发挥其本身应有的作用；中部地区可以适时地引进高技术人才，利用贸易自由化带来的进口便利引进适合产业发展的高新技术，维持其制造业产业的国际竞争优势；西部地区则要利用其地区优势，如丰富且成本较低的劳动力资源、土地资源以及丰富的自然资源等参与全球价值链的分工，并且政府应该增加对其有效的资源投入，加大对其优势产业扶持力度，结合资源优势发展具有竞争优势的区域产业，为西部地区制造业的发展提供政策支持。

（2）发挥进口贸易的有效作用。要畅通进口渠道，实现进口的便利化与自由化，提升国际市场的话语权，要加大技术的引进，充分发挥其技术的"溢出"效应，加大国内有生产投入需求的产品进口，提升我国制造业产业的生产能力与生产效率；要结合中国制造业的发展形势出台相关的配套政策措施，针对不同区域不同产业，有针对性地实施差异化的政策，创造发挥贸易自由化对中国制造业发展的促进作用的有利条件。要提升我国制造业产业的进口竞争力，积极地支持本国企业的转型升级，提升我国制造业的全球价值链地位，规避贸易自由化带来的不利冲击。

第三章 技术对制造业全球 价值链的效应

本章深入分析技术创新和技术溢出对制造业全球价值链的效应。首先，从增加值贸易视角构建了基于前后向联系的出口技术复杂度指数，并从外在冲击视角出发，探求特定视角下技术创新、制度环境对制造业全球价值链分工地位的效应；其次，在理论层面上分析技术溢出对制造业全球价值链分工地位的效应，并基于异质性检验和门限回归等计量方法，研究并验证了"引进来"和"走出去"的双向技术溢出对中国制造业价值链攀升的异质性作用与其门限特征；最后，实证研究制造业自主创新与外国技术溢出对中国制造业全球价值链攀升的不同影响。

第一节 技术创新与制造业价值链分工地位演进

随着互联网技术的不断发展和国际基础设施的日益完善，产品国际生产分工日益普遍，越来越多的中间品多次跨越国境，使生产分工日益细化、碎片化，进而形成了全球价值链分工体系。各个国家凭借其自身资源禀赋优势参与到特定的价值链生产环节进行专业化生产，这就形成了国际生产分工的"微笑曲线"。由于各国专业化从事的生产环节不同，其收益也就存在差异。事实上，由于"微笑曲线"两端的中高附加值环节长期被发达国家所占据，广大发展中国家只能被牢牢锁定在价值链生产的低端环节，这就意味着对广大发展中国家而言，提高其制造业全球价值链分工地位、实现全球价值链升级有着十分紧迫而重要的意义。

研究表明，技术创新和制度环境对提升一国制造业全球价值链分工地位有着重要作用（杨蕙馨和田洪刚，2020；杨水利和杨祎，2019；戴翔，2020；陈立敏等，2016）。一方面，发达国家的高技术水平决定了其在全球价值链中处于高端环节，而发展中国家也借助跨国公司推动的国家间技术外溢和"干中学"效应实现技术进步，逐步提高其全球价值链分工地位。另一方面，制度环境的优化可改善市场环境，推动资源优化配置，提高一国全球价值链分工地位。显然，学术界对此进行了十分有益的探索。但遗憾的是现有研究几乎都局限于一般视角，而对于特定视角，尤其是在外在冲击视角下技术创新、制度环境对制造业价值链分工地位演进的影响则鲜有研究。那么，在外在系统冲击背景下，技术创新和制度环境又对制造业全球价值链分工地位表现出怎样的作用？制造业全球价值链分工地位在两者的作用下又如何演进？其演进路径又有怎样的特点？对此，本节拟从外在冲击的视角出发，构建跨国面板数据实证检验特定视角下技术创新和制度环境对制造业全球价值链分工地位的影响，并进一步采用广义可加模型（Generalized Additive Models，GAM）探究制造业全球价值链地位的演进路径，以期对上述问题在实证层面予以回答。

本节可能的研究贡献在于：首先，借鉴现有相关研究，从增加值贸易视角构建了基于前后向联系的出口技术复杂度指数，并以此衡量各国制造业全球价值链分工地位，这对以往指标进行了合理补充；其次，从外在冲击的视角出发，探求特定视角下技术创新、制度环境对制造业全球价值链分工地位的影响作用，延展了相关制造业全球价值链的研究边界；最后，本节进一步采用 GAM 模型探求特定因素下的制造业全球价值链分工地位演进路径及其特点，较之以往相关演进研究更具稳健性和说服力。

一、技术创新和制度环境对制造业全球价值链地位影响的研究设计[①]

（一）计量模型设定

选取 54 个国家构建时间跨度为 13 年的跨国面板数据，在外在经济冲击视角下考察技术创新、制度环境对制造业全球价值链地位的影响。设定计量模型如下：

$$\ln GVC_{it} = \beta_0 + \beta_1 \times \ln TECH_{it} + \beta_2 \times \ln FREE_{it} + \beta_3 \times SHOCK_{it} + \beta_4 \times C_{it} + \mu_{it} + \lambda_{it} + \varepsilon_{it} \quad (3-1)$$

其中，i 表示国家，t 表示年份。GVC_{it} 表示 i 国 t 年份的制造业价值链分工地位，采用制造业出口技术复杂度衡量。$TECH_{it}$ 和 $FREE_{it}$ 为核心解释变量，分别表示 i 国 t 年份的技术创新水平和制度环境。C_{it} 为模型控制变量组合，其目的是

① 参见屠年松，龚凯翔. 技术创新、制度环境与制造业价值链分工地位演进：基于外在经济冲击视角的再考察［J］. 世界经济研究，2022（4）：63-75+136.

减少模型因变量遗漏导致的估计误差。μ_{it} 为个体固定效应，λ_{it} 为时间固定效应，ε_{it} 为随机误差项。

借鉴马盈盈和盛斌（2018）以及李洲和马野青（2020）的方法，基于增加值的视角构建了制造业前向出口技术复杂度和后向出口技术复杂度指标，将计量模型扩展如下：

$$\ln ESIF_{it}=\beta_0+\beta_1\times\ln TECH_{it}+\beta_2\times\ln FREE_{it}+\beta_3\times SHOCK_{it}+\beta_4\times C_{it}+\mu_{it}+\lambda_{it}+\varepsilon_{it} \quad (3\text{-}2)$$

$$\ln ESIB_{it}=\beta_0+\beta_1\times\ln TECH_{it}+\beta_2\times\ln FREE_{it}+\beta_3\times SHOCK_{it}+\beta_4\times C_{it}+\mu_{it}+\lambda_{it}+\varepsilon_{it} \quad (3\text{-}3)$$

其中，$ESIF_{it}$ 和 $ESIB_{it}$ 分别表示制造业前向出口技术复杂度和后向出口技术复杂度。

（二）变量说明

1. 被解释变量：制造业全球价值链分工地位

邱斌等（2012）指出一国制造业全球价值链地位可由其产品的出口技术复杂度体现。唐海燕和张会清（2009）也认为发达国家专业化于研发设计等高附加值环节，其产品出口技术复杂度较高。借鉴上述几位学者的思考，采用出口技术复杂度衡量制造业全球价值链地位，测度方法如下：

$$PRODY_j = \sum_i \frac{\dfrac{x_{ij}}{x_i}}{\sum_i \dfrac{x_{ij}}{x_i}} \times PGDP_i \quad (3\text{-}4)$$

$$ESI_i = \sum_j \frac{x_{ij}}{x_i} PRODY_j \quad (3\text{-}5)$$

其中，$PRODY_j$ 代表第 j 类行业的技术复杂度，ESI_i 代表 i 国产品的出口技术复杂度。x_{ij} 为 i 国第 j 类行业出口额，x_i 为 i 国总出口额，$PGDP_i$ 为 i 国人均GDP。李洲和马野青（2020）指出采用传统出口值测算的出口技术复杂度由于忽略了国外中间投入对一国出口的影响，不能准确衡量其真实的技术含量。对此，他们从增加值的角度对出口技术复杂度测算进行了改进。在此基础上，利用亚洲开发银行发布的最新数据，借鉴 Wang 等（2013）提出的多边贸易增加值分解框架，对 2007~2019 年全球 54 个国家的出口增加值进行分解，并测算基于前后向关联的出口技术复杂度，具体方法如下：

$$PRODY\_dva_j = \sum_i \frac{\dfrac{dva\_f_{ij}}{dva\_f_i}}{\sum_i \dfrac{dva\_f_{ij}}{dva\_f_i}} \times PGDP_i \quad (3\text{-}6)$$

$$ESIF_i = \sum_j \frac{dva\_f_{ij}}{dva\_f_i} PRODY\_dva_j \tag{3-7}$$

$$PRODY\_fgy_j = \sum_i \frac{\dfrac{fgy\_dva_{ij}}{fgy\_dva_i}}{\sum_i \dfrac{fgy\_dva_{ij}}{fgy\_dva_i}} \times PGDP_i \tag{3-8}$$

$$ESIB_i = \sum_j \frac{fgy\_dva_{ij}}{fgy\_dva_i} PRODY\_fgy_j \tag{3-9}$$

其中，dva_f_{ij} 为 i 国 j 行业基于前向联系的出口增加值，fgy_dva_{ij} 为 i 国 j 行业基于后向联系的出口增加值。$PRODY\_dva_j$ 和 $PRODY\_fgy_j$ 分别是基于前向联系和后向联系的行业出口技术复杂度，$ESIF_i$ 和 $ESIB_i$ 则分别是 i 国基于前向联系和后向联系的出口技术复杂度。$PGDP_i$ 为 i 国人均 GDP。为避免通货膨胀的影响，采用世界银行数据库中的 2010 年不变价美元进行出口技术复杂度测算。

2. 核心解释变量：技术创新和制度环境

（1）技术创新。目前相关研究主要采用 R&D 内部支出总额、研发投入、专利数量和全要素生产率等衡量技术创新水平。囿于相关数据可得性，选取各国 R&D 内部支出总额衡量其技术创新水平，并以对数形式表示。

（2）制度环境。现有学者关于制度环境的衡量指标主要包括世界治理指标和经济自由度指数。借鉴李宏和陈圳（2018）的方法，选用美国传统基金会和《华尔街日报》联合发布的经济自由度指数作为各国制度环境的代理变量，并用对数形式表示。

3. 控制变量

在前文被解释变量和核心解释变量的基础上，考虑到外在经济冲击的视角（仅考虑 2008 年金融危机和 2014 年国际油价暴跌），采用哑变量方式控制外在经济冲击事件，具体做法是若样本年度内发生重大外在经济冲击事件，则取值为 1，否则为 0。为减少因为遗漏变量导致的估计误差，借鉴现有研究成果（刘海云和毛海鸥，2015；谷军健和赵玉林，2020；黄繁华等，2019），选取外商投资水平（FDI）、物质资本（CAP）、人力资本（HC）、金融发展水平（FIN）、服务化发展水平（SER）和基础设施状况（INF）作为控制变量。其中，外商投资水平采用 FDI 存量表示，物质资本运用永续盘存法进行测算，人力资本采用高等院校入学率表示，金融发展水平采用银行不良贷款额占贷款总额百分比衡量，服务化发展水平采用服务业就业人员占就业人数百分比衡量，基础设施状况采用世界银行数据库发布的物流绩效指数衡量，该指数越高，说明基础设施状况越好。

（三）数据来源

价值链测度原始数据来源于 ADB 亚洲开发银行，在此基础上借鉴对外经贸大学 UIBE_GVC 数据库使用的方法进行测度。解释变量方面，技术创新数据来源于联合国教科文组织 UNESCO 数据库，制度环境数据来源于美国传统基金会发布的经济自由度指数。控制变量方面，除外商直接投资数据来源于联合国贸易与发展会议 UNCTAD 数据库外，其余数据均来源于世界银行数据库。借鉴付明辉和祁春节（2016）的研究，物资资本存量测算时折旧率定为 6%。针对少数缺失数据，我们进行了插值补全处理，描述性统计结果如表 3-1 所示。

表 3-1　数据描述性统计

变量	观测值	平均值	标准差	最小值	最大值	偏度	峰度
lnesif	702	10.1365	0.1847	9.1588	10.3807	−2.6175	12.0008
lnesib	702	10.1363	0.1352	9.6142	10.4173	−0.8415	4.3096
lnrd	681	15.0804	2.2297	9.8886	19.9821	−0.1760	2.5731
lnfree	702	4.1913	0.1333	3.9080	4.4931	−0.1374	2.2568
shock	702	0.1538	0.3611	0	1	1.9188	4.6818
lnser	702	4.0757	0.3378	2.7482	4.4756	−1.5777	5.2597
lninf	702	1.1872	0.1729	0.7129	1.4412	−0.5679	2.5382
lnfin	702	1.4676	0.8259	0	3.8867	0.3861	2.8244
lnhc	676	3.9050	0.6658	1.2883	5.0046	−1.5450	5.1465
lnfdi	663	11.7234	1.7542	4.7301	15.8753	−0.7303	4.0098
lncap	702	27.3370	1.9267	21.3683	31.4295	−0.3138	2.7119

资料来源：笔者借助 STATA15 整理。

二、技术创新和制度环境对制造业全球价值链地位影响的实证研究

（一）基准回归估计

利用实证研究验证技术创新、制度环境对价值链分工地位的影响。为避免多重共线性，首先进行多重共线性检验，结果显示模型不存在共线性问题。其次，为规避数据不平稳导致的伪回归，进行数据平稳性检验，检验结果均在 1% 的水平上显著，说明数据是平稳的。

在此基础上，对模型（3-2）和模型（3-3）进行混合回归，进行 F 检验和

Hausman 检验，根据检验结果选用固定效应模型进行基准回归分析，表 3-2 报告了回归结果。由于本节主要关注技术创新、制度环境对制造业全球价值链分工地位的影响作用，在借用 STATA15 软件进行回归的过程中，采用逐步加入控制变量的方法，依次控制经济系统外来冲击、服务业发展水平、基础设施状况、金融发展水平、外商直接投资存量、人力资本和物质资本存量等控制变量。表 3-2 的结果表明，在控制了一定的控制变量后，技术创新在 1% 的水平上对基于前向联系的出口技术复杂度有显著的正向影响，从第（7）列的回归结果可知，一国技术创新水平提高 1% 会推动其基于前向联系的出口技术复杂度增长 0.087%，这说明在一国技术创新能力增强的情况下，制造业企业一方面可通过提高劳动生产率增强比较优势，推动产品升级和价值链攀升，另一方面可通过技术创新强化产品竞争力，积极融入全球价值链，实现产品的全球价值链链条升级。而经济自由度对基于前向联系的出口技术复杂度的正向影响却并未表现出显著性，对此，将在后文进行异质性检验，从不同国家和不同地域对模型进行分组回归，研究其可能的原因。

表 3-2　技术创新、制度环境对基于前向联系的出口技术复杂度的影响

变量	被解释变量：lnesif						
	（1）	（2）	（3）	（4）	（5）	（6）	（7）
lnrd	0.0313*** (7.05)	0.0178*** (4.22)	0.0183*** (4.33)	0.0180*** (4.25)	0.0090** (2.01)	0.0066 (1.47)	0.0087** (2.01)
lnfree	0.0692** (2.02)	0.0006 (0.02)	−0.0076 (−0.24)	−0.0097 (−0.30)	0.0072 (0.21)	0.0021 (0.06)	0.0176 (0.54)
shock	−0.1090*** (−24.29)	−0.1152*** (−27.95)	−0.1160*** (−27.93)	−0.1156*** (−27.42)	−0.1171*** (−27.28)	−0.1175*** (−26.88)	−0.1169*** (−27.77)
lnser		0.3064*** (11.33)	0.2973*** (10.73)	0.3010*** (10.56)	0.3020*** (9.22)	0.2718*** (8.09)	0.2164*** (6.48)
lninf			0.0333 (1.49)	0.0323 (1.44)	0.0310 (1.28)	0.0433* (1.77)	0.0267 (1.13)
lnfin				−0.0015 (−0.56)	−0.0016 (−0.56)	−0.0027 (−0.94)	−0.0012 (−0.42)
lnfdi					0.0160*** (3.77)	0.0157*** (3.46)	0.0048 (1.03)

变量	被解释变量：lnesif						
	(1)	(2)	(3)	(4)	(5)	(6)	(7)
lnhc						0.0223*** (2.70)	0.0177** (2.22)
lncap							0.0424*** (6.66)
cons	9.4315*** (68.75)	8.6699*** (61.14)	8.6947*** (60.96)	8.6951*** (60.93)	8.5681*** (57.29)	8.6527*** (57.30)	7.7856*** (39.88)
国别效应	Yes	Yes	Yes	Yes	Yes	Yes	Yes
年份效应	Yes	Yes	Yes	Yes	Yes	Yes	Yes
R^2	0.7696	0.8095	0.8102	0.8103	0.8221	0.8238	0.8370
N	681	681	681	681	642	616	616

注：***、**、*分别表示在1%、5%、10%的水平下显著；括号内为t值。

控制变量方面，经济系统外来冲击在1%的显著性水平上对基于前向联系的出口技术复杂度产生负向影响，从表3-2第（7）列的回归结果可知，经济系统外在冲击加剧1%会导致基于前向联系的出口技术复杂度下降1.169%。服务业发展水平、人力资本和物质资本的回归结果显著为正，表明其在外在经济冲击下对基于前向联系的出口技术复杂度有正向影响，这与现有研究结果类似。基础设施水平和外商直接投资存量的估计系数为正值，金融发展水平的估计系数为负，但都没有表现出稳健的显著性。

表3-3报告了技术创新、制度环境对基于后向联系的出口技术复杂度的影响结果。从回归结果可知，技术创新对基于后向联系的出口技术复杂度同样在1%的显著性水平上具有显著的正向作用，如表3-3第（7）列所示，一国技术创新水平增长1%可推动其基于后向联系的出口技术复杂度提高0.12%，大于对前向出口技术复杂度的正向作用强度，这说明一国技术创新可推进对原生产工艺改进和新产品研制，降低企业成本，增加超额利润，实现制造业功能升级，刺激规模效应，促进其价值链分工地位跃升。而经济自由度的估计系数却是负数，同样在后文采取异质性检验方法，以探究其背后的原因所在。控制变量方面，经济系统外来冲击同样在1%的显著性水平上对基于后向联系的出口技术复杂度产生负向影响，从表3-3第（7）列的回归结果可知，经济系统外在冲击加剧1%会导致基于后向联系的出口技术复杂度下降0.558%，小于对前向出口技术复杂度的负

向作用强度。服务业发展水平、人力资本水平、物质资本存量、基础设施发展、外商直接投资存量和金融发展水平也均对基于后向联系的出口技术复杂度有显著的正向影响作用。

表3-3　技术创新、制度环境对基于后向联系的出口技术复杂度的影响

变量	被解释变量：lnesib						
	（1）	（2）	（3）	（4）	（5）	（6）	（7）
lnrd	0.0323*** （6.98）	0.0181*** （4.13）	0.0186*** （4.23）	0.0193*** （4.39）	0.0154*** （3.31）	0.0112** （2.41）	0.0120*** （2.59）
lnfree	0.0540 （1.51）	−0.0179 （−0.54）	−0.0258 （−0.77）	−0.0186 （−0.55）	−0.0272 （−0.77）	−0.0352 （−1.01）	−0.0291 （−0.83）
shock	−0.0437*** （−9.35）	−0.0502*** （−11.72）	−0.0510*** （−11.81）	−0.0524*** （−11.96）	−0.0558*** （−12.44）	−0.0561*** （−12.46）	−0.0558*** （−12.46）
lnser		0.3214*** （11.42）	0.3127*** （10.84）	0.3002*** （10.15）	0.2701*** （7.89）	0.2326*** （6.72）	0.2109*** （5.938）
lninf			0.0318 （1.37）	0.0352 （1.51）	0.0364 （1.45）	0.0509** （2.02）	0.0444* （1.76）
lnfin				0.0050* （1.81）	0.0069** （2.34）	0.0053* （1.80）	0.0059** （2.00）
lnfdi					0.0154*** （3.47）	0.0147*** （3.14）	0.0104** （2.09）
lnhc						0.0316*** （3.72）	0.0298*** （3.51）
lncap							0.0167** （2.46）
cons	9.4661*** （66.24）	8.6672*** （58.76）	8.6909*** （58.56）	8.6896*** （58.66）	8.7255*** （55.83）	8.8487*** （56.88）	8.5080*** （40.92）
国别效应	Yes	Yes	Yes	Yes	Yes	Yes	Yes
年份效应	Yes	Yes	Yes	Yes	Yes	Yes	Yes
R^2	0.7272	0.7751	0.7757	0.7769	0.7863	0.7912	0.7935
N	681	681	681	681	642	616	616

注：***、**、*分别表示在1%、5%、10%的水平下显著；括号内为 t 值。

（二）异质性分析

前文基准回归结果表明在外在经济冲击视角下，技术创新能显著推动制造业全球价值链攀升，而制度环境则不然。为研究基准回归中制度环境差异性结果的原因，并考虑研究结果的相互印证，本部分从国家类型和国家地域两个层面展开异质性分析，结果报告如表3-4和表3-5所示。

1. 基于国家类型的异质性分析

表3-4报告了基于不同国家类型的异质性检验结果，其中第（1）、第（2）、第（5）、第（6）列是以前向出口技术复杂度为被解释变量的异质性回归，第（3）、第（4）、第（7）、第（8）列是以后向出口技术复杂度为被解释变量的异质性回归。首先，从制度环境角度看，在基准回归和异质性分析均对外在经济冲击进行控制的情况下，前者表明经济自由度对前后向出口技术复杂度均没有显著正向作用，可后者却表明经济自由度只对发展中国家前后向出口技术复杂度表现出显著的正向作用。可能的原因是：发达国家经济自由化程度较高，高水平的自由发展加强了企业间的经济联系，但在外在经济冲击下，过高的经济自由化滋生了不健康、不合理的市场秩序，造成挤出效应，形成经济自由化对前后向出口技术复杂度的遏制作用；而发展中国家经济自由化程度相对较低，挤出效应较小，经济自由化发展可以优化其资源配置，推动制造业全球价值链地位攀升。其次，从技术创新角度看，在基准回归和异质性分析均控制了外在经济冲击的情况下，前者表明技术创新对前后向出口技术复杂度均有显著的正向作用，但后者却发现技术创新仅对发达国家前后向出口技术复杂度有积极作用。可能的原因是：发达国家技术创新能力较强，高水平的技术进步有利于推动制造业产品升级、链条升级，促进其全球价值链地位跃升；而发展中国家技术创新能力较弱，进步幅度较小，技术积累效应低，无法在外在冲击背景下实现技术创新对价值链地位的正向推动。

表3-4　发达国家和发展中国家回归结果

变量	发达国家				发展中国家			
	（1）	（2）	（3）	（4）	（5）	（6）	（7）	（8）
lnrd	0.0811***	0.035***	0.0971***	0.0495***	0.0191***	-0.0027	0.0154***	0.0008
	(10.43)	(5.02)	(10.19)	(5.91)	(3.26)	(-0.45)	(3.10)	(0.17)
lnfree	0.0065	-0.0676*	-0.0677	-0.0830*	0.1173**	0.1333**	0.1558***	0.0756*
	(0.15)	(-1.91)	(-1.30)	(-1.95)	(2.14)	(2.28)	(3.35)	(1.72)

续表

变量	发达国家				发展中国家			
	（1）	（2）	（3）	（4）	（5）	（6）	（7）	（8）
shock		−0.1151***		−0.0599***	−0.1319***			−0.0604***
		（−28.79）		（−12.48）	（−16.52）			（−10.06）
ln*ser*		0.4361***		0.5693***	0.1635***			0.1640***
		（8.04）		（8.73）	（3.22）			（4.30）
ln*inf*		0.0490**		0.0572**	0.0718*			0.0864***
		（2.02）		（1.97）	（1.67）			（2.67）
ln*fin*		−0.0038		0.0004	−0.0089			−0.0046
		（−1.40）		（0.14）	（−1.59）			（−1.08）
ln*fdi*		0.0006		0.0052	0.0107			0.0146*
		（0.15）		（1.07）	（0.94）			（1.69）
ln*hc*		0.0280***		0.0667***	0.0167			0.0053
		（3.09）		（6.13）	（1.34）			（0.56）
ln*cap*		0.0803***		0.0230	0.0418***			0.0231***
		（5.71）		（1.36）	（4.76）			（3.51）
cons	8.9526***	5.7278***	9.0036***	6.3405***	9.3585***	7.6157***	9.2384***	8.2716***
	（49.25）	（17.89）	（40.39）	（16.49）	（43.81）	（24.96）	（50.84）	（36.05）
国别效应	Yes	Yes	Yes	Yes	Yes	Yes	Yes	Yes
年份效应	Yes	Yes	Yes	Yes	Yes	Yes	Yes	Yes
R^2	0.8335	0.8996	0.7636	0.8638	0.7382	0.8401	0.7485	0.8664
N	403	390	403	390	278	226	278	226

注：***、**、*分别表示在1%、5%、10%的水平下显著；括号内为t值。

　　显然，外在经济冲击背景下的技术创新和制度环境对不同发展阶段国家的制造业全球价值链地位具有明显的异质性特征。这为后文采用 GAM 模型研究特定因素下的制造业全球价值链演进提供了一定的现实思考。

　　2. 基于国家地域的异质性分析

　　表3-5 报告了基于不同国家区域的异质性检验结果。与表3-4类似，第（1）、第（2）、第（5）、第（6）列是以前向出口技术复杂度为被解释变量的异质性回归，第（3）、第（4）、第（7）、第（8）列是以后向出口技术复杂度为被解释变量的异质性回归。从国家地域层面看，技术创新对制造业全球价值链分工地位的影响与对不同国家类型层面的影响类似，而经济自由度却在欧美国家和亚洲国家间再次呈现差异化特点。这进一步说明，不同类型和不同地域的国家由于其现阶段发展程度的不同，现阶段技术创新和制度环境对其全球价值链分工地位攀升的影响力也存

在差异，也说明其制造业全球价值链分工地位攀升的主要影响因素不同。从外在冲击角度看，尽管估计系数始终呈现为负，但亚洲国家的估计系数绝对值远大于欧美国家，这说明外在经济冲击对亚洲国家全球价值链分工地位攀升的破坏力远大于欧美国家，而亚洲国家多数为发展中国家，上述结论也可以从表3-4得到印证。此外，从第（2）、第（4）列与第（6）、第（8）列的结果可知，受一国经济政策的影响，外在冲击对后向出口技术复杂度的影响要远小于前向出口技术复杂度。这在一定程度上也阐述了政府对经济进行适当干预的必要性。

表3-5　欧美国家和亚洲国家回归结果

变量	欧美国家				亚洲国家			
	（1）	（2）	（3）	（4）	（5）	（6）	（7）	（8）
lnrd	0.0732***	0.0325***	0.0752***	0.0341***	0.0199***	-0.00007	0.0194***	0.0095
	(10.55)	(5.62)	(9.44)	(4.66)	(2.98)	(-0.01)	(3.09)	(1.65)
lnfree	0.1001***	0.0142	0.0722*	-0.0270	-0.0271	-0.0430	-0.0145	-0.0523
	(2.85)	(0.49)	(1.78)	(-0.74)	(-0.38)	(-0.66)	(-0.22)	(-0.87)
shock		-0.1113***		-0.0547***		-0.1509***		-0.0697***
		(-31.13)		(-12.11)		(-16.47)		(-8.25)
lnser		0.3677***		0.4274***		0.0783		0.0284
		(10.16)		(9.35)		(1.45)		(0.57)
lninf		0.0064		-0.0126		0.0231		0.0901*
		(0.32)		(-0.50)		(0.43)		(1.81)
lnfin		-0.0040*		-0.0024		0.0050		0.0299***
		(-1.73)		(-0.81)		(0.72)		(4.65)
lnfdi		0.0061		0.0103*		0.0355***		0.0396***
		(1.40)		(1.86)		(3.94)		(4.76)
lnhc		0.0088		0.0307***		0.0133		0.0011
		(1.19)		(3.27)		(0.88)		(0.08)
lncap		0.1347***		0.0823***		0.0334***		0.0125
		(10.28)		(4.98)		(3.79)		(1.54)
cons	8.6750***	4.2954***	8.7461***	5.4975***	9.9395***	8.6231***	9.8914***	9.1754***
	(54.75)	(13.16)	(48.08)	(13.33)	(36.73)	(25.08)	(38.94)	(28.91)
国别效应	Yes	Yes	Yes	Yes	Yes	Yes	Yes	Yes
年份效应	Yes	Yes	Yes	Yes	Yes	Yes	Yes	Yes
R^2	0.8300	0.9109	0.7690	0.8497	0.7211	0.8530	0.7025	0.8449
N	468	442	468	442	213	174	213	174

注：***、**、*分别表示在1%、5%、10%的水平下显著；括号内为t值。

进一步结合表3-4和表3-5可以发现，由于欧美发达国家和亚洲发展中国家发展程度上的差异，欧美发达国家制造业全球价值链分工地位攀升主要依靠技术创新和服务业发展，而亚洲发展中国家还主要依靠外商直接投资和物质资本积累。这主要是因为欧美发达国家在资本和技术等方面存在相对优势，在全球价值链的"微笑曲线"中占据了研发设计、关键零部件制造和品牌、服务等高附加值环节，利润空间高；而亚洲发展中国家凭借自身比较优势嵌入价值链中，依托丰富的要素禀赋和廉价劳动力资源从事标准零部件制造、进口加工组装等低附加值环节，利润空间低，且位于"微笑曲线"的"U"形底端。

（三）稳健性检验

为验证基准回归结论的稳健性，本部分拟从内生性处理、模型问题处理、数据极端值处理和估计方法四方面进行稳健性检验，检验结果如表3-6所示。其中第（1）、第（3）、第（5）、第（7）列是以前向出口技术复杂度为被解释变量的回归结果，第（2）、第（4）、第（6）、第（8）列是以后向出口技术复杂度为被解释变量的回归结果。

1. 基于内生性处理的稳健性检验

尽管本节已对控制变量与个体效应进行控制，但模型中仍可能存在变量遗漏或变量互为因果关系等问题，这会导致内生性问题的出现。内生性问题的存在会使得回归结果出现偏差。因此，借鉴相关学者的做法（耿晔强和白力芳，2019；戴翔等，2017）并结合经济自由度相对稳定的实际，选取技术创新滞后两期、经济自由度滞后一期作为工具变量，采用差分GMM方法进行内生性处理。得到表3-6中第（1）、第（2）列的检验结果。从检验结果可以看出，在对模型内生性问题进行一定程度的控制以后，技术创新和经济自由度对制造业全球价值链分工地位的估计结果与基准回归类似，这表明现阶段技术创新仍能推动制造业全球价值链分工地位提升，而经济自由度则不存在明显的促进作用。这说明了基准回归结果是稳健的。

2. 基于模型问题处理的稳健性检验

已有研究指出面板数据回归时，由于误差项本身存在的自相关、异方差和截面相关问题会导致回归结果不可靠（Du等，2014）。为有效解决该问题，借鉴上述学者的做法，进一步控制Driss-Kraay稳健标准误，进行稳健性检验。相关检验结果如表3-6的第（3）和第（4）列所示，结果显示技术创新和制度环境对制造业前后向出口技术复杂度的影响与基准回归并无明显不同，这进一步说明基准回归结果是稳健的。

表 3-6　稳健性检验

变量	差分 GMM		Driscoll-Kraay		截尾处理		MLE	
	（1）	（2）	（3）	（4）	（5）	（6）	（7）	（8）
lnrd	0.0413 *	0.0076	0.0087 *	0.0120 **	0.0100 **	0.0160 ***	0.0094 **	0.0187 ***
	（1.76）	（0.42）	（1.82）	（2.49）	（2.20）	（3.14）	（2.10）	（3.79）
lnfree	−0.2508	−0.1752 **	0.0176	−0.0291	−0.0385	−0.0770 **	0.0051	−0.0340
	（−1.07）	（−2.22）	（0.49）	（−1.42）	（−1.20）	（−2.16）	（0.16）	（−1.00）
shock	−0.1558 ***	−0.1038 ***	−0.0349 *	−0.0369	−0.1054 ***	−0.0471 ***	−0.1041 ***	−0.0455 ***
	（−18.96）	（−19.45）	（−1.76）	（−1.64）	（−26.38）	（−10.55）	（−25.89）	（−10.20）
lnser	0.1170 *	−0.0547	0.2164 ***	0.2109 **	0.2592 ***	0.2637 ***	0.2552 ***	0.2211 ***
	（1.71）	（−1.09）	（3.28）	（2.62）	（7.56）	（6.89）	（8.27）	（7.00）
lninf	−0.0024	0.0192	0.0267	0.0444 ***	0.0672 ***	0.0582 **	0.0561 **	0.0533 **
	（−0.13）	（1.18）	（1.08）	（3.44）	（2.94）	（2.27）	（2.45）	（2.11）
lnfin	−0.0023	0.0011	−0.0012	0.0059 *	−0.0033	0.0013	−0.0035	0.0015
	（−0.64）	（0.38）	（−0.36）	（1.78）	（−1.17）	（0.40）	（−1.26）	（0.50）
lnfdi	0.0061	0.0068	0.0048	0.0104 **	−0.0022	−0.0031	0.0013	0.0020
	（0.42）	（0.61）	（0.82）	（2.04）	（−0.48）	（−0.60）	（0.29）	（0.42）
lnhc	−0.0291 *	0.0082	0.0177 **	0.0298 **	0.0133	0.0215 **	0.0224 ***	0.0277 ***
	（−1.78）	（1.01）	（2.02）	（2.62）	（1.49）	（2.15）	（2.57）	（3.00）
lncap	0.0159	−0.0030	0.0424 ***	0.0167 **	0.0915 ***	0.0606 ***	0.0330 ***	0.0027
	（1.46）	（−0.20）	（3.97）	（2.07）	（7.54）	（4.47）	（3.02）	（0.30）
cons	—	—	7.7856 ***	8.5080 ***	6.5360 ***	7.4025 ***	7.9144 ***	8.8637 ***
			（12.50）	（13.21）	（21.31）	（21.60）	（27.66）	（36.08）
国别效应	Yes	Yes	Yes	Yes	Yes	Yes	Yes	Yes
年份效应	Yes	Yes	Yes	Yes	Yes	Yes	Yes	Yes
AR（2）	0.464	0.162						
Hansen	0.184	0.428						
R^2			0.8370	0.7935	0.8314	0.7692		
N	471	471	616	616	616	616	616	616
LR 值							1001.06 ***	845.12 ***

注：*** 、** 、* 分别表示在 1%、5%、10% 的水平下显著；括号内为 t 值。

3. 基于数据极端值处理的稳健性检验

考虑到数据异常值对回归结果的影响。借鉴刘信恒（2020）的方法，在稳健性检验中对数据进行 5% 的双边截尾处理，以剔除极端值对回归的影响。再次进行回归估计，结果报告如表3-6第（5）和第（6）列所示。结果显示技术创新和制度环境的估计结果与基准回归无明显差异，这说明基准回归结果是稳健的。

4. 基于估计方法的稳健性检验

考虑到模型中非线性因素对模型估计的影响，更换估计方法，采用极大似然估计进行稳健性检验，结果汇报如表3-6第（7）和第（8）列所示，结果再一次说明基准回归结果是稳健的。

三、前后向出口技术复杂度视角下制造业价值链分工地位的演进路径

上文通过基准回归和异质性检验发现技术创新对制造业价值链分工地位攀升有显著的促进作用，而制度环境则不然，两者呈现明显的异质性特征：由于不同类别、不同地域的国家发展程度的不同，技术创新和制度环境对其制造业价值链分工地位的影响力存在差异，且其制造业价值链分工地位攀升的主要动力也不相同。为进一步验证这一结论，考察制造业价值链分工地位演进路径特点，本节进一步借鉴苏庆义和高凌云（2015）的做法，采用广义相加模型（Generalized Additive Models，GAM）探寻在技术创新、制度环境、服务业发展和外商直接投资等特点因素下的制造业价值链分工地位演进规律。

GAM模型是通过对数据进行光滑样条函数、核函数或局部回归光滑函数回归得到多变量的方程的可加近似值，从而降低线性设定所导致的模型风险，增强回归可靠性；同时可拟合被解释变量随特定解释变量变化的路径。鉴于此，利用R软件，从前向出口技术复杂度和后向出口技术复杂度两个层面出发拟合制造业价值链分工地位在技术创新和制度环境两个特定因素下的演进路径，以验证基准回归结果的稳健性。

（一）前向出口技术复杂度演进特点

图3-1和图3-2报告了整体上制造业前向出口技术复杂度随技术创新和制度环境的演进路径。可以看出，随着技术创新能力或经济自由度水平的提高，制造业前向出口技术复杂度呈现出迥然不同的演化路径。首先是技术创新，随着一国制造业技术创新能力的增强，其前向出口技术复杂度呈现先降后升的"U"形特征，这验证了技术创新对不同类型、不同地域国家制造业价值链分工地位的不同影响力。一般而言，欧美发达国家技术创新能力强于亚洲发展中国家。以样本国家来说，欧美发达国家技术创新指标对数值集中在［14，18］，此时技术创新能力的增强能较好地促进制造业前向出口技术复杂度提升；而亚洲发展中国家技术创新指标对数值集中在［10，14］，此时制造业技术创新能力的增强无法显著推

动其价值链分工地位提升。其次是制度环境，随着一国经济自由化水平的提高，其制造业前向出口技术复杂度呈现曲折上升的特点。这不难理解，因为经济自由化水平提高可刺激经济增长潜力，优化资源配置，促进制造业前向出口技术复杂度提升，但同时会在特定时期内出现"过度自由化"现象，形成挤出效应而抑制前向出口技术复杂度的提升。

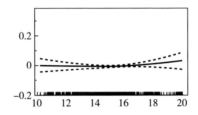

图3-1　前向出口技术复杂度与技术创新拟合图

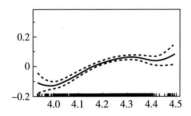

图3-2　前向出口技术复杂度与经济自由度拟合图

　　为验证前文关于不同类型、不同地域国家制造业全球价值链分工地位演变的主要动力存在差异的结论，进一步拟合制造业前向出口技术复杂度在外商直接投资和服务业发展两个特定因素下的演进路径，结果报告如图3-3和图3-4所示。从图3-3可以看出，一方面，随着一国外商直接投资的增长，其制造业前向出口技术复杂度呈现先降后升的态势，这验证了发展中国家嵌入全球价值链"低端锁定"可能性的存在；另一方面，样本发展中国家外商直接投资存量对数值集中在[10，12]，此时外商直接投资的增长能显著促进制造业前向出口技术复杂度增长，而发达国家则不然。类似地，从图3-4可以看出，样本发达国家服务业发展水平指标对数值主要集中在服务业发展能够显著推动制造业前向出口技术复杂度的区间。这也从前向出口技术复杂度角度验证了不同类型、不同地域国家制造业全球价值链分工地位演变的主要动力存在差异的结论。

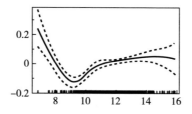

图3-3　前向出口技术复杂度与外商直接投资拟合图

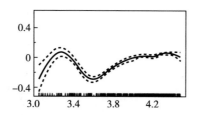

图3-4　前向出口技术复杂度与服务业发展拟合图

（二）后向出口技术复杂度演进特点

图3-5和图3-6报告了整体上制造业后向出口技术复杂度随技术创新和制度环境的演进路径。可以看出，随着技术创新能力或经济自由度水平的提高，后向出口技术复杂度均呈现出曲折上升的演进路径。从技术创新的角度看，这一演变特点同样验证了技术创新对不同类型、不同地域国家制造业价值链分工地位的不同影响力。样本国家内欧美发达国家的技术创新能力指标对数值较大，其对制造业后向出口技术复杂度演进影响力也越大；反之，亚洲发展中国家技术创新能力指标对数值较小，其对制造业后向出口技术复杂度演进影响力也越小。从制度环境的角度来看，整体上制造业后向出口技术复杂度随经济自由化水平提高而曲折上升，但欧美发达国家市场经济发展较早，经济自由化程度较高，指标对数值主要集中在［4.3，4.5］，这一区间经济自由化对制造业后向出口技术复杂度演进呈负向作用，而亚洲发展中国家经济自由度指标对数值则主要集中在［4，4.3］这一经济自由化对制造业后向出口技术复杂度演进呈正向作用的区间。这验证了前文关于经济自由度的制造业全球价值链分工地位的差异性作用。

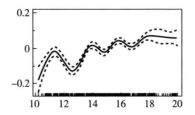

图 3-5   后向出口技术复杂度与技术创新拟合图

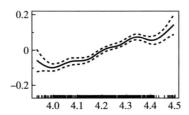

图 3-6   后向出口技术复杂度与经济自由度拟合图

类似于前向出口技术复杂度的演进特点,本节进一步拟合制造业后向出口技术复杂度在外商直接投资和服务业发展两个特定因素下的演进路径,结果报告如图 3-7 和图 3-8 所示。从图 3-7 可以看出,制造业后向出口技术复杂度随外商直接投资存量的增长而呈现出曲折下降的演进路径,其间短暂上升。这进一步验证了发展中国家嵌入全球价值链中的"低端锁定"状况。同时现阶段发展中国家外商直接投资存量对数值集中在 [10, 12] 这一外商直接投资对制造业后向出口技术复杂度有积极作用的区间,而发达国家的服务业发展水平对数值也落在服务业发展能够显著推动制造业后向出口技术复杂度的区间。这也从后向出口技术复杂度角度验证了不同类型、不同地域国家制造业全球价值链分工地位演变的主要动力存在差异的结论。

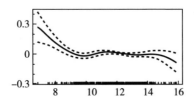

图 3-7   后向出口技术复杂度与外商直接投资拟合图

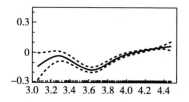

图 3-8　后向出口技术复杂度与服务业发展拟合图

第二节　"引进来""走出去"的技术溢出对制造业价值链的效应

自美国贸易代表办公室于 2018 年发布"301"条款报告以来，局部地区经贸关系日益紧张。与此同时，中国经济又在全球新冠疫情大流行的背景下遭受到更严峻挑战。对此，中国必须推动制造业全球价值链高端攀升，以期更好地应对当前国际经济形势。在这样的背景下，"引进来"和"走出去"的双向技术溢出对制造业价值链攀升的作用及特点是一个亟待研究的问题。相关学者发现技术溢出的实现及其强弱程度与个体的吸收能力紧密相关。这主要体现在组织范围、组织内部机制行为等方面。基于这一思路，本节使用产业集聚和研发能力衡量组织范围和内部机制行为下的个体吸收能力，尝试探求在一定的技术溢出水平下，个体吸收能力对制造业价值链分工地位具有怎样的间接作用。

具体地，随着我国制造业价值链向高端攀升，东部地区产业集聚程度逐渐高于中西部地区。但这在反方向促进制造业价值链攀升的同时也形成了制造业过度集聚导致的资源匮乏和成本增加，最终阻碍制造业价值链攀升。显然，产业集聚在一定的技术溢出背景下对制造业价值链攀升的具体作用尚未可知。此外，作为技术溢出发挥积极的价值链攀升作用的"关键先生"，研发能力又是否能始终在技术溢出受到冲击的背景下对制造业价值链分工地位攀升有促进作用？双向技术溢出是否会在两者影响下对制造业价值链攀升有门限性的影响特征？对此，本节在基准研究基础上，借助门限回归，尝试对上述问题进行回答。

本节的研究意义在于：首先在理论验证双向技术溢出对制造业价值链分工地位的影响作用的基础上丰富了技术溢出与吸收能力的现有研究；其次考虑双向技术溢出对中国制造业价值链攀升的影响的省域异质性和门限特征，为我国制造业在贸易摩擦背景下精准制策，变挑战为机遇，推动其向全球价值链高端迈进提供现实参考。

本节可能的贡献在于：首先，在理论层面上分析技术溢出与制造业全球价值链分工地位的影响作用，并以产业集聚和研发能力作为突破点，延展了吸收能力在技术溢出对制造业全球价值链分工地位的影响中的作用。其次，本节基于异质性检验和门限回归等计量方法，研究并验证了"引进来"和"走出去"的双向技术溢出对中国制造业价值链攀升的异质性作用与其门限特征，丰富了相关的研究成果。

一、技术溢出对中国制造业价值链效应的理论机制及待检验假设[①]

为探讨"引进来"和"走出去"的技术溢出对中国制造业价值链攀升的影响作用，借鉴耿晔强和白力芳（2019）的分析，认为在全球价值链国际分工背景下，各国按照其优势资源参与国际分工。跨国公司 i 在 $m=[0,1]$ 的区间上进行产品生产，其中，区间 $[0,m]$ 在发展中国家，区间 $[m,1]$ 在发达国家。m 值越大越表明一国处于价值链高端。借鉴韩亚峰和冯雅倩（2018）的研究，以 $a_h(z)$ 和 $a_l(z)$ 衡量一国单位产品生产的技术和劳动投入，以 $x(m)$ 衡量该国在全球价值链特定位置的生产单位，通过对研发环节和生产环节的技术和劳动投入的高低排序可知 $m=a_h(z)/a_l(z)$ 是单调递增函数。

沿用韩亚峰和冯雅倩（2018）的研究思路，假定一国产品生产只使用技术和劳动两种要素，生产函数为 CD 函数，成本函数如式（3-11）所示。

$$x(m)=t \cdot z \cdot L^{\alpha} \cdot K^{1-\alpha} \tag{3-10}$$

$$C=w \cdot m \cdot L+q \cdot L-r \cdot K \tag{3-11}$$

在此基础上本节假设一国单位产品价格为 P，构造利润函数，根据利润最大化准则得到式（3-12）和式（3-13）：

$$\frac{\partial R}{\partial K}=(1-\alpha) \cdot P \cdot t \cdot z \cdot L^{\alpha} \cdot K^{-\alpha}-r=0 \tag{3-12}$$

$$\frac{\partial R}{\partial L}=\alpha \cdot P \cdot t \cdot z \cdot L^{\alpha-1} \cdot K^{1-\alpha}-wm-q=0 \tag{3-13}$$

利用式（3-13）除以式（3-12），将结果代入生产函数，可得一国在价值链生产中的资本和劳动力投入，如式（3-15）和式（3-16）所示。

---

① 参见屠年松，龚凯翔．"引进来""走出去"的技术溢出对制造业价值链的效应研究——基于研发能力和产业集聚的门限回归检验［J］．暨南学报（哲学社会科学版），2022，44（7）：64-79.

$$\left[\frac{(1-\alpha)}{\alpha}\right] \cdot L \cdot K^{-1} = \frac{r}{(wm+q)} \tag{3-14}$$

$$K = x(m) \cdot (t \cdot z)^{-1} \cdot \left(\frac{\alpha-1}{\alpha}\right)^{\alpha} \cdot \left(\frac{wm+q}{r}\right)^{\alpha} \tag{3-15}$$

$$L = x(m) \cdot (t \cdot z)^{-1} \left(\frac{1-\alpha}{\alpha}\right)^{\alpha-1} \cdot \left(\frac{wm+q}{r}\right)^{\alpha-1} \tag{3-16}$$

鉴于发达国家和发展中国家具有类似的生产函数和成本函数，我们依据式（3-15）和式（3-16）直接写出发达国家和发展中国家各自在价值链生产中的资本投入和劳动投入，得到其价值链分工中的生产成本函数：

$$C_{developed-c} = \frac{C_{developed}}{x(m)_{developed}} = (t_{developed} \cdot z_{developed})^{-1} (w_{developed}m+q)^{\alpha} \frac{(1-\alpha)^{\alpha-1}}{\alpha^{\alpha}} \cdot r^{1-\alpha} \tag{3-17}$$

$$C_{developing-c} = \frac{C_{developing}}{x(m)_{developing}} = (t_{developing} \cdot z_{developing})^{-1} (w_{developing}m+q)^{\alpha} \frac{(1-\alpha)^{\alpha-1}}{\alpha^{\alpha}} \cdot r^{1-\alpha} \tag{3-18}$$

发达国家和发展中国家凭借自身优势资源参与价值链生产，选择其在价值链分工中的地位。故当价值链分工处于均衡状态时，均衡点 m_1 满足：

$$m_1 = (w_{developed}m_1+q) \cdot (t_{developed} \cdot z_{developed})^{-1} \cdot r^{1-\alpha} \cdot \frac{(1-\alpha)^{\alpha-1}}{\alpha^{\alpha}} - \Big[(w_{developing}m_1+q) \cdot$$

$$(t_{developing} \cdot z_{developing})^{-1} \cdot r^{1-\alpha} \cdot \frac{(1-\alpha)^{\alpha-1}}{\alpha^{\alpha}} \Big] = 0 \tag{3-19}$$

进一步地，基于相关学者关于外商直接投资、进口贸易和对外直接投资等可以通过示范效应、产业关联效应、竞争效应以及人力资本流动效应等渠道实现双向技术溢出，强化一国技术能力的研究结论（张世俊和邓峰，2019；孙海波和刘忠璐，2019；谢建国和张宁，2020），本节参考李群峰（2015）与韩亚峰和冯雅倩（2018）的技术溢出模型，构建一个 CD 函数式的双向技术溢出模型。其中，$ifdi$、imp、$ofdi$ 分别衡量的是发展中国家通过外商直接投资、进口贸易和对外直接投资获得的双向技术溢出，即"引进来"和"走出去"的技术溢出。ind 和 rd 衡量的是发展中国家对双向技术溢出的市场集聚效应和研发吸收能力，$t_{developed}$ 和 $t_{developing}$ 分别是发达国家和发展中国家的技术水平，$t_{developed}/t_{developing}$ 衡量的是技术差距，A 衡量的是影响发展中国家技术力量的其余因素。

$$t_{developing} = A \cdot (ifdi)^{\beta} \cdot (imp)^{\chi} \cdot (ofdi)^{\delta} \cdot (ind)^{\varepsilon} \cdot (rd)^{\gamma} \cdot \left(\frac{t_{developed}}{t_{developing}}\right)^{1-\gamma} \tag{3-20}$$

在式（3-20）的基础上，为明确"引进来""走出去"的双向技术溢出对制造业价值链攀升的影响，验证产业集聚和研发投入的特定效应，从外商直接投资技术溢出、进口贸易技术溢出和对外直接投资逆向技术溢出三个方面对式（3-20）进行简化整理。以式（3-21）的外资技术溢出为例，将之代入式（3-18），构建如式（3-22）的隐函数：

$$t_{developing} = A^{\frac{1}{\gamma}} \cdot (ifdi)^{\frac{\beta}{\gamma}} \cdot (ind)^{\frac{\varepsilon}{\gamma}} \cdot (rd) \cdot (t_{developed})^{\frac{1}{\gamma}-1} \qquad (3-21)$$

$$F\ (m,\ t_{developed},\ t_{developing}) = (w_{developed}m+q)^{\alpha} \cdot (t_{developed}z_{developed})^{-1} \cdot r^{1-\alpha} \cdot$$

$$\frac{(1-\alpha)^{\alpha-1}}{\alpha^{\alpha}} - (w_{developing}m+q)^{\alpha} \cdot (A^{\frac{1}{\gamma}} \cdot (ifdi)^{\frac{\beta}{\gamma}} \cdot (ind)^{\frac{\varepsilon}{\gamma}} \cdot (rd) \cdot$$

$$(t_{developed})^{\frac{1}{\gamma}-1} \cdot z_{developing})^{-1} \cdot r^{1-\alpha} \cdot \frac{(1-\alpha)^{\alpha-1}}{\alpha^{\alpha}} = 0 \qquad (3-22)$$

对式（3-22）中的隐函数求导可知 $\partial m/\partial ifdi = -(\partial F/\partial ifdi)/\partial F/\partial m > 0$，即提高一国对于外商直接投资的吸引力，强化外商直接投资的正向技术溢出，有利于该国制造业全球价值链攀升。

同理，进口贸易技术溢出效应、对外直接投资逆向技术溢出效应、产业集聚和研发能力有类似结果。由此，我们提出待检验假说 H1：

假说 H1：在技术溢出视角下，强化中国双向技术溢出效应有利于我国制造业全球价值链高端攀升。

但相关学者发现发展中国家在借助技术进步推动制造业价值链攀升时会面临发达国家核心技术封锁、技术转化配套能力不匹配等问题，导致对国外技术溢出的过度依赖，甚至丧失自主研发能力，形成"低端锁定"困局（高小龙和董银果，2020）。这说明单纯依靠双向技术溢出推动价值链攀升是远远不够的，提升自身研发能力十分必要。一方面，发展中国家通过提高自主研发能力，强化对技术溢出的吸收和对外部知识的获取，放大双向技术溢出对我国制造业价值链攀升的积极作用；另一方面，发展中国家的研发能力影响着双向技术溢出的发生与否及其强弱程度。从产业集聚层面来看，尽管产业集聚往往可以形成双向技术溢出的规模效应，推动制造业价值链向高端发展，但也存在将双向技术溢出的劣质成分放大的可能，造成对双向技术溢出质量的"稀释"，进而阻碍制造业价值链向高端发展的可能性。由此，我们提出待检验假说 H2 和假说 H3：

假说 H2：双向技术溢出可进一步通过消化吸收推动我国制造业价值链攀升。

假说 H3：双向技术溢出在产业集聚效应下对制造业价值链攀升的影响尚不明确。

二、技术溢出对中国制造业价值链效应的计量模型及变量说明

（一）计量模型构建

为验证前文理论和假说，明确研发能力和产业集聚下的双向技术溢出对制造业价值链攀升的影响，本节以我国 31 个省份（不考虑港澳台地区）作为研究对象，构建 2004~2017 年的省域面板数据，建立如下计量模型：

$$\ln ESI_{it} = \alpha + \beta_1 \cdot \ln IFDI_{it} + \beta_2 \cdot \ln RD_{it} + \beta_3 \cdot IND_{it} + \beta_4 \cdot \ln FDI_{it} \times \ln RD_{it} +$$
$$\beta_5 \cdot \ln FDI_{it} \times IND_{it} + \beta_6 \cdot C_{it} + \mu_{it} + \gamma_{it} + \varepsilon_{it} \qquad (3-23)$$

$$\ln ESI_{it} = \alpha + \beta_1 \cdot \ln IMP_{it} + \beta_2 \cdot \ln RD_{it} + \beta_3 \cdot IND_{it} + \beta_4 \cdot \ln IMP_{it} \times \ln RD_{it} +$$
$$\beta_5 \cdot \ln IMP_{it} \times IND_{it} + \beta_6 \cdot C_{it} + \mu_{it} + \gamma_{it} + \varepsilon_{it} \qquad (3-24)$$

$$\ln ESI_{it} = \alpha + \beta_1 \cdot \ln OFDI_{it} + \beta_2 \cdot \ln RD_{it} + \beta_3 \cdot IND_{it} + \beta_4 \cdot \ln OFDI_{it} \times \ln RD_{it} +$$
$$\beta_5 \cdot \ln OFDI_{it} \times IND_{it} + \beta_6 \cdot C_{it} + \mu_{it} + \gamma_{it} + \varepsilon_{it} \qquad (3-25)$$

其中，i 表示省份，t 表示年份。ESI 为制造业价值链地位，采用技术复杂度表示，其值越高说明制造业价值链地位越高。$IFDI$、IMP 和 $OFDI$ 为外商直接投资、进口贸易和对外直接投资引致的技术溢出，RD 为研发能力、IND 为产业集聚。C 为控制变量，具体包含人力资本、物质资本、基础设施和经济自由度。μ_{it} 为个体效应，γ_{it} 为时间效应，ε_{it} 为随机误差项。

（二）指标构建

（1）被解释变量：制造业价值链地位。目前学界关于制造业价值链地位的衡量方法有很多，但考虑到本节研究主要基于我国省域层面的面板数据展开，而出口技术复杂度能够合理地从省级层面测算各省份的制造业价值链地位。基于此，借鉴邱斌等（2012）的研究，同时考虑到发达国家牢牢控制着研发设计等技术复杂度较高的行业，而发展中国家只能从事产品组装生产等技术复杂度较低的行业的现实，认为一国或地区的出口技术复杂度能反映其制造业的全球价值链地位。更具体地，在当前的全球价值链分工背景下，人均 GDP 较高的发达国家专业化从事技术复杂度较高的产品生产，而人均 GDP 较低的发展中国家专业化从事技术复杂度较低的产品生产。由此，本节以出口技术复杂度作为制造业全球价值链地位的代理变量。测算时沿用邱斌等（2012）的方法，将行业的出口技术复杂度定义为特定产品出口国的人均 GDP 的加权平均值，并进一步通过加权平均值的方法将行业出口技术复杂度扩展至省级层面。具体的权重如式（3-26）和式（3-27）所示。

$$PRODY_j = \sum_i \frac{\frac{x_{ij}}{x_i}}{\sum_i \frac{x_{ij}}{x_i}} \times pgdp_i \qquad (3-26)$$

$$ESI_i = \sum_j \frac{x_{ij}}{x_i} PRODY_j \qquad (3-27)$$

其中，$PRODY_j$ 代表第 j 类行业的技术复杂度，x_{ij} 指的是 i 省第 j 类行业出口额，x_i 为 i 省总出口额。$pgdp_i$ 为 i 省人均 GDP，为避免通货膨胀的影响，采用物价指数对人均 GDP 进行消胀处理。

（2）核心解释变量：双向技术溢出。现有研究指出外商直接投资、进口贸易和对外直接投资是双向的外国技术溢出的主要渠道。陈昭和林涛（2018）指出一国企业所获得的创新性技术溢出与外商直接投资金额紧密相关，而在此之前，黄鼇和张台秋（2012）认为外商投资金额或者进口商品越多，物化于该渠道的技术溢出就越多。沿着这一逻辑，同时受限于相关的数据可得性，使用三种渠道下的投资额和进口额的对数值作为双向技术溢出的代理变量，以此衡量技术溢出的大小。具体地，借鉴郑展鹏和王洋东（2017）的研究，采用各省滞后一期的外商投资总额对数值和进口贸易额对数值衡量外资技术溢出和进口贸易技术溢出；采用各省历年对外直接投资存量对数值衡量对外直接投资逆向技术溢出。

（3）门限变量：研发能力和产业集聚。陈秀英和刘胜（2020）指出外国技术溢出是否发生及发生的强弱程度与一国吸收能力紧密相关。由此，借鉴丁一兵和张弘媛（2020）以及戴翔等（2018）的研究，以研发能力和产业集聚程度衡量我国对外国技术溢出的吸收能力，以考察双向技术溢出在我国技术吸收能力的间接作用下对制造业价值链攀升的间接作用。同时，进一步将研发能力和产业集聚程度作为门限变量纳入后续的门限回归当中，以检验其门限作用。具体地，采用各省当年 RD 内部支出额对数值衡量研发能力，采用各省工业产值占全国工业产值的比重与省生产总值占全国生产总值的比值之比衡量产业集聚程度。考虑到数据一致性，采用人民币兑美元年均汇率进行换算。

（4）控制变量：为减轻遗漏变量导致的内生性和估计偏差问题，借鉴以上学者的研究，在计量模型中加入人力资本、物质资本、基础设施和经济自由度等控制变量。其中人力资本采用人均受教育年限衡量，测算方式为 6×小学比重+9×初中比重+12×高中比重+16×大专及以上比重，物质资本采用各省历年固定资产投资总额衡量，基础设施采用各省每万人的公路里程数衡量，经济自由度采用市场化水平衡量，测算方法为 1-国有单位就业人数占总就业人数的比例。

（三）数据来源与描述性统计

本节价值链测度数据来自国研网对外贸易数据库，外商直接投资、进口贸易和研发投入等控制变量数据来自《中国统计年鉴》，对外直接投资数据来自《中国对外直接投资公报》，人力资本数据来自《中国人口与就业统计年鉴》，而经济自由度数据来自《中国劳动统计年鉴》。人民币兑美元年平均汇率数据来自国家统计局，物价指数数据来自《中国统计年鉴》。在以上数据来源的基础上，借鉴孙昊和胥莉（2019）的方法，考虑到本节缺失数据多为年份之间的数据，采用均值插值法对少数缺失数据进行插值补全。相关的描述性统计结果报告如表 3-7 所示。

表 3-7 描述性统计

变量	观测值	平均值	标准差	最小值	最大值
ln*esi*	434	8.366948	0.576734	7.081642	9.113655
ln*ifdi*	434	15.214600	1.576420	10.463100	19.074830
ln*imp*	434	13.820290	1.922535	7.887096	17.633700
ln*ofdi*	434	11.190970	2.431125	4.605170	16.758440
ln*rd*	434	11.901810	1.715856	6.056747	15.058770
ind	434	0.758926	0.276659	0.065646	1.456909
ln*hc*	434	2.127566	0.150861	1.318662	2.487267
ln*inf*	434	3.361102	0.710161	1.499731	5.580155
ln*pc*	434	15.988990	1.214400	12.186310	18.218080
econo	434	0.664814	0.131018	0.157806	0.916620

资料来源：笔者借助 STATA15 整理所得。

三、技术溢出对中国制造业价值链效应的实证结果

（一）基准回归估计

本节对模型（3-23）至模型（3-25）进行混合回归，通过 F 检验和 Hausman 检验认为固定效应模型更为合适，同时考虑误差项自相关、异方差和截面相关问题，本节进行了"引进来"和"走出去"的技术溢出对制造业价值链攀升的基准研究，结果报告如表 3-8 所示。其中，第（1）和第（2）列是外商直接投资技术溢出为核心解释变量的结果，第（3）和第（4）列是进口贸易技术溢

出为核心解释变量的结果，第（5）和第（6）列是对外直接投资逆向技术溢出为核心解释变量的结果。

表3-8　基准回归

变量	被解释变量：lnesi					
	模型（3-23）		模型（3-24）		模型（3-25）	
	（1）	（2）	（3）	（4）	（5）	（6）
ln*ifdi*	0.0845**	0.1097***				
	（2.77）	（3.99）				
ln*ifdi*×ln*rd*	0.0079***	0.0068***				
	（3.65）	（3.39）				
ln*ifdi*×*ind*	−0.1362***	−0.1313***				
	（−7.23）	（−6.76）				
ln*imp*			0.0308	0.0427*		
			（1.22）	（1.91）		
ln*imp*×ln*rd*			0.0061***	0.0049***		
			（3.36）	（3.15）		
ln*imp*×*ind*			−0.0544***	−0.0606***		
			（−4.22）	（−6.03）		
ln*ofdi*					−0.0128	−0.0039
					（−0.80）	（−0.28）
ln*ofdi*×ln*rd*					0.0063***	0.0056***
					（4.95）	（4.70）
ln*ofdi*×*ind*					−0.0342**	−0.0350***
					（−2.59）	（−3.16）
cons	−1.9866***	−0.8892*	−0.9805**	−0.4838	−0.2796	0.7904
	（−4.40）	（−1.98）	（−2.29）	（−0.68）	（−0.61）	（0.94）
控制变量	Yes	Yes	Yes	Yes	Yes	Yes
省份效应	Yes	Yes	Yes	Yes	Yes	Yes
时间效应	No	Yes	No	Yes	No	Yes
R^2	0.9752	0.9778	0.9733	0.9755	0.9739	0.9759
N	434	434	434	434	434	434

注：***、**、*表示在1%、5%、10%水平下显著；括号内为z值；数据经STATA15所得。

首先，从"引进来"和"走出去"的双向技术溢出对制造业价值链攀升的直接效应来看，在控制双向固定效应的情况下，外商直接投资技术溢出和进口贸易技术溢出显著推进了我国制造业全球价值链攀升，这与假说 H1 相符；但对外直接投资逆向技术溢出却对制造业全球价值链攀升表现出了不显著的负向作用，这却与假说 H1 不符。具体来看，在外商直接投资技术溢出方面，结果表明外商直接投资技术溢出可以通过示范效应、竞争效应、培训效应和关联效应等途径推动我国技术进步，进而促进我国制造业价值链攀升。而进口贸易技术溢出也与外商直接投资技术溢出类似，可通过竞争效应、规模效应和干中学效应等途径促进我国制造业技术进步，推动全球价值链攀升。而在对外直接投资逆向技术溢出方面，该技术溢出却表现出对制造业价值链的不显著负向作用。其中可能的原因在于：中国制造业对外直接投资起步较晚，行业分布不均，逆向技术溢出存量较低，尚不足以对制造业价值链攀升发挥积极作用。据《2018 年中国对外直接投资统计公报》显示，2018 年末中国对外直接投资存量中亚洲国家占比 64.4%，发展中国家占比 86.2%。这在一定程度上导致对外直接投资逆向技术溢出的质量较差，形成逆向技术溢出对制造业价值链攀升的不显著负向作用。

其次，从"引进来"和"走出去"的双向技术溢出对制造业价值链攀升的间接效应来看，在控制双向固定效应的情况下，双向技术溢出在研发能力的间接作用下对制造业全球价值链攀升呈显著的正向作用，但却在产业集聚的间接作用下对制造业全球价值链攀升呈显著的负向作用。这与假说 H2 相符，同时也回答了假说 H3。具体地，从双向技术溢出与研发能力的交乘项回归结果来看，该结果表明：在一定的双向技术溢出水平下，研发能力的增强可以提高我国对外国技术溢出的消化吸收能力，进而促进技术进步，推动制造业全球价值链攀升。也就是说，双向技术溢出可以经过我国制造业消化吸收后推动制造业全球价值链攀升。从双向技术溢出与产业集聚的交乘项回归结果来看，该结果表明：在一定的双向技术溢出水平下，产业集聚程度的提高会对我国制造业价值链攀升产生显著的阻碍作用。可能的原因在于：产业集聚会"促成"外商直接投资技术溢出的劣质成分的规模效应，扩大进口贸易技术溢出的挤出效应，进而妨碍我国制造业研发效率的提升，最终掣肘制造业价值链攀升。

（二）异质性检验

为检验"引进来"和"走出去"的双向技术溢出对制造业价值链攀升的地区异质性，按我国地区划分标准，将 31 个省份划分成东、中、西三个地区进行异质性检验。结果如表 3-9 所示。

表3-9　异质性检验

lnesi

变量	东部地区			中部地区			西部地区		
	模型（14）	模型（15）	模型（16）	模型（14）	模型（15）	模型（16）	模型（14）	模型（15）	模型（16）
lnifdi	0.2719*** (4.90)			1.8125*** (6.10)			0.0965*** (3.63)		
lnifdi×lnrd	0.0001 (0.01)			-0.1344*** (-9.55)			-0.0069 (-1.58)		
lnifdi×ind	-0.0988 (-1.61)			-0.1501 (-1.00)			0.0300 (0.38)		
lnimp		0.0873 (1.22)			1.5729*** (4.75)			0.0610 (1.63)	
lnimp×lnrd		0.0231*** (3.76)			-0.1468*** (-5.22)			-0.0072** (-2.53)	
lnimp×ind		-0.1758*** (-5.55)			0.4488*** (7.15)			0.0313 (1.10)	
lnofdi			-0.0549 (-1.54)			0.8091*** (15.67)			0.0496*** (3.41)
lnofdi×lnrd			0.0172*** (4.27)			-0.0801*** (-15.99)			-0.0035* (-2.19)
lnofdi×ind			-0.0958*** (-4.17)			0.1852*** (4.77)			0.0357* (1.81)

续表

变量	东部地区			中部地区 lnesi			西部地区		
	模型（14）	模型（15）	模型（16）	模型（14）	模型（15）	模型（16）	模型（14）	模型（15）	模型（16）
cons	-2.3513**	0.3928	4.5841***	-28.029***	-22.25***	-10.270***	-1.5872*	-1.4869*	-0.3077
	(-2.06)	(0.30)	(5.76)	(-8.03)	(-5.40)	(-8.10)	(-1.96)	(-2.10)	(-0.40)
控制变量	Yes	Yes	Yes	Yes	Yes	Yes	Yes	Yes	Yes
省份效应	Yes	Yes	Yes	Yes	Yes	Yes	Yes	Yes	Yes
年份效应	Yes	Yes	Yes	Yes	Yes	Yes	Yes	Yes	Yes
R^2	0.9873	0.9807	0.9838	0.9872	0.9900	0.9894	0.9884	0.9881	0.9889
N	154	154	154	112	112	112	168	168	168

注：***、**、*表示在1%、5%、10%水平下显著；括号内为z值；数据经STATA15所得。

从"引进来"和"走出去"的双向技术溢出对制造业价值链攀升的直接作用来看，整体结果与基准回归差异不大，但也存在细微差异。具体地，尽管东部和中部地区的外商直接投资技术溢出和进口贸易技术溢出都表现出了对制造业价值链攀升的正向作用，但中部地区的正向推动作用却是最大的。类似地，除东部地区外，对外直接投资逆向技术溢出也对中西部地区制造业价值链攀升呈现显著的正向作用，其中，仍然是中部地区的正向推动作用最明显。这说明在当前情况下，双向技术溢出对制造业全球价值链攀升的直接作用有明显的异质性特征。

从"引进来"和"走出去"的双向技术溢出对制造业价值链攀升的间接作用来看，在研发能力和产业集聚的间接作用下，双向技术溢出对制造业价值链攀升的间接作用的异质性特征就更加明显。

首先从双向技术溢出与研发能力的交乘项回归结果看，在一定的技术溢出水平下，东部地区外商直接投资技术溢出未在研发能力的间接作用下对制造业价值链攀升表现出显著的积极作用，而中西部地区却表现出了负向作用。这一差异性的结果说明：与较高的研发能力相伴的往往是较高的吸收能力，这可以有效发挥技术溢出对制造业价值链攀升的正向作用。在研发能力较低时，由于缺乏对技术溢出的有效吸收，往往导致技术溢出以先进生产要素形式参与利益分配，主导我国制造业价值链攀升，形成价值链"低端锁定"困局。其次从双向技术溢出与产业集聚的交乘项的回归结果看，在一定的技术溢出水平下，除东部地区外，中西部地区的技术溢出对制造业价值链攀升均表现出一定的正向作用，可东部地区却是负向作用，这说明：随着产业集聚程度的增强，其规模效应更多体现为垄断等非效率特征，形成对技术溢出的挤出，掣肘技术溢出对制造业价值链攀升的积极作用，这一点从产业集聚回归结果可以得到印证。当产业集聚程度较低时，其对制造业价值链高端攀升的正向作用尚未显现，此时产业间技术溢出更多地表现为规模经济等效率特征；当产业集聚达到一定程度后，其对制造业价值链攀升的正向作用逐渐显现，产业间技术溢出更多地表现出垄断等非效率特征，造成对技术溢出的挤出效应，阻碍技术溢出对制造业价值链攀升的正向作用。基于此，本节认为研发能力和产业集聚对制造业价值链攀升的作用存在门限效应特征，后文将对此进行进一步研究。

（三）稳健性检验

首先是内生性处理。由于经济惯性，模型中可能存在双向技术溢出与制造业价值链攀升"互为因果关系"导致的内生性问题。对此，采用核心解释变量的滞后一期作为工具变量，采用面板工具变量法进行内生性处理。其次是考虑数据异常问题。本节对各个变量按 1%的口径进行数据缩尾平滑处理，在一定程度上规避数据异常对结果的影响。最后改变估计方法，考虑到模型中可能存在的非线性关系，采用极大似然估计法进行稳健性检验，检验结果报告如表 3-10 所示。

从表 3-10 的检验结果知，在控制模型内生性后，双向技术溢出对制造业价值链攀升的正向作用仍然稳健。而技术溢出和研发能力与产业集聚两者的交乘项结果与基准回归差异不大。这说明了基准回归结果的稳健性，也进一步验证了基准回归关于假说 H1、假说 H2 和假说 H3 的论述的合理性。需要指出的是，技术溢出与研发能力、产业集聚的交乘项的回归结果未完全表现出显著性。可能的原因在于：我国研发能力与产业集聚程度整体水平不高，地区水平参差不齐，在一定程度上弱化了双向技术溢出在研发吸收能力和产业集聚效应下对制造业价值链攀升的影响。从其余稳健性检验结果看，结果与基准回归并无明显差异，这印证了基准回归结果的稳健性。

四、研发能力和产业集聚对制造业价值链攀升的门限效应研究

(一) 门限回归模型

在前文异质性检验的基础上，认为研发能力和产业集聚对制造业价值链攀升的作用存在门限效应特征。对此，本节借鉴 Hansen（2000）提出的非动态面板门限回归模型进行研发能力和产业集聚的门限特征验证，分析其对双向技术溢出促进制造业价值链攀升的作用异质性。对此，设定如下单门限回归模型：

$$\ln ESI_{it}=\alpha+\beta_1 \cdot \ln IFDI_{it} \cdot I(thr\leqslant\lambda)+\beta_2 \cdot \ln IFDI_{it} \cdot I(thr>\lambda)+\beta_3 \cdot \ln RD_{it}+$$
$$\beta_4 \cdot IND_{it}+\beta_5 \cdot \ln IFDI_{it}\times\ln RD_{it}+\beta_6 \cdot \ln IFDI_{it}\times IND_{it}+\beta_7 \cdot C_{it}+\mu_{it}+\gamma_{it}+\varepsilon_{it} \qquad (3-28)$$

$$\ln ESI_{it}=\alpha+\beta_1 \cdot \ln IMP_{it} \cdot I(thr\leqslant\lambda)+\beta_2 \cdot \ln IMP_{it} \cdot I(thr>\lambda)+\beta_3 \cdot \ln RD_{it}+$$
$$\beta_4 \cdot IND_{it}+\beta_5 \cdot \ln IMP_{it}\times\ln RD_{it}+\beta_6 \cdot \ln IMP_{it}\times IND_{it}+\beta_7 \cdot C_{it}+\mu_{it}+\gamma_{it}+\varepsilon_{it} \qquad (3-29)$$

$$\ln ESI_{it}=\alpha+\beta_1 \cdot \ln OFDI_{it} \cdot I(thr\leqslant\lambda)+\beta_2 \cdot \ln OFDI_{it} \cdot I(thr>\lambda)+\beta_3 \cdot \ln RD_{it}+$$
$$\beta_4 \cdot IND_{it}+\beta_5 \cdot \ln OFDI_{it}\times\ln RD_{it}+\beta_6 \cdot \ln OFDI_{it}\times IND_{it}+\beta_7 \cdot C_{it}+\mu_{it}+\gamma_{it}+\varepsilon_{it} \qquad (3-30)$$

其中，thr 为模型门限变量，具体为研发能力 RD 和产业集聚程度 IND，$I(\cdot)$ 为指示变量，当 thr 大于门限值时取值为 1，反之则为 0，λ 为门限值。考虑到经济社会中可能存在多门限值情况，本节进一步将式（3-28）至式（3-30）的单门限门槛回归模型扩展为双门限门槛回归模型，具体如下：

表3-10 稳健性检验

lnesi

变量	面板工具变量法			缩尾处理			MLE		
	模型（14）	模型（15）	模型（16）	模型（14）	模型（15）	模型（16）	模型（14）	模型（15）	模型（16）
ln$ifdi$	0.1537*** （3.41）			0.1303*** （5.08）			0.0909*** （3.01）		
ln$ifdi$×lnrd	0.0006 （0.16）			0.0065*** （3.14）			0.0077*** （2.778）		
ln$ifdi$×ind	-0.0416 （-0.84）			-0.1275*** （-4.51）			-0.1301*** （-4.34）		
lnimp		0.0820* （1.80）			0.1125*** （3.88）			0.0164 （0.53）	
lnimp×lnrd		0.0002 （0.08）			-0.0047 （-1.32）			0.0063** （2.51）	
lnimp×ind		0.0412 （0.93）			-0.0553** （-2.15）			-0.0675** （-2.61）	
ln$ofdi$			0.0110 （0.44）			-0.0088 （-0.44）			-0.0044 （-0.27）
ln$ofdi$×lnrd			0.0055*** （2.64）			0.0079*** （6.74）			0.0059*** （3.63）
ln$ofdi$×ind			-0.0123 （-0.72）			-0.0528*** （-3.81）			-0.0327** （-2.59）

续表

变量	面板工具变量法			lnesi 缩尾处理			MLE		
	模型（14）	模型（15）	模型（16）	模型（14）	模型（15）	模型（16）	模型（14）	模型（15）	模型（16）
$cons$	-1.2197** (-2.01)	-0.5416 (-0.99)	1.3738** (2.48)	-1.3644* (-2.04)	3.3994*** (3.34)	0.8465 (0.75)	-0.4616 (-0.94)	-0.0193 (-0.04)	1.1782*** (2.94)
控制变量	Yes	Yes	Yes	Yes	Yes	Yes	Yes	Yes	Yes
省份效应	Yes	Yes	Yes	Yes	Yes	Yes	Yes	Yes	Yes
年份效应	Yes	Yes	Yes	Yes	Yes	Yes	Yes	Yes	Yes
R^2	0.9711	0.9689	0.9701	0.9735	0.9864	0.9716			
LR值							1445.32***	1408.87***	1425.34***
N	403	403	403	434	434	434	434	434	434

注：***、**、* 表示在1%、5%、10%水平下显著；括号内为z值；数据经STATA15所得。

$$\ln ESI_{it} = \alpha + \beta_1 \cdot \ln IFDI_{it} \cdot I(thr \leq \lambda_1) + \beta_2 \cdot \ln IFDI_{it} \cdot I(\lambda_1 < thr \leq \lambda_2) + \beta_3 \cdot$$
$$\ln IFDI_{it} \cdot I(thr > \lambda_2) + \beta_4 \cdot \ln RD_{it} + \beta_5 \cdot IND_{it} + \beta_6 \cdot \ln IFDI_{it} \times \ln RD_{it} +$$
$$\beta_7 \cdot \ln IFDI_{it} \times IND_{it} + \beta_8 \cdot C_{it} + \mu_{it} + \gamma_{it} + \varepsilon_{it} \tag{3-31}$$

$$\ln ESI_{it} = \alpha + \beta_1 \cdot \ln IMP_{it} \cdot I(thr \leq \lambda_1) + \beta_2 \cdot \ln IMP_{it} \cdot I(\lambda_1 < thr \leq \lambda_2) + \beta_3 \cdot$$
$$\ln IMP_{it} \cdot I(thr > \lambda_2) + \beta_4 \cdot \ln RD_{it} + \beta_5 \cdot IND_{it} + \beta_6 \cdot \ln IMP_{it} \times \ln RD_{it} +$$
$$\beta_7 \cdot \ln IMP_{it} \times IND_{it} + \beta_8 \cdot C_{it} + \mu_{it} + \gamma_{it} + \varepsilon_{it} \tag{3-32}$$

$$\ln ESI_{it} = \alpha + \beta_1 \cdot \ln OFDI_{it} \cdot I(thr \leq \lambda_1) + \beta_2 \cdot \ln OFDI_{it} \cdot I(\lambda_1 < thr \leq \lambda_2) + \beta_3 \cdot$$
$$\ln OFDI_{it} \cdot I(thr > \lambda_2) + \beta_4 \cdot \ln RD_{it} + \beta_5 \cdot IND_{it} + \beta_6 \cdot \ln OFDI_{it} \times$$
$$\ln RD_{it} + \beta_7 \cdot \ln OFDI_{it} \times IND_{it} + \beta_8 \cdot C_{it} + \mu_{it} + \gamma_{it} + \varepsilon_{it} \tag{3-33}$$

（二）门限回归结果

本节逐次将研发能力 RD 和产业集聚程度 IND 作为门限变量，基于模型（3-31）至模型（3-33），得到的门限效应检验结果表明以研发能力为门限变量时，模型（3-32）存在两个门限值，而以产业集聚为门限变量时，模型均存在一个门限值。对此，后续门限回归分别取双重门限回归和单门限回归。由此，本节逐次将研发能力 RD 和产业集聚程度 IND 作为门限变量代入门限模型，结果如表3-11所示。

表3-11　门限回归结果

变量	被解释变量：$lnesi$			变量	被解释变量：$lnesi$		
	模型（19）	模型（20）	模型（21）		模型（22）	模型（23）	模型（24）
$\ln ifdi$ （$ind<\lambda$）	0.1094 *** (3.74)			$\ln ifdi$ （$\ln rd<\lambda_1$）	0.1099 *** (3.57)		
$\ln ifdi$ （$ind>\lambda$）	0.1013 *** (3.46)			$\ln ifdi$ （$\lambda_1<\ln rd<\lambda_2$）	0.1181 *** (3.82)		
$\ln ifdi \times \ln rd$	0.0094 *** (3.47)			$\ln ifdi$ （$\ln rd>\lambda_2$）	0.1104 *** (3.55)		
$\ln ifdi \times ind$	-0.1908 *** (-6.21)			$\ln ifdi \times \ln rd$	0.0069 ** (2.41)		
				$\ln ifdi \times ind$	-0.1291 *** (-4.59)		
$\ln imp$ （$ind<\lambda$）		0.0573 * (1.89)		$\ln imp$ （$\ln rd<\lambda_1$）		0.0371 (1.18)	

续表

变量	被解释变量：ln*esi*			变量	被解释变量：ln*esi*		
	模型（19）	模型（20）	模型（21）		模型（22）	模型（23）	模型（24）
ln*imp*（*ind*>λ）		0.0480		ln*imp*（λ_1<ln*rd*<λ_2）		0.0455	
		(1.59)				(1.45)	
ln*imp*×ln*rd*		0.0059**		ln*imp*（ln*rd*>λ_2）		0.0366	
		(2.40)				(1.16)	
ln*imp*×*ind*		−0.1052***		ln*imp*×ln*rd*		0.0057**	
		(−3.97)				(2.19)	
				ln*imp*×*ind*		−0.0652**	
						(−2.50)	
ln*ofdi*（*ind*<λ）			−0.0065	ln*ofdi*（ln*rd*<λ_1）			0.0300
			(−0.40)				(1.54)
ln*ofdi*（*ind*>λ）			−0.0159	ln*ofdi*（λ_1<ln*rd*<λ_2）			0.0238
			(−0.96)				(1.30)
ln*ofdi*×ln*rd*			0.0063***	ln*ofdi*（ln*rd*>λ_2）			0.0289
			(3.91)				(1.55)
ln*ofdi*×*ind*			−0.0372***	ln*ofdi*×ln*rd*			0.0026
			(−2.98)				(1.42)
				ln*ofdi*×*ind*			−0.0232*
							(−1.78)
ln*rd*	0.1249**	0.2056***	0.1965***	ln*rd*	0.1621***	0.2072***	0.2467***
	(2.28)	(4.33)	(5.80)		(2.84)	(4.17)	(6.67)
ind	2.9492***	1.3689***	0.3159*	*ind*	1.8266***	0.6417*	−0.0061
	(5.90)	(3.41)	(1.96)		(3.77)	(1.65)	(−0.04)
cons	−1.0608**	−0.6413	0.8586**	*cons*	−0.7700	−0.3737	0.8345**
	(−2.26)	(−1.45)	(2.17)		(−1.59)	(−0.82)	(2.05)
控制变量	Yes	Yes	Yes	控制变量	Yes	Yes	Yes
省份效应	Yes	Yes	Yes	省份效应	Yes	Yes	Yes
年份效应	Yes	Yes	Yes	年份效应	Yes	Yes	Yes
F 值	851.50***	761.90***	752.48***	F 值	779.47***	699.85***	698.34
R^2	0.9801	0.9778	0.9775	R^2	0.9792	0.9769	0.9769
N	434	434	434	N	434	434	434

注：***、**、*表示在1%、5%、10%水平下显著；括号内为 z 值；数据经 STATA15 所得。

延续前文的分析思路，从"引进来"和"走出去"的双向技术溢出对制造业全球价值链攀升的直接作用来看，不管回归是以研发能力为门限变量还是以产业集聚程度为门限变量，外商直接投资技术溢出和进口贸易技术溢出对制造业全球价值链攀升都表现出显著的正向促进作用，这与假说 H1 相符；类似于基准回归，对外直接投资逆向技术溢出的回归结果也与假说 H1 不符，这说明前文结果是稳健的。同时，下面具体地对门限回归结果进行分析。首先从以产业集聚为门限变量的回归结果当中，发现在不同的产业集聚程度下，外商直接投资技术溢出直接效应对制造业全球价值链攀升的影响作用表现出单调递减的特征，进口贸易技术溢出和对外投资逆向技术溢出结果与此类似。这说明随着产业集聚的扩大，其对制造业价值链攀升的正向作用逐渐显现，但同时也形成了规模经济对技术溢出的挤出效应，放大外商直接投资的劣质成分，阻碍双向技术溢出对制造业价值链攀升的积极作用。类似地，从以研发能力为门限变量的结果中可以看出：在不同的研发能力的情况下，外商直接投资技术溢出和进口贸易技术溢出整体上对制造业价值链攀升的影响表现出"递增—递减"的趋势，但对外投资逆向技术溢出却表现出"递减—递增"的趋势。可能的原因在于：一方面，中国制造业对外投资起步较晚，行业分布不均，导致逆向技术溢出存量较低，尚不足以表现出显著的正向作用。另一方面，这一差异性的回归结果也肯定了研发能力在外国技术溢出推动我国制造业全球价值链攀升的间接作用当中扮演的"关键先生"角色。

其次，从"引进来"和"走出去"的双向技术溢出对制造业全球价值链攀升的间接作用来看，整体上与前文没有太大差异，即双向技术溢出与研发能力的交乘项的回归结果为正，与产业集聚的交乘项的回归结果为负。这也验证了前文的假说 H2，并回答了假说 H3。即双向技术溢出可以通过我国的消化吸收后促进我国制造业的全球价值链攀升，但却会在产业集聚的间接作用下阻碍制造业全球价值链攀升。

第三节　制造业自主创新与外国技术溢出对全球价值链的效应

在全球经济深度调整的背景下，国际分工格局发生重大改变，全球价值链分工模式成为国际分工新常态。从开放式发展角度来看，中国制造业转型升级的本质是实现其全球价值链嵌入位置的跃升。对此，Humphrey 和 Schmitz（2002）明确提出发展中国家全球价值链攀升路径：流程升级—产品升级—功能升级—链条升级。即采用更优良的技术，提高投入产出效率，积极嵌入单位附加值更高的生产线，获得价值链上更好的功能，实现全球价值链攀升。但制造业全球价值链攀升过程受到多种因素的作用和影响，如要素禀赋结构、制造业服务化水平、经济自由度和融资约束等，而技术创新就是其一，综合来看，现有文献基本都认为技术创新对制造业全球价值链攀升有着正向作用，技术创新水平越高，越有利于制造业全球价值链地位攀升。

就价值链升级路径而言，由于全球经济多样性和逆全球化因素存在，发展中国家不可能直接从简单进口加工升级到设备制造（Original Equipment Manufacturing，OEM）和品牌制造（Original Brand Manufacturing，OBM），而必须发挥技术创新在这一过程中的重要作用。Forbes 和 Wield（2002）认为，借助于创新研发投入，一国制造业技术创新能力会增强，可通过生产系统调整或高新技术运用，提高单位产品附加值，实现制造业全球价值链升级。在这一思路下，广大学者在各个层面上进行了技术创新对全球价值链攀升作用的深入探讨。在中观层面上，潘闽和张自然（2017）指出产业集聚可以发挥技术创新的学习效应和规模效应，促进制造业工序升级，推动制造业全球价值链地位攀升；在宏观层面上，胡军等（2005）指出政府应在企业和学术机构之间搭建沟通平台，促进理论研究转化为实用科技，增强科技创新能力，推动制造业全球价值链地位提升。

尽管技术创新对全球价值链地位攀升的积极作用在理论层面上已经得到较为一致的认可，但在经济全球化背景下，一国技术创新不仅源于本土技术创新，更源于外国技术溢出。换言之，一国技术创新存在来源差异。可遗憾的是现有研究几乎都没有考虑该问题。一个十分突出的现象在于：既然技术创新对全球价值链的正向作用已经得到较为一致的认可，发达国家也借助技术创新领域的垄断地位主导和控制了全球价值链，那么在全球化条件下，广大发展中国家为何没能借助技术创新实现全球价值链地位的攀升？这一问题是否涉及本土技术创新和外国技术溢出对制造业全球价值链地位的不同影响？外国技术溢出对制造业全球价值链攀升的作用又是否与制造业对外国技术溢出的吸收能力有关？

基于此，本节在 2018 版 TIVA 数据库的基础上，采用 Koopman 等（2010）提出的 KPWW 方法测算我国制造业全球价值链地位指数，构建面板数据模型对上述命题进行计量检验，以期明确不同来源的技术创新对中国制造业全球价值链攀升的不同影响。

一、不同来源技术创新对制造业全球价值链效应的理论机制及待检验假设

已有文献肯定了技术进步对全球价值链攀升的正向作用机制。但遗憾的是它们忽略了产业内分工格局下的外国技术溢出的影响。借鉴戴翔等（2019）的分析，本节认为在原本的国际分工格局下，忽略外国技术溢出的影响不会造成实质性的差别，其原因是发达国家牢牢控制着高技术产品生产，一国技术进步只依托于自主创新。从国家的层面来看，无论依托于该技术生产的产品贸易利益在各部门间如何分配，也无论其对价值链的控制能力究竟来自哪一环节，最终结果都是国家内部消化贸易利益，国家对价值链的主导能力没有改变。但在产品内分工成为主要国际分工格局的情况下，制造业技术进步来源不仅局限于本土技术创新，更伴随跨国公司和外商直接投资出现的外国技术溢出。技术进步不仅依赖于本土技术创新，也依赖于外国技术溢出。当国外技术溢出作为一种生产要素投入产品生产时，贸易利益分配就不再局限于国内，而必须在要素所有国之间分配。由于国内外要素的稀缺性及其在价值链中地位不同，它们对价值链的控制能力也就存在差异。若外国溢出技术在质量等方面优于中国，那么它在产品的利益分配中也就占据着有利地位，对制造业价值链有控制能力。即不管在何种情形下，只要产品生产过程中存在国外溢出技术，那么产品贸易利益就一定会在所有国之间分配，而在该分配体系中占据有利地位的一方将具有全球价值链的控制和主导能力。

具体来看，随着一国自主创新水平的提高，其制造业全球价值链地位应该有所跃升。从技术创新角度来看，Humphrey 和 Schmitz（2002）提出的发展中国家全球价值链攀升路径：流程升级—产品升级—功能升级—链条升级，主要有以下三点：第一，技术创新是全球价值链升级的内生动力。罗默（1986）和马歇尔（2005）等认为技术创新能显著推动经济增长。一国自主创新能显著提高制造业劳动生产效率，增强比较优势，提高产品竞争力，实现产品升级。一定的比较优势有助于企业从事高附加值产品生产，推动产业结构的升级调整，实现全球价值链升级。第二，一国自主创新可推进对原生产工艺改进和新产品研制，降低企业成本，增加超额利润，实现制造业功能升级，刺激规模效应，摆脱"低端锁定"，实现制造业价值链跃升。第三，不断提升技术水平可以较大程度地提升制造业产品竞争力，扩大市场需求和出口，积极融入全球价值链，实现低端徘徊向高端的跃升，进而实现制造业产品的全球价值链的链条升级。

在外国技术溢出方面，李平和崔喜君（2007）指出一国获得国外技术溢出的渠道有外商直接投资和国外专利申请等，它们主要通过直接效应和间接效应影响中国制造业价值链跃升。从直接效应看，外资直接效应指的是外商通过来华投资设厂并向外出口产品，对中国制造业价值链攀升产生影响。具体来看，一方面，外资公司为寻找低成本且质量可靠的供应商，不仅会通过技术培训等方式推动知识转移，更会借助技术授权等形式将技术提供给多个供应商实现技术溢出，由此形成依托外资技术溢出的技术进步；另一方面，外资进入引致的竞争效应会刺激本土企业进行创新研发活动，提高自主创新能力，促进东道国制造业价值链升级。可当外商直接投资技术溢出以生产要素形式参与贸易利益分配时，质量一般优于中国，从而存在外资企业主导制造业价值链的可能，妨碍我国制造业价值链攀升。部分地方政府在吸引外资时，出于扩大规模考虑，忽视外资质量，导致大量劣质外资引入，造成对外国直接投资技术溢出效应的"稀释"（杨俊和李平，2017），进一步阻碍中国制造业价值链地位跃升，加剧中国制造业的"低端锁定"。外国专利申请直接效应指的是外国某企业或居民在一国的专利申请会替代中国同领域专利申请。换言之，国外专利申请借助抢占中国市场，形成挤出效应，一定程度上阻碍了中国技术进步，并通过产品贸易利益分配中的优势地位，阻碍中国制造业全球价值链攀升。

从间接效应看，外商直接投资间接效应指的是外资通过技术转移、关联效应等在中国实现技术溢出，相关行业通过学习效应、模仿创新和干中学效应对外资技术溢出进行消化吸收，促进自身技术进步（Hu，2010），推动全球价值链地位提升。外国专利申请间接效应指的是制造业对国外申请的专利进行吸收和学习后对其全球价值链攀升产生影响，同外资间接效应类似，这种间接效应也可能会对东道国全球价值链地位攀升产生正向影响。但是，研究指出外国技术溢出的间接效应要求东道国对技术溢出有一定的吸收能力（汪晓文和杜欣，2018）。吸收能力越强，越能促进东道国对外国技术溢出的学习模仿，越能促进东道国全球价值链地位攀升。这也就是说，外国技术溢出间接效应对全球价值链攀升的作用大小取决于东道国自身吸收能力的大小。由此，我们提出待检验假说 H4 和假说 H5：

假说 H4：依托于本土自主创新的技术进步有助于中国制造业价值链攀升，依托于外国专利申请的技术进步则会产生不利影响，而依托于外商直接投资的技术进步的作用待定。

假说 H5：依托于国外专利申请和外国技术溢出形成的技术溢出在经制造业吸收后可对制造业价值链攀升产生正向影响。

二、不同来源技术创新对制造业全球价值链效应的计量模型与数据说明①

（一）计量模型构建

为研究依托于本土技术创新的技术进步和依托于外国技术创新的技术进步对中国制造业全球价值链地位跃升的影响及差异，在现有文献基础上，考虑数据的可获得性，我们选取专利申请数作为技术进步的替代变量，构建如下计量模型：

$$GVCPO_{it}=\alpha+\beta_1\times\ln PATS_{it}+\beta_2\times\ln PATF_{it}+\beta_3\times\ln FDI_{it}+\beta_4\times\ln X_{it}+\mu_{it}+\varepsilon_{it} \qquad (3-34)$$

其中，i 表示行业，t 表示年份。$GVCPO_{it}$ 为 i 行业在 t 年的全球价值链地位指数，$PATS_{it}$ 为 i 行业 t 年份的专利申请，$PATF_{it}$ 为 i 行业 t 年份的外国专利申请，FDI_{it} 则是 i 国 t 年份的外商投资，X_{it} 为控制变量，μ_{it} 为模型个体效应，ε_{it} 是随机误差项。

考虑到已有文献指出外国技术溢出促进技术进步需要东道国有一定的消化吸收能力（汪晓文和杜欣，2018），即外国技术溢出可通过学习效应、模仿创新和干中学效应等间接效应促进东道国技术进步，推动东道国制造业 GVC 攀升。本节借鉴 Forbes 和 Wield（2002）的思想，采用行业的 RD 研发投入衡量其对外国技术溢出的消化吸收能力，记为 ABS_{it}。通常情况下，一国的 RD 研发投入越多，其创新能力越强，对外国技术溢出的吸收能力也越强。因此本节在模型（3-34）中加入吸收能力与外国技术溢出的交乘项得到模型（3-35），考察外国技术溢出对制造业价值链攀升的间接作用。

$$GVCPO_{it}=\alpha+\beta_1\times\ln PATS_{it}+\beta_2\times\ln PATF_{it}+\beta_3\times\ln FDI_{it}+\beta_4\times\ln PATF_{it}\times$$
$$\ln ABS_{it}+\beta_5\times\ln FDI_{it}\times\ln ABS_{it}+\beta_6\times\ln X_{it}+\mu_{it}+\varepsilon_{it} \qquad (3-35)$$

（二）指标选取与数据来源

本节借鉴李超和张诚（2017）的方法，将国民经济行业分类与 TIVA 数据库行业分类进行匹配，构建时间跨度为 11 年的 14 个制造业行业面板数据实证分析本土技术创新和外国技术溢出对制造业全球价值链攀升的影响。主要变量和数据来源如下：

1. 被解释变量：全球价值链地位指数 $GVCPO_{it}$

基于贸易附加值框架，Koopman 等（2010）提出用全球价值链地位指数衡量

---

① 参见屠年松，龚凯翔．制造业自主创新、外国技术溢出与全球价值链地位［J］．重庆大学学报（社会科学版），2023，29（1）：88-101.

一国某行业在全球价值链网络中的地位。其测算公式如式（3-36）所示：

$$GVCPO_{ij} = \ln\left(1 + \frac{IV_{ij}}{E_{ij}}\right) - \ln\left(1 + \frac{FV_{ij}}{E_{ij}}\right) \tag{3-36}$$

其中，i 表示国家，j 表示产业。IV_{ij} 表示 i 国 j 产业的间接附加值出口，衡量 i 国 j 产业的中间品出口中经一国生产加工后又出口到第三国所形成的价值增值。FV_{ij} 是一国出口的国外价值增值，E_{ij} 是 i 国 j 产业的总出口。

2. 核心解释变量

（1）自主创新 $PATS_{it}$。

现有文献衡量一国自主创新水平的指标主要是 RD 研发投入或 RD 人员数量。相较于此，专利申请和专利授权能更直观地衡量一国技术创新水平。考虑到专利授权的时滞性，我们选取专利申请作为自主创新的替代变量。借鉴曲如晓和臧睿（2019）的方法，我们在《国际专利分类与国民经济行业分类参照关系表》的基础上，对国际标准行业代码、中国国民经济行业代码和国际专利行业代码进行匹配，得到 2005～2015 年 14 个制造业的中国居民专利申请量，并用 $PATS_{it}$ 表示。数据来源于国家专利数据库。

（2）外商投资 FDI_{it}。

现有文献指出外商直接投资一方面可通过直接学习效应、关联效应以及直接技术转移对东道国实现技术溢出，但也可能因为忽视外资质量，盲目引入外资进而"稀释"外资技术溢出效应，阻碍制造业全球价值链攀升。因此我们借鉴谢建国和张宁（2020）的方法，以各行业外商和港澳台商投资企业工业销售产值占规模以上工业企业销售产值的百分比衡量外资技术溢出。鉴于外商投资的时滞性，我们对各行业数据滞后一期处理。

（3）外国专利申请 $PATF_{it}$。

类似于自主创新，以 14 个制造业 2005～2015 年的外国居民专利申请量衡量，记为 $PATF_{it}$。

3. 控制变量

在以上核心解释变量的基础上，我们借鉴现有研究，选取研发投入（记作 ABS）、资本密集度（记作 CI）、出口密集度（记作 EXP）、行业规模（记作 SIZE）、资产结构（记作 CS）和全球价值链参与程度（记作 GVCPar）作为控制变量。其中，吸收能力用行业 R&D 研发投入度量，资本密集度用行业固定资产与员工总数之比度量，出口密集度用出口交货值占工业销售产值的百分比度量，行业规模采用行业全部从业人员数衡量，资产结构用流动资产与固定资产之比度量，全球价值链参与程度按 KPWW 方法进行测度。除全球价值链参与程度测算数据来源于 TIVA 数据库外，其余数据来自《中国工业统计年鉴》《中国统计年鉴》和《中国科技统计年鉴》，少数缺失数据采用插值法补全。表 3-12 报告了各变量的描述性统计结果。

表 3-12　主要变量描述性统计

变量	观测值	均值	标准差	最小值	最大值
GVCPO	154	0.212284	0.0915427	-0.0505744	0.3938257
lnPATS	154	10.2079	1.246149	7.192934	12.96307
lnPATF	154	8.068246	1.295553	5.786897	10.61266
lnFDI	154	3.14806	0.5377489	1.931254	4.433933
lnABS	154	14.23951	1.419741	10.37171	16.59537
lnCI	154	2.936011	0.6661281	1.574014	4.695636
lnEXP	154	2.261195	0.9257895	-0.0263372	4.221574
lnSIZE	154	5.98885	0.7146092	4.309456	7.232777
lnCS	154	0.4389243	0.3649442	-0.2466474	1.144943
GVCPar	154	0.7071656	0.0679805	0.5646688	0.8872455

资料来源：笔者借助 STATA15 整理所得。

三、不同来源技术创新对制造业全球价值链效应的实证估计

为一定程度上减轻数据波动的影响，我们对变量进行对数化处理①，借助我国 2005~2015 年的 14 个制造业行业面板数据，实证分析一国自主创新和外国技术溢出对制造业全球价值链攀升的影响。

（一）基准回归估计结果

首先，基于研究依托于本土技术创新的技术进步和依托于外国技术溢出的技术进步对一国全球价值链地位攀升的影响及差异的计量模型（3-34），我们根据 F 检验、LM 检验和 Hausman 检验结果，选取固定效应估计方法进行基准回归估计。借鉴屠年松和薛丹青（2018）的一般情形下的 LSDV 方法更稳健的思想，我们采用 LSDV 方法［表 3-13 第（4）列］进行标准误校正。回归结果如表 3-13 所示。

---

① 除全球价值链地位指数和全球价值链参与程度指数未取对数外，其余变量均进行对数处理，原因在于全球价值链指标测算时已采用对数形式，而其余变量是以绝对值和百分比形式衡量，可能存在数据波动以及异方差问题，故对其余变量进行对数处理。

表 3-13　基准回归结果

变量	（1）	（2）	（3）	（4）
lnPATS	0.0376***	0.0324***	0.0299**	0.0299**
	(4.43)	(2.69)	(2.38)	(2.25)
lnPATF	-0.0442**	-0.0474**	-0.0294*	-0.0294*
	(-2.46)	(-2.61)	(-2.25)	(-1.68)
lnFDI	-0.0307	-0.0609**	-0.0472*	-0.0472*
	(-1.22)	(-2.27)	(-1.94)	(-1.71)
GVCPar		-0.0762	-0.2248*	-0.2248
		(-0.54)	(-1.71)	(-1.54)
lnCI		0.0712**	0.0303	0.0303
		(2.37)	(0.83)	(0.95)
lnEXP		0.0802***	0.0857***	0.0857***
		(4.01)	(4.73)	(4.20)
lnSIZE			0.0810***	0.0810***
			(3.26)	(3.91)
lnCS			-0.1573***	-0.1573***
			(-4.40)	(-3.98)
lnABS			0.0151*	0.0151
			(1.01)	(1.08)
CONS	0.2816*	0.1199***	-0.4629**	-0.5104**
	(1.89)	(0.77)	(-2.27)	(-2.58)
N	154	154	154	154
R^2	0.4539	0.5151	0.6222	——
个体效应	Yes	Yes	Yes	Yes

注：***、**、*分别表示在1%、5%、10%水平下显著；括号内为t统计量或z统计量。

　　本节逐步加入控制变量，回归结果的 R^2 平缓上升。首先，表 3-13 第（1）列只控制了本土技术创新和外国技术溢出，模型 R^2 为 0.4539，但在加入控制变量后，模型 R^2 为 0.6222，这说明模型解释效果较好。其次，从第（3）列可知，自主创新系数显著为正，即当其他条件不变时，制造业自主创新水平的提升可显著提高其全球价值链地位。这验证了依托于本土技术创新的技术进步有助于一国制造业全球价值链攀升的假说。当一国自主创新水平提高时，会通过产品生产系统重组和引入新的技术设备或管理模式，改进生产工艺，在降低生产成本时产生规模经济效应，提高单位产品附加值，推动产品内功能升级，实现制造业全球价值链地位的跃升。

外国技术溢出方面，外国专利申请在10%的水平上通过显著性检验，与全球价值链地位负相关，这验证了依托于外国专利申请的技术进步不利于中国制造业全球价值链升级的假说。可能的原因是国外专利申请会对中国技术专利申请形成替代作用，产生挤出效应，阻碍中国全球价值链上的地位提升。

其次，外商直接投资在10%的水平上通过显著性检验，且与全球价值链地位负相关。外商直接投资每增加1%，制造业全球价值链地位就下降0.0472%。这说明外商投资的技术溢出阻碍了我国制造业全球价值链攀升。尽管说外商直接投资可通过直接学习效应、关联效应等方式对中国实现技术溢出，促进制造业技术进步。但无法否认外资技术溢出质量一般优于中国，当其以生产要素形式参与利益分配时，会处于优势地位，主导或控制价值链。地方政府在吸引外资时往往盲目扩大外资引入的规模，忽视外资质量，造成外资技术溢出的"稀释"，最终不利于中国制造业全球价值链地位跃升。

最后，第（4）列LSDV方法的结果与前文类似，这说明本土自主创新对制造业价值链攀升的正向作用和外国技术溢出对制造业价值链攀升的负向作用是稳健的。

（二）间接效应估计结果

已有文献指出外国技术溢出促进技术进步需要东道国有一定的消化吸收能力（汪晓文等，2018）。一国通过对外国先进技术的有效吸收，可提高其自主创新水平，推动全球价值链地位攀升。基于此，借鉴 Forbes 和 Wield（2002）的思想，采用行业的 RD 研发投入衡量其对外国技术溢出的消化吸收能力。在模型（3-34）中加入吸收能力与外国技术溢出的交乘项，考察外国技术溢出对制造业价值链攀升的间接效应。结果如表 3-14 所示。

表 3-14　间接效应估计结果

变量	（1）	（2）	（3）	（4）
lnPATS	0.0036 (0.29)	0.0115 (0.88)	0.0216* (1.95)	0.0216* (1.78)
lnPATF	−0.1687*** (−4.84)	−0.1575*** (−4.36)	−0.1987*** (−6.14)	−0.1987*** (−5.18)

续表

变量	（1）	（2）	（3）	（4）
lnFDI	0.1344 ** （1.99）	0.0440 （0.62）	−0.2075 ** （−2.15）	−0.2075 ** （−2.36）
lnPATF_ lnABS	0.0089 *** （4.34）	0.0080 *** （3.64）	0.0122 *** （5.96）	0.0122 *** （5.23）
lnFDI_ lnABS	−0.0128 ** （−2.41）	−0.0084 （−1.55）	0.0115 （1.57）	0.0115 * （1.71）
GVCPar		0.0022 （0.02）	0.0189 （0.15）	0.0189 （0.13）
lnCI		0.0057 （0.18）	−0.0137 （−0.39）	−0.0137 （−0.49）
lnEXP		0.0626 *** （2.90）	0.0314 * （1.74）	0.0314 （1.54）
lnSIZE			0.0111 （0.45）	0.0111 （0.57）
lnCS			−0.1586 *** （−4.89）	−0.1586 *** （−4.61）
lnABS			−0.1029 *** （−3.44）	−0.1029 *** （−3.77）
CONS	0.6509 *** （14.06）	0.5167 *** （2.90）	1.7262 *** （3.96）	1.7105 *** （3.61）
N	154	154	154	154
R^2	0.5294	0.5710	0.7130	—
个体效应	Yes	Yes	Yes	Yes

注：***、**、*分别表示在1%、5%、10%水平下显著；括号内为t统计量或z统计量。

从表3-14可知，类似于模型（3-34），在逐渐加入控制变量的过程中，模型（3-35）拟合系数 R^2 依然平缓上升。由第（3）列结果可知，本土技术创新在10%的水平上通过显著性检验，制造业自主创新能力每提高1%，其全球价值链地位将提升0.0216%。这说明制造业自主创新对全球价值链的正向作用是稳健的。

外国技术溢出方面，外国专利申请直接效应显著为负，这与前文所述相符，即外国专利申请不利于中国制造业全球价值链攀升。但外国专利申请的间接效应显著为正，在外国技术溢出一定时，制造业对外国技术溢出的吸收能力的提高可推动制造业全球价值链地位攀升，这说明尽管外国专利申请会对本国专利申请形成挤出效应，但同样可经过本国的消化吸收与再创新后促进本国制造业全球价值链攀升。外资技术溢出方面，其直接效应与外国专利申请类似，在5%的水平上通过显著性检验，与制造业全球价值链地位负相关。这说明外资技术溢出对我国制造业全球价值链攀升有阻碍作用，但外资技术溢出间接效应估计结果为正，且在进行标准误校正后通过10%的显著性水平检验。这说明外资技术溢出可经过消化吸收后促进我国制造业全球价值链攀升。

综上所述，本土技术创新是拉动我国制造业全球价值链地位攀升的主要引擎。而外国技术溢出方面，尽管其直接效应具有阻碍作用，但可经东道国消化吸收与再创新后促进本国技术进步，提高制造业全球价值链地位。由此可知，制造业对外国技术溢出的消化与吸收能力十分关键。

（三）异质性检验

考虑到不同行业的不同发展水平，整体上可能存在自主创新水平和对外国技术溢出的吸收能力的差异，这些差异可能会对其全球价值链地位攀升产生影响。我们借鉴李超和张诚（2017）的方法，将14个制造业划分成低技术行业、中低技术行业和高技术行业三类，进行异质性检验，结果如表3-15所示。

表3-15　异质性检验结果

变量	低技术行业		中低技术行业		高技术行业	
	（1）	（2）	（3）	（4）	（5）	（6）
lnPATS	-0.0200 (-0.99)	-0.0279 (-1.21)	0.0756*** (3.55)	0.0680* (1.88)	0.0434* (1.84)	0.0002 (0.01)
lnPATF	-0.0068 (-0.34)	-0.4956** (-2.32)	-0.0468 (-0.80)	-0.2097 (-1.21)	-0.0500** (-2.33)	-0.1463 (-1.03)
lnFDI	-0.0882 (-1.24)	-0.4913** (-2.07)	-0.0845** (-2.14)	0.2528 (1.24)	-0.0849 (-1.34)	-1.7159*** (-3.64)
lnPATF_lnABS		0.0386** (2.35)		0.0094 (1.40)		0.0077 (0.76)
lnFDI_lnABS		0.0370* (1.97)		-0.0236 (-1.56)		0.1111*** (3.50)

续表

变量	低技术行业		中低技术行业		高技术行业	
	（1）	（2）	（3）	（4）	（5）	（6）
GVCPar	−0.2125	0.2323	−0.0658	0.0558	0.1520	0.0291
	（−0.96）	（0.90）	（0.24）	（0.18）	（0.41）	（0.09）
lnCI	−0.0013	0.0168	−0.1058	−0.1193	−0.0398	0.0998
	（−0.02）	（0.22）	（−1.34）	（−1.31）	（−0.74）	（1.43）
lnEXP	0.0234	−0.0316	0.0207	0.0355	0.000	0.0048
	（0.37）	（−0.20）	（0.60）	（0.98）	（0.02）	（0.16）
lnSIZE	−0.0137	0.0103	−0.0357	−0.0270	0.0848	−0.1376
	（−0.29）	（0.23）	（−0.49）	（−0.37）	（1.67）	（−1.62）
lnCS	−0.0643	−0.1225	−0.2733 ***	−0.2959 ***	−0.1285 **	−0.1676 ***
	（−0.83）	（−1.62）	（−4.73）	（−3.99）	（−2.24）	（−3.06）
lnABS	0.0289	−0.3473 **	0.0069	0.0353	0.0186	−0.3912 **
	（0.0）	（−2.59）	（0.24）	（0.28）	（0.63）	（−2.47）
CONS	0.6133	4.8610 ***	0.4837	0.3409	−0.2695	7.1566 ***
	（1.23）	（2.99）	（1.22）	（0.27）	（−0.61）	（2.83）
N	44	44	55	55	55	55
R²	0.5819	0.6787	0.6983	0.7226	0.8365	0.8755
个体效应	Yes	Yes	Yes	Yes	Yes	Yes

注：***、**、*分别表示在1%、5%、10%水平下显著；括号内为 t 统计量或 z 统计量。

从表3-15可知，自主创新水平、外国技术溢出对我国制造业全球价值链地位攀升的影响具有明显的异质性。首先，从低技术行业来看，低技术行业几乎不存在自主创新对价值链攀升的正向作用，可能的原因在于低技术行业整体技术水平较低，其自主创新主要为提高生产效率，降低生产成本，不存在对全球价值链提升的显著促进作用。而外国技术溢出方面，从直接效应来看，依托外国专利申请和外资技术溢出的技术进步均不利于全球价值链地位攀升，但这一阻碍作用可经行业的吸收消化后促进低技术行业全球价值链地位攀升。其次，从中低技术行业来看，自主创新是推动中低技术行业价值链攀升的主要引擎，而外国技术溢出是阻碍其全球价值链攀升的主要力量，外国技术溢出间接效应结果并未通过显著性检验，这可能是因为中外技术差距较大。现阶段中低技术行业对相关技术溢出的消化吸收能力较弱，缺乏对外国先进技术溢出的有效吸收。最后，从高技术行业来看，从第（6）列结果可知，自主创新对高技术行业价值链提升的正向作用不显著，可能的原因在于高技术行业技术进步率较低，自主创新能力较弱，无法显著促进价值链攀升，而外国技术溢出方面，专利申请和外资技术溢出对全球价值链攀升呈负向作用，而直接效应和间接效应都只有外资技术溢出通过1%的显著性水平检验，原因在于现阶段以美国为代表的发达国家对高技术进行严密的技术封锁，通过外国专利申请实现的高技术溢出较少，而外商投资会带来大量的中低技术溢出，在经消化吸收后促进高技术行业的价值链地位攀升。

（四）内生性检验

我们采用面板工具变量法进行内生性问题处理。通过反复实验，我们选取核心解释变量的滞后一期、滞后二期作为工具变量。为检验工具变量是否满足外生性要求，进行了识别不足检验、弱工具变量检验和过度识别检验，检验结果如表3-16所示。

表3-16　外生性检验结果

方法	统计量	P 值
识别不足检验	12.421	0.0145
弱工具变量检验	2.079	—
过度识别检验	0.353	0.9498

从表3-16可知，识别不足检验和弱工具变量检验拒绝工具变量不可识别原假设，即不存在工具变量不可识别和弱工具变量问题，而过度识别检验的P值为0.9498，接受工具变量为外生变量的原假设。即以上结果说明工具变量符合外生性要求。因此，本节采用面板工具变量法进行内生性问题处理，结果如表3-17所示。

表3-17　工具变量估计结果

变量	（1）	（2）
lnPATS	0.0378 (1.06)	-0.0248 (1.73)
lnPATF	0.1172* (1.68)	-0.2796*** (-2.68)

续表

变量	（1）	（2）
lnFDI	−0. 1274 * （−1. 69）	−0. 9418 ** （−2. 08）
lnPATF×lnABS		0. 0293 *** （4. 33）
lnFDI×lnABS		0. 0515 * （1. 81）
GVCPar	−0. 2983 （−1. 73）	0. 3583 （1. 11）
lnCI	−0. 1109 （−1. 42）	−0. 1304 （−1. 57）
lnEXP	0. 0332 （1. 07）	−0. 0466 （−1. 18）
lnSIZE	−0. 0186 （−0. 33）	−0. 1360 ** （−2. 00）
lnCS	−0. 2896 *** （−4. 13）	−0. 2765 *** （−3. 75）
lnABS	0. 0044 （0. 18）	−0. 3591 *** （−2. 82）
N	126	126

注：***、**、*分别表示在1%、5%、10%水平下显著；括号内为 t 统计量或 z 统计量。

从表3-17第（2）列可知，在一定程度上控制了模型的内生性问题后，本土自主创新不存在对制造业价值链攀升的正向作用，而外国技术溢出的直接效应与间接效应结果通过显著性水平检验，且与前文估计结果类似。造成这一结果的可能的原因是尽管现阶段以 5G 技术为代表的我国技术发展迅速，但不可否认，我国制造业整体上技术水平较低，与发达国家还存在较大差距，且本节选取的专利申请指标存在技术转化为实用科技的时滞，这在一定程度上弱化了我国自主创新对制造业全球价值链地位攀升的正向作用。这也说明在当前我国自主创新能力不足、不能显著推进制造业全球价值链攀升的情况下，外国技术溢出对我国制造业价值链攀升的负向直接效应远远强于正向间接效应，导致我国在全球价值链中陷入"低端锁定"的危局。

（五）稳健性检验

为进一步验证本土自主创新、外国技术溢出对中国制造业全球价值链地位攀升的影响，我们进行如下的稳健性检验。

首先，考虑到模型中可能存在非线性关系对结果的影响，我们采用极大似然估计方法对原样本进行估计。其次，对原样本进行面板分位数估计。最后，考虑到按式（3-36）计算所得的制造业全球价值链地位指数存在负值，采用处理删失数据常用的面板 Tobit 方法进行稳健性估计（见表3-18）。

表3-18　稳健性检验结果

变量	MLE	QR			面板 Tobit
		Q = 0.25	Q = 0.5	Q = 0.75	
	（1）	（2）	（3）	（4）	（5）
lnPATS	0.0284 *** （2.77）	0.0208 （1.51）	0.0214 * （1.89）	0.0226 （1.28）	0.0260 ** （2.52）
lnPATF	−0.2072 *** （−6.95）	−0.1832 *** （−4.22）	−0.1949 *** （−5.44）	−0.2161 *** （−3.88）	−0.1973 *** （−6.62）
lnFDI	−0.1598 * （−1.85）	−0.2839 ** （−2.52）	−0.2263 ** （−2.41）	−0.1222 （−0.84）	−0.1448 * （−1.69）
lnPATF×lnABS	0.0123 *** （6.32）	0.0123 *** （4.96）	0.0123 *** （5.99）	0.0122 *** （3.81）	0.0120 *** （6.22）
lnFDI×lnABS	0.0079 （1.22）	0.0162 * （1.89）	0.0126 * （1.77）	0.0061 （0.55）	0.0070 （1.09）
GVCPar	0.0088 （0.08）	−0.1116 （−0.63）	−0.0131 （−0.09）	0.1649 （0.72）	−0.0221 （−0.19）
lnCI	−0.0317 （−1.01）	−0.0130 （−0.33）	−0.0136 （−0.42）	−0.0145 （−0.29）	−0.0269 （−0.86）
lnEXP	0.0283 * （1.73）	0.0375 （1.64）	0.0329 * （1.74）	0.0247 （0.84）	0.0234 （1.44）
lnSIZE	0.0129 （0.60）	0.0240 （0.88）	0.0143 （0.63）	−0.0033 （−0.09）	0.0071 （0.33）
lnCS	−0.1566 *** （−5.30）	−0.1576 *** （−3.55）	−0.1584 *** （−4.33）	−0.1597 *** （−2.81）	−0.1514 *** （−5.13）

续表

变量	MLE	QR			面板 Tobit
		Q = 0.25	Q = 0.5	Q = 0.75	
	(1)	(2)	(3)	(4)	(5)
lnABS	−0.0915 ***	−0.1268 ***	−1088 ***	−0.0762 *	−0.0881 ***
	(−3.62)	(−3.91)	(−4.01)	(−1.83)	(−3.50)
CONS	1.6277 ***	—	—	—	1.6028 ***
	(4.54)				(4.50)
N	154	154	154	154	154
LR 值	171.61 ***	—	—	—	168.52 ***

注：***、**、*分别表示在 1%、5%、10% 水平下显著；括号内为 t 统计量或 z 统计量。

较之前文所述，表 3-18 回归结果并无明显差异，这说明基准回归结果具有稳健性。以第（1）列极大似然估计方法结果为例，制造业自主创新水平提高 1% 将促进其全球价值链地位提高 0.0284%。外国技术溢出方面，外国专利申请和外国技术溢出对我国制造业价值链攀升的影响作用与基准回归并无明显差异，这进一步验证了基准回归结果的稳健性。

本章小结

本章共分为三节。第一节，从增加值贸易视角构建了基于前后向联系的出口技术复杂度指数，并从外在冲击的视角出发，探求特定视角下技术创新、制度环境对制造业全球价值链分工地位的效应；第二节，在理论层面上分析技术溢出对制造业全球价值链分工地位的效应，并基于异质性检验和门限回归等计量方法，研究并验证了"引进来"和"走出去"的双向技术溢出对中国制造业价值链攀升的异质性作用与其门限特征；第三节，实证研究制造业自主创新与外国技术溢出对制造业全球价值链攀升的不同影响。

（一）技术创新和制度环境对制造业全球价值链地位影响的研究

第一节在对 2007~2019 年全球 54 个国家基于前向和后向联系的出口技术复杂度进行测算的基础上，从外在冲击对经济体系造成冲击的特定视角出发，结合双向固定效应模型再次研究技术创新、制度环境对制造业全球价值链分工地位的作用及其特征，并进一步运用广义可加模型研究在特定因素下的制造业全球价值链分工地位演进路径及其特点。结果发现：

（1）从整体层面上看，无论是对前向出口技术复杂度还是对后向出口技术复杂度，技术创新对制造业全球价值链分工地位攀升都有显著的正向促进作用，而制度环境则表现出了明显差异。

（2）通过异质性检验发现，技术创新和制度环境对制造业全球价值链分工地位呈现出明显的国别异质性特征，其中，技术创新对欧美发达国家制造业全球价值链分工地位攀升表现出明显的积极作用，而对亚洲发展中国家则不然；同样，制度环境对亚洲发展中国家制造业全球价值链分工地位攀升有显著的正向作用，却对欧美发达国家表现出显著的负向作用。

（3）从外在冲击视角来看，外在冲击视角对制造业全球价值链分工地位表现出明显的负向作用，但具体来看，外在冲击对发展中国家的负向影响要明显强于对发达国家，对后向出口技术复杂度的负向影响要弱于对前向出口技术复杂度。这说明发展中国家由于自身的发展缺陷更易受到外在冲击的影响，但它们同样可以通过适当的政府干预，一定程度上抵消这种负向影响。

（4）由于欧美发达国家和亚洲发展中国家发展程度上的差异，欧美发达国家制造业全球价值链分工地位攀升主要依靠技术创新和服务业发展，而亚洲发展中国家还主要依靠外商直接投资和物质资本积累。

（5）通过 GAM 模型拟合特定因素下的制造业全球价值链演进规律发现制造业全球价值链分工地位在不同因素下均呈现曲折上升的演进路径特点。其中，技术创新对前向出口技术复杂度有"U"形演进路径，对后向出口技术复杂度有曲折上升的演进路径；而制度环境却对两者都表现出曲折上升的演化路径。同时，还进一步从实证层面发现了外商直接投资导致发展中国家陷入全球价值链"低端锁定"的现实可能性。

（二）"引进来""走出去"的技术溢出对制造业价值链的效应

基于中美贸易摩擦和新冠疫情冲击对中国"引进来"和"走出去"的双向技术溢出冲击的基本现实，第二节构建了分析"引进来"和"走出去"的双向技术溢出对制造业价值链攀升作用的理论模型，利用中国省级面板数据，实证检验"引进来"和"走出去"的双向技术溢出对制造业全球价值链高端攀升的影响，探究研发能力和产业集聚的间接作用。研究发现：

（1）以外商直接投资和进口贸易为代表的"引进来"技术溢出显著促进了

我国制造业价值链攀升，且这一作用通过了稳健性检验。这说明外商直接投资技术溢出和进口贸易技术溢出可以通过竞争效应、示范效应、干中学效应等促进技术创新，助力制造业价值链高端攀升。

（2）以对外直接投资为代表的"走出去"逆向技术溢出对制造业价值链高端攀升产生了不显著的负向作用，可能的原因在于：中国制造业对外直接投资起步较晚，行业分布不均，导致逆向技术溢出存量较低，尚不足以发挥对外直接投资逆向技术溢出对价值链高端攀升的积极作用。

（3）研发能力和产业集聚能显著促进制造业价值链攀升，但两者与双向技术溢出的交互作用却完全相反。具体地，双向技术溢出在与研发能力的交互作用下能显著推动制造业价值链攀升，但却在与产业集聚的交互作用下阻碍了制造业价值链攀升。可能的原因是：产业过度集聚造成"产业同构"现象，阻滞资源流通，抑制企业研发积极性，放大技术溢出的"劣质成分"，造成规模经济对技术溢出的挤出效应，陷入"成也集聚，败也集聚"的困局。

（4）"引进来"和"走出去"的双向技术溢出对制造业价值链地位攀升作用在我国具有明显的地区异质性，这与地区研发吸收能力与产业集聚程度相关。通过门限回归发现，"引进来"的技术溢出在研发能力的门限作用下对制造业价值链攀升表现出先递增再递减的影响力，"走出去"的技术溢出却表现出先递减再递增的影响力；而在产业集聚的门限作用下双向技术溢出对制造业价值链攀升表现出单调递减的影响力。

（三）制造业自主创新与外国技术溢出对全球价值链的效应

第三节以专利申请作为制造业技术创新的替代变量，借助 2005~2015 年中国 14 个制造业行业面板数据研究中国制造业自主创新、外国技术溢出对全球价值链攀升的差异性影响，并检验了外国技术溢出对一国全球价值链攀升的作用机制。结果发现：

（1）中国制造业自主创新对其全球价值链地位攀升有正向的影响作用，其自主创新能力每提高 1%，将带来 0.0216% 的全球价值链地位提升，大于外国技术溢出的间接效应，这表明一国的本土自主技术创新是其全球价值链地位攀升的主要引擎。

（2）在外国技术溢出直接效应方面，外国专利申请和外资技术溢出对中国制造业全球价值链攀升有阻碍作用，是造成我国制造业全球价值链"低端锁定"的祸首。以外国专利申请为例，外国专利申请数量每提升 1%，我国制造业的全球价值链地位下降 0.1987%。对于外资技术溢出的负向作用，我们认为主要是因为外资技术溢出质量一般优于东道国，当它以生产要素形式参与利益分配时，会居于优势地位，并在价值链中占据主导与控制地位。并且，各省在制定外资政策时往往会出于扩大吸引外资规模的考虑，忽视引进外资质量，造成劣质外资对技术溢出质量的"稀释"，最终反而不利于中国制造业全球价值链地位的跃升。

（3）外国专利申请技术溢出和外资技术溢出在经东道国的消化与吸收后对东道国全球价值链攀升起到正向的促进作用。但部分行业的外资技术溢出间接效应估计结果不显著，可能是因为我国制造业技术水平整体上与发达国家还存在较大差距，对外国技术溢出的吸收消化能力并不强。这也说明东道国对外国技术溢出的吸收消化能力是促进外国技术溢出对全球价值链攀升的积极作用的关键。

（4）整体上来看，由于中外技术差距较大，中国人力资本质量较低，且不同技术行业发展侧重点差异，制造业自主创新、外国技术溢出对其全球价值链地位提升的影响存在异质性特征。

本章的研究得出如下启示：

第一，加大科技研发投入，注重高水平技术引进贸易，提高制造业技术创新能力。在外在冲击的视角下，技术创新对制造业全球价值链地位攀升仍有显著的正向作用，但这一作用与技术创新水平紧密相关，这就需要政府在增加科技研发投入、提高自主创新能力的同时在国际贸易中注重引进国际高水平技术，推动制造业价值链生产向高水平迈进。

第二，完善相关的制度建设，营造良好制度环境。鉴于现阶段制度环境对发展中国家制造业全球价值链分工地位攀升有显著的正向作用，我国应完善市场经济体系建设，完善市场经济制度，推动资源优化合理配置，进而促进制造业全球价值链地位攀升。同时应在一定程度上坚持政府对市场经济的适度干预，以应对突发性冲击对经济体系的影响。

第三，大力支持服务业发展，提高制造业服务化水平。研究表明服务业发展对制造业全球价值链分工地位攀升有正向积极作用，这启示我们在大力支持服务业发展，提高金融服务、商业服务和物流服务等服务业水平的同时应推动制造业与服务业的深度融合发展，推动服务业模式创新，大力增强服务业在价值链生产中的增值能力。

第四，继续扩大技术引进贸易，特别是高新技术引进。理论上，"引进来"的技术溢出可以推动制造业价值链攀升，但这一效应与技术质量紧密相关，需要在扩大技术引进贸易的同时加强政策引领，对技术引进质量严格把控，强化对技术引进的吸收。特别是在中美贸易摩擦和疫情冲击背景下，企业更需合理研判全球经济形势，探寻新形势下扩大技术引进贸易的可能来源和可行性，推动制造业价值链向高端攀升。

第五，精准施策。鉴于要素禀赋特点的地区异质性，各地区政府应因地制宜地支持企业发展。东部地区应注重研发创新能力的巩固提高，合理控制产业集聚程度，中西部地区则更应该注重自主创新研发能力提升，促进产业集聚；同时，东中西部地区都应重视高技术企业发展，营造良好技术创新环境，加强对国外先进知识技术的吸收能力，积极引进海外高层次人才，有效利用海外创新资源促进产品技术进步或提高产品技术水平，推动我国制造业价值链向高端攀升。

第六，合理引领产业发展，探索合理的最优集聚程度。鉴于产业集聚程度对制造业价值链攀升的异质性特征和门限效应的存在，政府应合理布局，引领产业发展，尤其是产业空间布局，发挥产业集聚对制造业价值链攀升的积极作用，同时地区政府应注重探索最优产业集聚程度，在不同的产业集聚阶段选择产业集聚推进、产业集聚转移和产业集聚适度等不同战略，最大限度地发挥产业集聚对制造业价值链攀升的作用。

第七，注重本土自主创新能力的提升，通过增加教育投入，在全社会营造良好的学习氛围，推进全民学习，提升我国居民基本素质，增强我国自主创新水平，同时政府应完善相关知识产权保护政策，在鼓励发明创新的同时在企业和学术机构之间搭建沟通平台，促进理论研究转化为实用科技。

第八，鼓励高质量人力资本流入。科学技术是第一生产力，而人才更是科技活动的关键。政府应制定人才吸引政策，吸引国内外高质量人才尤其是广大的海外学子，通过广大海外学子对国外先进技术知识的学习形成逆向技术溢出，提升我国科技创新能力和技术水平。

第九，积极推进企业科研人员的交流合作，加强与国外高技术企业或是科研机构的技术对接，积极引进海外高层次人才，有效利用海外创新资源促进产品技术进步或提高产品技术水平，进而实现我国全球价值链地位的攀升，促进我国产业的转型升级。

第四章　其他因素对制造业全球价值链的效应

影响制造业全球价值链的因素很多，本章选择当前具有重要影响的因素——数字经济和碳关税进行研究。

第一节　数字经济如何影响制造业全球价值链地位

目前，我国制造业发展面临双重挑战，一方面是我国传统加工制造业长期位于微笑曲线的"价值洼地"，价值增值空间小，高技术产业也出现高端产业低端化和高技术不高的问题，面临被"低端锁定"的风险。另一方面是要素成本的上涨以及部分发展中国家加快工业化进程与发达国家再工业化的步伐。我国提升制造业国际竞争力必须突破制造业升级技术瓶颈，实现制造业出口技术复杂度的提升，打破制造业价值链的"低端锁定"。2020年全球新冠疫情暴发，但我国数字经济规模达到39.2万亿元，同比提升了2.4%，对GDP的贡献达到38.6%。数字产业化和产业数字化在数字经济内部以二八结构分布，促使制造业成为数字经济的主战场。数字经济的特点是以现代通信网络作为技术载体，能够突破时空限制，提升数字化知识与信息的传播速度，在一定程度上削弱区域内知识信息的不完全性，有助于企业获取知识溢出、增强技术创新能力，促进制造业生产效率的提高，提升其全球价值链地位。数字经济依托于互联网的发展能够有效支撑疫情防控需要和经济社会发展，成为稳定经济增长的重要引擎（刘淑春，2019）。

一、数字经济相关范畴

下面阐述数字经济发展、数字经济与制造业发展和数字经济与制造业全球价值链三个方面的内容：

一是数字经济发展。Don Tapscott 在 1996 年正式提出"数字经济"（Digital Economy）这一概念。伴随数字经济快速发展，现有研究对数字经济发展水平的测算方法存在较大差异，具体可以分为两大类：以中国信息通信研究院（2019）领衔的直接测算法和以 OECD（2015）与美国经济分析局为主（BEA，2019）的指标体系核算法（张艳萍等，2021）。杨慧梅和江璐（2021）采用直接测算法从数字产业化和产业数字化出发测算省级数字经济发展水平，得出数字经济从人力资本和产业结构升级两方面影响全要素生产率，还存在空间溢出效应。另外，指标体系核算法指建立有关数字经济的多维指标体系，测算不同区域的数字经济发展水平。刘军等（2020）利用指标信息化发展、互联网发展和数字交易发展衡量省级数字经济发展水平。赵涛等（2020）以互联网普及率、相关从业人员情况、相关产出情况和移动电话普及率四个指标量化城市层面的数字经济水平。

二是数字经济与制造业发展。韦庄禹（2022）认为我国制造业资源配置效率呈现先降后升的趋势，数字经济通过降低企业成本和提高技术创新能力来改善制造业资源配置效率（于世海等，2022），在将进口贸易占比设置为门槛变量后，数字经济发展提高西部地区制造业出口竞争力的作用明显增强（姚战琪，2022）。数字经济在对外开放、产业结构、R&D 投入和环境规制四种因素的约束下，对制造业高质量发展的影响呈现出非线性动态化效应（刘鑫鑫和惠宁，2021），通过扩大积累人力资本和激发创业活力推动制造业高质量发展（惠宁和杨昕，2022），并且数字经济拓宽了制造业产业链分工边界，降低了其交易成本，引发需求变化倒逼和价值转移（李春发等，2020）。

三是数字经济与制造业全球价值链。Gonzalez 等（2017）认为数字经济对全球价值链的嵌入度和升级具有正向影响，互联网的普及和应用使企业参与全球价值链分工的意愿变得更加强烈（Lanz 等，2018）。在此基础上，张艳萍等（2022）认为数字经济从根本上改变了全球价值链的价值增值，其通过网络连接效应、成本节约效应、价值创造效应三渠道影响全球价值链的广度和深度，对资本和技术密集型制造业全球价值链升级促进作用最大，并存在先抑后扬的"U"形单门槛效应，对资源密集型行业升级的作用最小，并且可以通过提升企业生产效率和技术创新水平升级制造业全球价值链（费越等，2021）。孙黎和许唯聪（2021）认为中国各地区参与全球价值链程度存在严重失衡现象，数字经济的发展加剧了全球价值链的空间溢出效应。数字经济降低了中小企业参与全球价值链的固定成本和交易成本，企业参与价值链的难度也被降低（裴莹和郭周明，2019）。而余珊等（2021）、杜传忠和管海峰（2021）从省级面板数据中发现数字经济能显著提升我国制造业出口技术复杂度，沿海地区和出口贸易量高的地区得到了更多的数字经济的红利。

本节以制造业出口技术复杂度表示制造业全球价值链地位，研究数字经济对各省份制造业全球价值链地位的影响及中介机制。可能的边际贡献在于：在研究指标方面，从数字产业化和产业数字化两个维度选取 25 个三级指标，采用主成分分析法构建评价省级层面数字经济发展水平的综合指标。在研究视角方面，以中国数字经济蓬勃发展为立足点，推导数字经济影响全球价值链地位的数理模型，基于制造业全球价值链地位视角评估数字经济的影响和动态非线性效应，借助历史数据工具变量法缓解内生性问题和动态面板估计进行稳健性检验，并从不同地区和不同政策两方面分样本研究该影响的异质性，并将技术创新与产业结构升级作为中介变量研究间接影响机制。在研究内容方面，考虑到数字经济的空间特征和制造业全球价值链地位的空间依赖性，借助空间杜宾模型研究数字经济对制造业全球价值链地位的空间溢出效应。

二、数字经济与全球价值链地位的理论分析[①]

（一）数字经济影响全球价值链地位的数理分析

本节将从数理推导中辨别数字经济与全球价值链地位的内在联系。借鉴 Hallak 等（2008）的研究模型，首先构建全球价值链地位（GVC_P）、企业生产率（θ）和企业的生产技术水平（χ）三者之间的数理关系。假设产品间替代弹性不变，垄断竞争需求模型为：

$$q_j = p_j^{-\sigma} GVC\_P_j^{\sigma-1} \frac{E}{P} \tag{4-1}$$

其中，σ 表示各产品间的替代弹性，$\sigma > 1$，j 为产品品种，q_j、p_j 和 GVC_P_j 分别代表 j 产品的需求、价格和全球价值链地位，E 为外部支出水平，$P = \int p_j^{1-\sigma} GVC\_P_j^{\sigma-1} dj$。

企业的异质性来源于生产率（θ）和生产技术水平（χ），企业生产率越高，产品的边际成本越低，生产技术水平越高，企业的固定成本越低。企业的边际成本（MC）和固定成本（FC）可以表示为：

① 参见屠年松，李柯，柴正猛. 数字经济如何影响制造业全球价值链地位：机制分析与空间溢出 [J]. 科技进步与对策，2022，39（22）：62-71.

$$MC(GVC\_P, \theta) = \frac{c}{\theta}GVC\_P^{\beta_{mc}} \tag{4-2}$$

$$FC(GVC\_P, \chi) = \frac{f}{\chi}GVC\_P^{\beta_{fc}} + FC_0 \tag{4-3}$$

其中，β_{mc} 代表边际成本的质量弹性，$\beta_{mc} > 0$。β_{fc} 代表固定成本的质量弹性，$\beta_{fc} > 0$。FC_0 代表设备运转的固定成本，c 和 f 为常数。

企业利润函数 π 可以表示为：

$$\pi = q(p_j - MC_j) - FC_j \tag{4-4}$$

企业利润最大化，价格的一阶条件为：

$$p_j = \frac{\sigma}{\sigma-1}\frac{c}{\theta}GVC\_P^{\beta_{mc}} \tag{4-5}$$

使用式（4-5）结果，企业利润最大化时，GVC_P 的一阶条件可以表示为：

$$GVC\_P(\theta, \chi) = \left[\frac{1-\beta_{mc}}{\beta_{fc}}\frac{\chi}{f}\left(\frac{\sigma-1}{\sigma}\right)^{\sigma}\left(\frac{\theta}{c}\right)^{\sigma-1}\frac{E}{P}\right]^{\frac{1}{\sigma'}} \tag{4-6}$$

其中，$\sigma' = \beta_{fc} - (1-\beta_{mc})(\sigma-1) > 0$，企业生产率和技术水平的变动会对产品的全球价值链地位造成直接影响。

数字经济通过信息通信技术的发展提高了企业生产效率和技术水平（张晴和于津平，2021）。借鉴 Aghion 等（2017）关于人工智能与企业生产效率的模型，构建数字经济发展对企业生产率和技术水平影响的数理模型。

$$\theta = \left(\int_0^1 T_j^{\rho}dj\right)^{\frac{1}{\rho}} \tag{4-7}$$

$$\chi = \left(\int_0^1 T_j^{\omega}dj\right)^{\frac{1}{\omega}} \tag{4-8}$$

式（4-7）和式（4-8）中，T 表示提升企业生产率 θ 和技术水平 χ 的要素投入，ω 和 ρ 表示要素替代参数，$\omega \leq 1$ 且 $\omega \neq 0$，$\rho \leq 1$ 且 $\rho \neq 0$。要素投入 T 可分为数字经济要素投入（I）和非数字经济要素投入（B）。式（4-7）和式（4-8）可以改写为：

$$\theta = \left[\delta\left(\frac{I}{\delta}\right)^{\rho} + (1-\delta)\left(\frac{B}{1-\delta}\right)^{\rho}\right]^{\frac{1}{\rho}} \tag{4-9}$$

$$\chi = \left[\gamma\left(\frac{I}{\gamma}\right)^{\omega} + (1-\gamma)\left(\frac{B}{1-\gamma}\right)^{\omega}\right]^{\frac{1}{\omega}} \tag{4-10}$$

其中，δ 表示提高企业生产率中所运用到数字经济要素投入 I 的比例，γ 表示提高企业技术水平所用到的数字经济要素投入 I 的比例。将式（4-9）、式（4-10）代入式（4-6）中，得到用数字经济要素投入 I 表示全球价值链地位 GVC_P 的函数：

$$GVC\_P(I) = \left[\frac{1-\beta_{mc}}{\beta_{fc}} \frac{\left[\gamma\left(\frac{I}{\gamma}\right)^{\omega} + (1-\gamma)\left(\frac{B}{1-\gamma}\right)^{\omega} \right]^{\frac{1}{\omega}}}{f} \left(\frac{\sigma-1}{\sigma}\right)^{\sigma} \left(\frac{\left[\delta\left(\frac{I}{\delta}\right)^{\rho} + (1-\delta)\left(\frac{B}{1-\delta}\right)^{\rho} \right]^{\frac{1}{\rho}}}{c} \right)^{\sigma-1} \frac{E}{P} \right]^{\frac{1}{\sigma'}}$$

$$(4-11)$$

为了便于分析，假设要素替代参数 $\rho \to 0$ 和 $\omega \to 0$，则：

$$GVC\_P(I) = \left[\frac{1-\beta_{mc}}{\beta_{fc}} \frac{I^{\delta}B^{1-\delta}}{f} \left(\frac{\sigma-1}{\sigma}\right)^{\sigma} \left(\frac{I^{\gamma}B^{1-\gamma}}{c}\right)^{\sigma-1} \frac{E}{P} \right]^{\frac{1}{\sigma'}} \quad (4-12)$$

对式（4-12）中 I 求偏导得到：

$$\frac{\partial GVC\_P(I)}{\partial I} = \left[\frac{1-\beta_{mc}}{\beta_{fc}} \frac{B^{1-\delta}}{f} \left(\frac{\sigma-1}{\sigma}\right)^{\sigma} \left(\frac{B^{1-\gamma}}{c}\right)^{\sigma-1} \frac{E}{P} \right]^{\frac{1}{\sigma'}}$$

$$\frac{\left[I^{\gamma(\sigma-1)+\delta} \right]^{\frac{1}{\sigma'}-1}}{\sigma'} \left[\gamma(\sigma-1)+\delta \right] I^{\gamma(\sigma-1)+\delta-1} \quad (4-13)$$

由上文可知，$\sigma > 1$，$\beta_{mc} > 0$，$\beta_{fc} > 0$，$\sigma' = \beta_{fc} - (1-\beta_{mc})(\sigma-1) > 0$，则 $\frac{\partial GVC\_P(I)}{\partial I} > 0$，这说明数字经济发展与地区 GVC 地位呈现正相关，数字发展水平越高，该地区制造业全球价值链地位越高。

（二）数字经济影响制造业全球价值链地位的中介效应

1. 数字经济通过技术创新能力推动制造业全球价值链地位提升

作为数字经济的关键性要素，知识和信息通过通信网络传播应用，有效促进区域内知识传播与技术创新，提高产业生产效率和产品附加值，推动制造业全球价值链地位提升。一方面，发展数字经济有效降低技术创新的成本。"摩尔定律"认为技术进步尤其是数字技术的快速更新迭代，会造成数字要素价格的持续下降。相对于生产传统产品，数字技术因其易复制性、便于传播、低边际成本等特征被大规模量产，从而进入研发、生产、流动、销售等环节，提高制造业创新效率和产品质量（Jones 等，2020）。另一方面，整合扩充知识，强化与提升企业研发创新能力。企业在技术创新领域存在知识搜索能力不足、创新研发风险大等问题，可以通过发展数字经济弥补。企业基于地区间存在技术知识溢出的异质性效应从而获取具有创新价值的知识，寻求技术水平的不断突破，促使研发活动延伸到最前沿技术领域，进而实现技术创新的突破性，加速技术成果转换。

2. 数字经济通过产业结构升级推动制造业全球价值链提升

产业结构升级有利于生产要素向高成长性、高效率行业流动，并通过合理配置要素资源，加快技术变革（赵庆，2018），提升全球价值链地位。一是数字经济要素之间协同发展，新型生产方式与传统生产方式融合，拓宽产业链分工边界，加速传统产业转型，促进制造业创新进而提升制造业 GVC 地位。二是产业升级在数字经济的加持下，信息获取能力增强，有效降低分工主体间的处理成本和交易成本，建立统一数字化共享平台，强化知识溢出效应，改善资源配置和生产管理效率，促进不同企业间的协同创新研发和专业化分工，加快传统产业的技术变革，实现产业结构优化升级，促进制造业全球价值链地位提升。

3. 数字经济影响制造业全球价值链地位的空间效应

地区邻接便于知识、人力资本及技术等高级要素的传播和转移，生产要素通过虹吸效应在某地聚集，带来了要素内部知识、技术及创新研发信息的空间集聚和产业集聚（黎峰，2016）。数字经济能够突破地理时空限制，构建技术合作和信息交流平台，加快生产要素的流通速度。相邻地区通过整合分析学习来自要素区域流动中的先进创新技术，优化产业结构，提高制造业技术水平，提高了制造业的 GVC 地位。发展数字经济将带动电子通信等高技术部门的发展，增加地区出口中高技术产品比重。但是出口企业将面临国际市场多样化和高质量需求、更高的市场准入门槛和激烈的市场竞争。数字技术也会进一步强化市场竞争机制，倒逼地区筛选更具竞争力的企业与产品，推动整个区域内产品的技术含量和生产效率的上升，增强产品的国际竞争力。在"竞争倒逼"作用下，相邻地区提高产品质量和市场竞争力，增加出口，提高制造业出口技术复杂度，更好地嵌入全球价值链。受数字经济影响，企业间的信息交流不受政策壁垒和保护主义的限制，这提高了企业之间的互动活力，帮助企业吸收发达地区在全球价值链高端的先进知识技术，提高制造业 GVC 地位，推动制造业从价值洼地攀向价值高地，打破低端锁定陷阱。

三、数字经济对全球价值链效应的实证模型与变量选取

（一）基准模型设定

数字经济发展水平影响各省份制造业全球价值链地位的基准模型如下：

$$\ln Expy_{it} = \beta_0 + \beta_1 \ln Dig_{it} + \beta_2 Control + u_i + u_t + \varepsilon_{it} \tag{4-14}$$

其中，$Expy_{it}$ 代表 t 年 i 省份的制造业出口技术复杂度；Dig_{it} 代表 t 年 i 省份

的数字经济发展水平；*Control* 代表控制变量；u_i 代表个体固定效应；u_t 代表时间固定效应；ε_{it} 代表随机扰动项。

（二）指标选取

本节使用 31 个省份[①] 2005~2020 年的面板数据，分析数字经济发展水平对各省制造业全球价值链地位的影响。

1. 被解释变量：全球价值链地位（ln*Expy*）

由于目前大部分都基于投入产出数据或者增加值数据从行业或者国家层面测算制造业全球价值链地位指数。在此基础之上，我们考虑到相关数据可获取性和相关学者提出的出口技术复杂度可以通过科学赋权的方式，实现对国家或者省级层面的全球价值链地位的测算的思想（邱斌等，2012），采用出口技术复杂度衡量我国各省份的制造业全球价值链地位。发达国家专业化于研发设计和关键性产品生产等高附加值环节，其产品出口技术复杂度较高，处于全球价值链高端位置，而发展中国家专业化于加工生产等低附加值环节，其产品出口技术复杂度低，处于全球价值链低端位置，则制造业产品的出口技术复杂度可以体现出一国或一地区制造业在全球价值链中所处的地位。Hausmann 等（2007）根据贸易结构所反映的生产结构逻辑利用人均 GDP 和地区行业出口额构建出口技术复杂度表示一国或一地区的全球价值链地位。借鉴上述做法采用各省制造业出口技术复杂度衡量其全球价值链地位，测算公式如下：

$$PRODY_{kt} = \sum_i \frac{(x_{ikt}/X_{it})}{\sum_i (x_{ikt}/X_{it})} \times PGDP_{it} \tag{4-15}$$

$$Expy_{it} = \sum_j \frac{x_{ikt}}{X_{it}} \times PRODY_{kt} \tag{4-16}$$

其中，x_{ikt} 表示在 t 年 i 省份 k 行业的出口额，X_{it} 表示 t 年 i 省份的出口额，$PGDP_{it}$ 表示 i 省 t 年的人均国内生产总值，$PRODY_{kt}$ 表示 k 行业 t 年的出口技术复杂度，$Expy_{it}$ 表示 i 省 t 年的出口技术复杂度。本节利用国研网对外贸易数据库提供的 2005~2020 年各省份出口数据，计算各省份制造业的出口技术复杂度。采用 HS 海关编码，该编码下共有 22 类行业，剔除农业等非制造业行业后，测算食品、饮料、酒及醋等制品到杂项制品共 16 类制造业行业。

2. 核心解释变量：数字经济发展水平（ln*Dig*）

借鉴杨慧梅和江璐（2021）的研究，从"数字产业化"和"产业数字化"

[①] 考虑到数据样本的易获取性，本节不涉及香港特别行政区、澳门特别行政区和台湾省。

出发，选取 8 个二级指标和 25 个三级指标利用主成分分析法构建我国省级层面数字经济发展水平综合评价指标，如表 4-1 所示。

表 4-1　数字经济发展水平指标体系

目标	一级指标	二级指标	变量选取	数据来源
数字经济发展水平	数字产业化	电子信息制造业主要产品规模及产量	手机产量	国家统计局
			集成电路产量	
			微型计算机设备产量	
		电信业规模、通信能力与服务水平	电信业务总量	
			移动电话年末用户	
			互联网宽带接入端口	
			移动电话交换机容量	
			长途光缆线路长度	
		软件、互联网和信息技术服务业规模及发展状况	软件业务收入	中国电子信息产业统计年鉴
			企业数目	
			信息技术服务收入	
	产业数字化	工业	工业增加值	国家统计局
			国家专利申请授权量与规模以上工业企业 R&D 员工的比值	
			规模以上工业企业新产品销售收入占工业企业主营业务收入的比重	
		第三产业	第三产业增加值	
			原保险保费收入	
			艺术表演场馆数	
			互联网上网人数	
			社会消费品零售总额	
			快递量	
		农业	农林牧渔业增加值	
			农村用电量	
		基建投资	全社会固定资产增速	
		数字化人才	普通高等学校数	
			普通高等学校本专科授予学位数	

3. 控制变量

借鉴杨慧梅和江璐（2021）的做法设置如下控制变量：①交通基础设施水平（ln*frei*），用货运总量取对数表示。②出口贸易水平（ln*exp*），用出口总额取对数表示。③人力资本水平（ln*univ*），用各省份普通高等学校数量取对数表示。④财政支出（*fiscal*），用各省市财政一般预算支出占国内生产总值的比例表示；以上数据来源于国家统计局。⑤金融发展水平（*fin*），用金融机构人民币各项贷款余额占国内生产总值的比例表示，数据来源于 Wind 数据库。

四、数字经济对全球价值链效应的实证结果分析

（一）基准回归结果

根据 VIF 和 Hausman 检验的结果，排除多重共线性问题并选择固定效应模型。表4-2 中第（1）列是对核心解释变量数字经济的单独回归结果，ln*Dig* 的系数在1%的水平上显著为正，说明数字经济能够显著提升各省份制造业全球价值链地位。表4-2 中第（2）列为加入控制变量后的实证回归结果，进一步验证数字经济能在1%的显著性水平上正向影响各省制造业 GVC 地位。核心解释变量结果较为稳健，表明数字经济发展水平的提高有助于制造业全球价值链的攀升。这一结论为各省加快发展数字经济，为制造业快速发展培育新动能，提高中国制造业在全球的竞争力，攀升全球价值链提供了一定的理论基础。

（二）异质性分析

1. 地区异质性分析

本节将 31 个省份样本分为东部地区和中西部地区①，表4-2 的第（3）和第（4）列的实证结果显示数字经济对不同区域制造业 GVC 地位均有正向影响，但数字经济对中西部地区的制造业全球价值链地位的影响系数值更大，说明数字经济对中西部地区 GVC 地位提升的影响高于东部地区。其原因一是数字经济拥有较高的外部性、便捷性、灵活性、智能性，二是中西部制造业有更大的生产技术提升空间，从而使数字经济对中西部地区 GVC 地位提升推动作用更强。

2. 政策异质性分析

数字经济对"一带一路"沿线省份②制造业全球价值链地位的影响是否因为

---

① 东部地区包括11个省份：北京、天津、河北、辽宁、上海、江苏、浙江、福建、山东、广东和海南；中西部地区包括20个省份：安徽、山西、黑龙江、吉林、内蒙古、河南、湖南、湖北、江西、陕西、重庆、四川、宁夏、甘肃、云南、贵州、广西、新疆、西藏和青海。

② 根据中国商务部的划分"一带一路"沿线省份包括18个省份：新疆、重庆、浙江、海南、广东、福建、上海、西藏、云南、广西、辽宁、吉林、黑龙江、内蒙古、青海、宁夏、甘肃和陕西。

政策原因而产生差异？本节按照是否属于"一带一路"沿线省份进行样本划分并进行实证估计，结果如表4-2第（5）和第（6）列所示。从结果来看，数字经济对"一带一路"沿线省份和非"一带一路"沿线省份的制造业全球价值链地位都有正向显著影响，但是对"一带一路"沿线省份的影响系数更大，说明数字经济提升"一带一路"沿线省份 GVC 地位的作用强于非"一带一路"沿线省份，但仍然具有进一步发挥的空间。可能的原因在于"一带一路"倡议的出台带动了沿线地区的制造业蓬勃发展，加强了该地区对外联系和出口贸易。

表4-2　基准回归与异质性检验结果

变量	基准回归		地区异质性		政策异质性	
	（1）	（2）	（3）东部	（4）中西部	（5）"一带一路"	（6）非"一带一路"
lnDig	0.449***	0.215***	0.179**	0.205***	0.213***	0.179**
	(13.29)	(4.45)	(2.88)	(3.27)	(3.49)	(2.67)
lnexp		0.058	0.323*	0.039	−0.011	0.208**
		(1.33)	(1.90)	(0.82)	(−0.26)	(3.11)
ln$frei$		0.086	0.148	0.069	0.169*	−0.033
		(1.19)	(1.08)	(0.81)	(1.82)	(−0.30)
ln$univ$		1.023***	0.314	1.158***	1.144***	0.725**
		(4.64)	(0.69)	(4.60)	(3.97)	(2.51)
fin		0.236**	0.651**	0.147	0.114	0.491***
		(2.01)	(2.89)	(1.46)	(0.88)	(4.61)
$fiscal$		0.329	−1.315	0.619	0.471	0.103
		(0.83)	(−1.15)	(1.62)	(0.97)	(0.12)
$cons$	2.559***	0.093	−2.746*	0.708	0.240	0.315
	(4.24)	(0.15)	(−2.40)	(1.08)	(0.28)	(0.46)
时间效应	Yes	Yes	Yes	Yes	Yes	Yes
个体效应	Yes	Yes	Yes	Yes	Yes	Yes
N	496	496	176	320	288	208
R-sq	0.57	0.64	0.78	0.59	0.54	0.85

注：按照四舍五入系数保留三位小数，括号中的数值为系数的 t 值或 z 值；*、**、***分别表示在10%、5%、1%水平下显著。

（三）非线性递增效应分析

利用面板分位数回归进行数字经济发展对制造业 GVC 地位的动态非线性递增效应检验，结果如表4-3第（1）、第（2）和第（3）列所示。在25%、50%、

75%的分位数下数字经济对制造业全球价值链地位影响的显著性逐渐增强，ln*Dig* 的估计系数也逐渐变大呈现出边际效应递增趋势，说明相比于制造业 GVC 地位较低的省份，数字经济对制造业全球价值链地位较高的省份作用更加明显，也就是说数字经济发展水平对制造业全球价值链地位的影响存在动态非线性递增效应。这是由于制造业 GVC 地位高的省份吸纳了更多的人才和资本，能够更好地发挥数字经济红利。

表4-3 非线性回归与稳健性检验结果

变量	分位数			2SLS		差分 GMM
	(1) Q=0.25	(2) Q=0.5	(3) Q=0.75	(4)	(5)	(6)
$L.\ln Expy$						0.016*** (7.81)
ln*Dig*	0.049* (1.66)	0.071** (2.55)	0.088*** (3.91)	0.598*** (10.58)	0.240*** (6.32)	0.375*** (27.10)
cons	4.262*** (9.61)	4.566*** (13.46)	5.077*** (11.45)			-5.318*** (-16.63)
控制变量	Yes	Yes	Yes	Yes	Yes	Yes
时间效应				Yes	Yes	NO
个体效应				Yes	Yes	NO
Kleibergen-Paap rk LM				79.382***	104.791***	
Hansen				0.000	0.000	
Sargan 检验						Prob>F=1.000
N	496	496	496	496	465	434
R-sq				0.55	0.60	
BS 次数	500	500	500			

注：按照四舍五入系数保留三位小数，括号中的数值为系数的 t 值或 z 值；*、**、***分别表示在10%、5%、1%水平下显著。

（四）稳健性分析

1. 动态面板方法估计

各省制造业全球价值链地位提升有一定的持续性，即上一期的制造业全球价值链地位可能会影响当期的全球价值链地位，从而产生累积效应。利用差分 GMM 方法进行检验：

$$\ln Expy_{it} = \alpha_0 + \alpha_1 \ln Expy_{i,t-1} + \alpha_2 \ln Dig_{it} + \alpha_3 Control + u_i + \varepsilon_{it} \quad (4-17)$$

AR 检验和 Sargan 检验结果说明该模型设定是有效且稳定的，实证结果见

表4-3第（6）列。差分GMM估计结果表示数字经济对制造业GVC地位的推动作用存在滞后性。并且将数字经济发展水平的一阶滞后作为工具变量做2SLS回归，结果见表4-3第（5）列。进一步验证了差分GMM结果的准确性。两者都验证了基准回归实证结果的稳健性。

2. 内生性分析

数字经济对各省份制造业全球价值链地位的影响可能会存在内生性问题。基准回归采用固定效应模型虽然可以在一定程度上减轻未观测到的遗漏变量对模型的影响，但由于数字经济发展水平可能与制造业GVC地位存在逆向因果关系，这将会使模型由于联立性而产生有偏差的实证结果。为了缓解联立性偏差，本节重新采用工具变量法进行计量估计。

考虑到数字经济发展以网络作为载体并为满足工具变量的相关性和排他性要求。借鉴黄群慧等（2019）的研究，工具变量采用各省份在2001年每百人中所拥有固定电话数量。其内在逻辑在于互联网进入大众视野基本上从电话线拨号开始的，数字经济发展所依托的现代信息网络就是电话线基础设施与行业通信建设的延续发展，也就是说历史上固定电话普及率高的地方极有可能现在数字经济发展水平比较高，而且2001年的固定电话数量基本不会对当前制造业GVC地位产生直接影响。为避免在实际应用时工具变量在面板数据模型中不随时间变化，借鉴Nunn等（2014）的处理办法，构建各省份2001年每百人中所拥有固定电话数量与前一年全国互联网投资额（随时间变化）的交互性做2SLS回归，利用信息传输、软件和信息技术服务业固定资产投资额表示互联网投资额，数据来源于Wind数据库。

表4-3中第（4）列结果显示，工具变量的Kleibergen-Paap rk LM检验和Hansen检验均强烈拒绝原假设，说明该工具变量有效。在考虑内生性问题后数字经济仍然在1%的显著性水平上正向影响制造业出口技术复杂度，进一步验证基准回归结果的可靠性，说明提高各省份数字经济发展有利于提高制造业全球价值链地位。

五、数字经济对全球价值链地位的中介效应与空间效应

（一）数字经济对制造业全球价值链地位的中介效应

结合前文理论分析，构建中介效应模型检验技术创新能力与产业结构升级这两种作用渠道，具体模型如下：

$$\ln Expy_{it} = \beta_0 + \beta_1 \ln Dig_{it} + \beta_2 Control + u_i + u_t + \varepsilon_{it} \tag{4-18}$$

$$Med_{it}=\gamma_0+\gamma_1\ln Dig_{it}+\gamma_2 Control+u_i+u_t+\varepsilon_{it} \tag{4-19}$$

$$\ln Expy_{it}=\delta_0+\delta_1\ln Dig_{it}+\theta Med_{it}+\delta_2 Control+u_i+u_t+\varepsilon_{it} \tag{4-20}$$

其中，Med_{it} 为中介变量，分别为技术创新能力与产业结构升级的代理变量，其他变量的含义不变。借鉴万建香和汪寿阳（2016）的研究，采用专利申请量衡量各省份技术创新能力（$\ln Tech$）；借鉴杨慧梅和江璐（2021）的研究，采用第三产业增加值在地区生产总值中所占的比例衡量产业结构升级（$\ln st$）。数据均来源于国家统计局。

表4-4为数字经济影响制造业 GVC 地位的机制检验结果。第（1）、第（3）列为模型（4-19）的回归结果，结果显示 $\ln Dig$ 的估计系数在1%的显著性水平上为正，表明数字经济能够显著提升该省的技术创新能力和推动产业结构升级。第（2）、第（4）列为模型（4-20）分别引入中介变量技术创新能力和产业结构升级的回归结果，结果显示在1%显著性水平上 $\ln Dig$ 的估计系数为正，表明数字经济能有效提升技术创新能力和推动产业结构升级从而提高制造业 GVC 地位，驱动各省份更好地嵌入全球价值链。与上述基准回归结果相比，在分别引入中介变量后，数字经济的估计系数虽有所降低但依旧显著为正，这说明存在"技术创新能力"和"产业结构升级"的中介效应。数字经济有效降低了企业技术成本、处理成本和交易成本，强化其技术创新能力，促进要素间协同发展，加速了传统产业的转型之路，优化产业结构升级，推动制造业全球价值链的攀升。

表4-4　中介效应检验结果

变量	(1) $\ln Tech$	(2) $\ln Expy$	(3) $\ln st$	(4) $\ln Expy$
$\ln Dig$	0.389***	0.135**	0.028***	0.154**
	(9.23)	(2.72)	(7.26)	(3.17)
$\ln Tech$		0.206***		
		(3.87)		
$\ln st$				2.035**
				(3.18)
$cons$	−11.91***	2.027*	−0.122	−0.174
	(−13.80)	(2.43)	(−1.53)	(−0.41)
控制变量	Yes	Yes	Yes	Yes
时间效应	Yes	Yes	Yes	Yes
个体效应	Yes	Yes	Yes	Yes

续表

变量	（1）ln$Tech$	（2）ln$Expy$	（3）lnst	（4）ln$Expy$
N	496	496	496	496
R-sq	0.97	0.86	0.90	0.86

注：按照四舍五入系数保留三位小数，括号中的数值为系数的 t 值或 z 值；*、**、***分别表示在 10%、5%、1%水平下显著。

（二）数字经济发展对制造业全球价值链地位的空间效应

生产要素的跨区流动和各省间不断加强经济合作，不同地区之间产生交互效应，一地区的制造业 GVC 地位会受到另一地区的影响，产生空间自相关性。同时，以现代信息网络作为重要载体的数字经济能够突破时空限制，实现跨区分工合作，产生空间溢出效应，出现发展本地区的数字经济也会影响其他地区制造业 GVC 地位的现象。为解决采用固定效应模型结果出现误差这一问题，利用空间计量模型更进一步讨论数字经济发展与制造业全球价值链地位的关系。

1. 空间自相关性考察

为了准确反映各省之间的空间相关性，本节将地理邻接矩阵[①]（W_1）和地理距离权重矩阵（W_2）设定为空间权重矩阵，公式如下：

$$W_2 = \frac{1}{d_{ij}^2} \tag{4-21}$$

其中，d_{ij} 表示 i 地区省会与 j 地区省会之间的双边地理距离，数据来源于 GADM 远程数据库。

在空间计量经济学中，认为地理单元在空间上具有密切关系，因此现实中不存在独立观测值，即地区间存在空间依赖性。W_1 和 W_2 两者的莫兰指数都在 5% 的显著性水平上拒绝原假设，说明地区制造业 GVC 地位存在空间自相关性，全国各省在全球价值链地位上存在空间依赖，证明设定空间计量模型的合理性。

2. 空间面板模型的构建

本节认为本地区的制造业全球价值链地位不仅受到邻近地区制造业全球价值链地位的影响，还会受到邻近地区数字经济发展的影响，构建空间杜宾模型进行空间计量实证分析。

$$\ln Expy_{it} = \alpha_0 + \rho_1 W \ln Expy_{it} + \alpha_2 \ln Dig_{it} + \alpha_3 W \ln Dig_{it} + \sum \alpha_4 Control + \mu_i + \mu_t + \varepsilon_{it} \tag{4-22}$$

---

① 地理邻接矩阵：如果两个地区相邻，则权重矩阵对应元素取值为 0，不相邻为 1。

其中，W 表示空间权重矩阵 W_1 和 W_2。借鉴 Elhorst（2010）的研究，LR 检验和 Wald 检验的结果都强烈拒绝原假设，说明选择空间杜宾模型（SDM）更合理，且 Hausman 检验在 W_1、W_2 情况下都接受原假设，因此选择随机效应模型。

3. 空间计量实证结果分析

本节就数字经济对各省份制造业全球价值链地位的空间效应影响进行分解，基于 W_1 和 W_2 空间权重矩阵的空间效应分解结果如表 4-5 所示。在地理邻接矩阵（W_1）下，数字经济作用于制造业 GVC 地位的直接效应、空间溢出效应和总效应都在 1% 的显著性水平下显著为正。在地理邻接矩阵（W_2）下，数字经济作用于制造业 GVC 地位的直接效应在 10% 的显著性水平下显著为正，空间溢出效应和总效应都在 1% 的显著性水平下显著为正。从空间效应分解的量化系数来看，数字经济对各省份制造业 GVC 地位提升的直接效应约占总效应的 23.61%（0.102÷0.432×100% = 23.61%）和 14.94%（0.0693÷0.464×100% = 14.94%），而对制造业 GVC 地位的空间溢出效应占总效应的 76.16%（0.329÷0.432×100% = 76.16%）和 84.91%（0.394÷0.464×100% = 84.91%）。这说明，提升本省制造业全球价值链地位不但受到本省数字经济发展的影响，还会受到邻近省份数字经济发展的影响，也就是数字经济具有空间溢出效应。

表 4-5　空间计量结果

变量	W_1			W_2		
	（1）直接效应	（2）空间溢出效应	（3）总效应	（4）直接效应	（5）空间溢出效应	（6）总效应
lnDig	0.102***	0.329***	0.432***	0.0693*	0.394***	0.464***
	（3.30）	（7.15）	（6.61）	（2.43）	（6.68）	（6.32）
控制变量	Yes			Yes		
个体/时间效应	Yes			Yes		
ρ_1	0.491***			0.468***		
	（7.62）			（4.20）		
lgt_theta	−2.233***			−2.173***		
	（−3.61）			（−3.45）		
Log-likelihood	−174.6624			−171.7765		
N	496			496		
R-sq	0.20			0.25		

注：按照四舍五入系数保留三位小数，括号中的数值为系数的 t 值或 z 值；*、**、*** 分别表示在 10%、5%、1% 水平下显著。

第二节　碳关税对制造业全球价值链嵌入的影响

WTO 改革逐步成为各国广泛关注的国际问题，多边贸易体制面临着严峻挑战。其中，发达国家拟征收碳关税引起了发展中国家的广泛关注。碳关税也就是所谓的"基于碳排放量的边界调节税"，碳关税的概念最初由欧盟提出，是为了向拒绝履行《京都议定书》的国家征收特殊的碳排放关税，以降低欧盟国家在国际贸易中因此遭受的不公平竞争，同时也是向还未承担约束性温室气体减排目标的发展中国家施压。2009 年 6 月 29 日，美国众议院通过了《美国清洁能源与安全法案》，并提出将在 2020 年实施碳关税政策。由于中国已经超过美国成为世界上最大的二氧化碳排放国，且中国出口产品的碳含量较高，故该政策一旦实施，将在一定程度上改变我国的出口产品结构和对外贸易环境，对中国的出口贸易、经济增长以及国民福利都将造成巨大冲击。事实上，碳关税已经逐步演化为政治经济手段，实质上是一种新型贸易壁垒，在削减碳排放方面作用甚小。为此，以世界银行数据库发布的碳排放量数据为解释变量，以 OECD 发布的 TIVA 数据测算出的 GVC 参与度指数为被解释变量，研究在 WTO 改革背景下，拟征收碳关税对制造业全球价值链嵌入的影响，并探讨中国的应对之策。

一、碳关税相关范畴

（一）碳关税的性质

国内外学者对碳关税性质的界定有不同的看法，对是否应该征收碳关税有较大的争议。有些学者主张征收碳关税，Ahmad 和 Wyckoff（2003）认为碳关税本质上是一种流通税，征收碳关税可以改善全球气候变暖的状况。然而，有些学者，尤其是中国学者，则坚决反对征收碳关税，他们认为碳关税违背了公平贸易原则。其中，Lockwood 和 Whalley（2010）认为碳关税实质上是一种披着环保外衣的商业保护措施，对环境改善起不到重要的作用。Larch 和 Wanner（2017）认为碳关税政策的实施会使各国的国民福利下降，并且发展中国家的国民福利将会面临更大的损失。Branger 和 Quirion（2014）提出征收碳关税并不是降低碳排放的有效手段。沈可挺（2010）指出碳关税本质上是一种新型的贸易保护主义行为，是用来限制自由贸易的关税政策。夏先良（2009）认为欧盟和美国所提出的碳关税概念，在环境改善、降低碳排放量方面意义甚微，此概念包含了更多的政治经济意义。杨曦和彭水军（2017）认为碳关税的征收并不会解决碳排放的问题，相反，该政策会使碳排放的问题进一步加重。张友国等（2015）和兰天（2018）则相信碳关税是一种贸易壁垒，会对中国经济产生较大冲击，且中国应该主动减排，通过发展低碳经济等策略来应对这种贸易壁垒，推动中国经济的可持续发展。

（二）碳关税对经济贸易的影响

关于碳关税对经济贸易的影响，国内外学者也存在对立的观点。一些学者认为这种影响是有利的，如 Chatterji 等（2009）认为征收碳关税是有利的，可以促使各国积极节能减排，防止全球气候的进一步恶化。Dong 和 Whalley（2011）认为对外贸易和环境变化是紧密联系的，因此对进口产品征收碳关税，就可以减少碳排放量，从而促进各国对外贸易的发展。另一些学者则主张征收碳关税不利于经济贸易的发展，如 Babilker（2004）认为一旦发达国家对发展中国家的出口商品征收碳关税，由于发展中国家的出口商品具有较高的碳含量，其出口产品将会面临着高额的关税，不利于发展中国家出口贸易的发展。Bohtinger（2015）等认为碳关税会对发展中国家出口产品的市场竞争力产生不利的影响。沈可挺（2010）通过一般均衡模型研究发现，发达国家如果对中国出口商品征收碳关税，将会对中国的工业品出口以及制造业的就业状况造成较为严重的冲击。黄庆波等（2014）认为开征碳关税会导致中国制造业产品出口量减少，整体福利水平下降。郭晴等（2014）等指出碳关税将对世界经济均衡增长产生负面影响，并且碳关税将改变世界贸易结构和贸易利益格局，其中，受影响最大的是金砖国家和东盟国家等一系列发展中国家。徐斌等（2015）认为碳关税政策会使中国的能源产业受到冲击，在一定程度上会抑制国家生产能力，引起中国能源贸易结构的改变。

（三）全球价值链嵌入现状

随着全球价值链的发展以及生产分工的全球化，越来越多的学者针对我国嵌入全球价值链的现状和前景展开了研究和讨论。然而，很多学者对中国嵌入全球价值链所面临的"低端锁定"状况给予高度的关注。乔小勇等（2018）指出中国制造业全球价值链地位和参与度指数较低，存在明显的行业异质性，且细分行业中存在着空间分异现象。吕越等（2017）认为中国在嵌入全球价值链将面临"低端锁定"风险，且中间品效应、大市场效应以及竞争效应对生产率的改善将会逐渐消失。

针对全球价值链嵌入的问题和风险，为了避免低端锁定，并且推动中国在嵌入全球价值链过程中发挥比较优势，实现产业升级，有很多学者开始提出新的发展思路。张杰和刘志彪（2008）提出中国呈现出典型的俘获型"结构封锁"特征，并针对这一现象进行了研究，提出中国应通过构建国内价值链，来摆脱俘获型网络。与此同时，中国不仅要促进产业政策的转型升级，还要在中国转型升级背景下，不断调整和完善某些特殊的制度因素，不断提高我国地方产业集群在全球价值链背景下的升级能力。刘维林等（2014）提出中国在嵌入全球价值链的同时，要不断提高产品的出口技术复杂度，以避免单项技术依赖和"低端锁定"。魏龙和王磊（2016）从"一带一路"倡议在经济上的可行性出发，指出中国与"一带一路"沿线国家在文化和地区上都有一定的联系，在产业结构上有一定的互补性，并且中国处于该区域价值链中的高附加值环节，具备主导该区域价值链的条件，论证了中国从嵌入全球价值链向主导区域价值链转变是可行的。

综上分析：在 WTO 改革背景下，碳关税的拟征收以及《美国清洁能源与安全法案》的通过，都无疑对发展中国家的制造业，尤其是高碳制造业嵌入全球价值链程度造成了严峻的挑战。因此，对碳关税对制造业全球价值链参与度的影响因素进行分析，找出中国在该新型贸易壁垒下的应对之策。

二、碳关税对全球价值链效应的理论基础

WTO 改革以及其中发达国家拟征收碳关税，引起了各国的广泛关注和讨论。大部分中国学者一致认为，碳关税政策已经从一个环境治理手段发展成为一种新型贸易壁垒，具备更加明显的政治经济色彩。基于此背景，我们针对碳关税对中国制造业全球价值链的影响情况进行了机理路径分析，如图 4-1 所示。

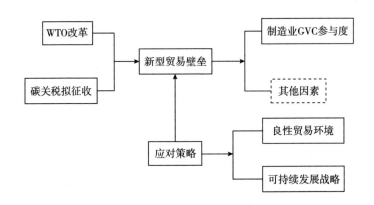

图4-1 碳关税对制造业全球价值链嵌入的影响路径

一方面，中国目前的经济发展水平处于"环境库兹涅茨曲线"的工业经济阶段。在这个阶段，相较于前工业化经济体阶段，经济发展速度开始明显加快，制造业快速发展，且大多属于劳动密集型和资源密集型产业，产品科技含量较低，多为加工组装产品，缺乏创新能力。然而，到达临界点之后，环境恶化程度开始下降，经济发展水平开始向后工业化经济体（服务经济）阶段发展。另一方面，在全球价值链的分工中，中国主要承接了零部件生产、组装加工等附加值较低的环节，处于"微笑曲线"的"U"形底端，该环节相较于技术研发阶段以及品牌服务阶段，利润空间较低，创新研发能力较弱。

针对碳关税对制造业全球价值链嵌入的影响，综合以上分析，基于中国目前的经济发展状况，以及可能出现的新型贸易壁垒，中国应该进一步研发低碳技术，加大创新研发力度，推动中国经济从"环境库兹涅茨曲线"中的工业经济阶段向服务经济阶段过渡，在制造业快速发展的过程中，逐步减弱环境恶化程度，降低碳排放对中国制造业嵌入全球价值链的限制作用。同时，中国还应该进一步推动其产业结构优化升级，从"微笑曲线"中的"U"形底端向两端延伸，从加工组装环节向技术研发与品牌服务环节转化；促进中国在全球价值链分工体系中不断提高产品附加值，扩大产品的利润空间，加强创新研发，提高中国制造业在全球价值链分工中的位置；促进中国制造业在规避"低端锁定"风险的同时嵌入全球价值链，营造一个良性的国际贸易环境，实现中国制造业的可持续发展。

三、碳关税的演化博弈分析——发达国家与发展中国家

开征碳关税的建议一经提出，就在全球引起了巨大的争议，各个国家都基于本国的自身利益给出自己的看法，显然，大部分发达国家主张开征碳关税，而发展中国家则基本上都反对征收碳关税（孟国碧，2017）。由于发达国家无论是在经济、科技基础，还是在国际事务中的发言权上都拥有比发展中国家更大的实力，因此，在两者的博弈中，发达国家处于优势地位。中国作为发展中国家，要对此趋势积极做好准备，争取在博弈中尽量减少对本国制造业的冲击，实现与发达国家的互利共赢。

基于此背景，我们假设发达国家和发展中国家分别为两个博弈主体，即主体1为发展中国家，主体2为发达国家。并假设M和N是博弈中的利得，且M>N>0，由此得出博弈模型，如图4-2所示：

发达国家

		不征收	征收
发展中国家	同意	M, N	N, M
	抵制	M, N	−M, −N

图4-2　发达国家和发展中国家博弈模型

在图4-2所示的博弈中，发达国家与发展中国家会就是否征收碳关税产生四种策略组合，如表4-6所示：

表4-6　四种可能的策略组合

策略组合	博弈均衡点	博弈状况	博弈结果
策略1	(M, N)	发展中国家获利M，发达国家获利N，且M>N	不征收碳关税
策略2	(M, N)	发展中国家获利M，发达国家获利N，且M>N	不征收碳关税
策略3	(N, M)	发展中国家获利N，发达国家获利M，且N<M	征收碳关税
策略4	(−M, −N)	发展中国家获利−M，发达国家获利−N，且−M<−N	征收碳关税

由表4-6可以看出，若发达国家选择不征碳关税，会得到策略1或策略2的结果，即（M，N），且M>N，则发展中国家的利得会大于发达国家。因此发展中国家无论是同意还是抵制发达国家征收碳关税，发达国家都不会选择该策略。若发达国家选择征收碳关税，则发展中国家选择同意或者抵制，将会达到两种不同的效果。假设发展中国家抵制征收碳关税，会得到策略4的结果，即：（−M，−N），且−M<−N。也就是说，若发展中国家抵制征收碳关税，那么发达国家和发展中国家都会遭受损失，且发展中国家将会遭受更大的损失。假设发展中国家同意征收碳关税，会得到策略3的结果，即（N，M），且N<M。也就是说，若发展中国家同意征收碳关税，那么发达国家和发展中国家都会获利，但是与策略1和策略2相比，发展中国家的获利会相对减少，发达国家的获利会相对增加。对比策略3和策略4中发展中国家的状况，可以看出，在策略3中发展中国家的获利为N，而在策略4中发展中国家的获利为−M，显然，N>−M，因此，对于发展中国家来说，选择策略3，即同意发达国家征收碳关税，是更加有利的选择。

综上分析，在是否征收碳关税的谈判博弈中，发达国家的经济贸易更加发达，产业结构更加合理，低碳技术更加先进，在国际事务中发挥着更大的作用，并且发展中国家在经济、科技等多个方面对发达国家都具有更强的依赖性，因此发展中国家在碳关税政策的谈判中将处于被动地位（俞海山，2015）。面对这一困境，中国作为发展中国家的一员，一定要提前为此做好准备，为自身谋求先机，为可能开征的碳关税提出应对之策。

四、碳关税对全球价值链效应的实证研究方法和数据来源①

（一）模型设定

在徐盈之等（2016）和管治华（2012）的基础上，使用 2009~2014 年 63 个国家的相关面板数据，研究碳关税对全球价值链嵌入的影响，模型如下：

$$\ln GVC\text{-}mp_{it}=\alpha+\beta_1\ln CE_{it}+\beta_2MS_{it}+\beta_3HC_{it}+\beta_4\ln RD_{it}+\varepsilon_{it} \tag{4-23}$$

其中，$GVC\text{-}mp_{it}$ 代表 t 年 i 国的制造业全球价值链参与度指数，CE_{it} 代表 t 年 i 国的碳排放总量，MS_{it} 代表 t 年 i 国的资本指数，HC_{it} 代表 t 年 i 国的劳动力指数，RD_{it} 代表 t 年 i 国的科技创新指数，ε_{it} 为干扰项。资本指数、劳动力指数、科技创新指数为控制变量。

（二）变量选取

1. 被解释变量：GVC 参与度指数（$GVC\text{-}mp$）

根据 Koopman 等（2012）提出的增加值贸易的计算方法，GVC 参与度体现了该国参与全球价值链的程度，具体计算方法如下：

$$GVC\text{-}participation_{ij}=\frac{IV_{ij}}{E_{ij}}+\frac{FV_{ij}}{E_{ij}} \tag{4-24}$$

其中，IV_{ij} 指的是 i 国 j 产业的出口间接增加值，FV_{ij} 为 i 国 j 产业的国外增加值，E_{ij} 为 i 国 j 产业以增加值衡量的总出口。故选取由 OCED-TIVA 数据库的相关数据计算得来的制造业全球价值链参与度作为被解释变量 GVC 参与度指数进行研究。

2. 核心解释变量：碳排放量（CE）

由于碳关税还没有在全球范围内正式开征，且碳排放量既对碳关税衡量产生很大影响，又是衡量全球气候变暖程度的重要因素之一，故选取来自 World Bank 数据库的二氧化碳排放量数据作为解释变量碳排放量进行研究。

3. 控制变量

（1）资本指数（MS）。

要素禀赋差异是国家间异质性的重要特点，而资本是衡量一国要素禀赋的重

---

① 参见屠年松，余维纾. 碳关税对制造业全球价值链嵌入的影响研究——基于 WTO 改革背景 [J]. 生态经济，2020，36（9）：25-31.

要因素之一，故选取一国的资本形成总额与本国 GDP 的比率作为控制变量资本指数进行研究。

（2）劳动力指数（*HC*）。

劳动力是衡量一国要素禀赋的另一个重要因素。故选取失业人数占总劳动力人数的比重作为控制变量劳动力指数进行研究。

（3）技术创新指数（*TI*）。

出口产品的科技含量和低碳技术是我国未来面临碳关税征收的重要技术支撑。故选取高技术产品出口总额作为控制变量科技创新指数进行研究（见表4-7）。

表4-7　变量说明

代码	指标	指标解释
ln*GVC-mp*	GVC 参与度指数	一国制造业在全球价值链中的参与度
ln*CE*	碳排放量	一国的碳排放总量
MS	资本指数	一国的资本形成总额与本国 GDP 的比率
HC	劳动力指数	一国的失业人数占劳动力人数的比重
ln*TI*	技术创新指数	一国的高技术产品的出口总额

（三）数据来源

全球价值链参与度指数的数据来自 2018 年 12 月 OECD 发布的 OECD-TIVA 数据库，碳排放量、资本指数、劳动力指数、科技创新指数的数据均来自 World Bank 数据库，研究对象是 63 个国家。由于世界银行数据库发布的二氧化碳排放量数据截至 2014 年，故样本空间为 2009~2014 年 63 个国家的相关数据。

五、碳关税对全球价值链效应的实证研究结果分析

（一）碳排放量比较分析

从 63 个国家中选取了 8 个代表性国家进行分析，其中包括 4 个发达国家即美国、日本、英国、法国，以及 4 个发展中国家即中国、泰国、越南、柬埔寨，这四个发展中国家同时也是 GMS 国家。

由图 4-3 可以看出，中国和美国的碳排放量远高于其他国家，且中国已经超过美国成为世界上最大的二氧化碳排放国。在其余六个国家中，发达国家（英国、法国、日本）的碳排放量普遍高于发展中国家，且呈现逐步下降的趋势。可见，由于发达国家的工业发展起步早，制造业规模较大，因此碳排放量基数较大，近年来

发达国家将碳密集型产业进行产业转移，同时研发低碳技术，并且部分国家已经开始对内征收碳税，碳排放增速得到有效的控制。另外，发展中国家（泰国、越南、柬埔寨）的碳排放量比发达国家低，且呈现出逐步上升的趋势。可见，发展中国家的工业发展起步晚，制造业规模较小，近年来发展中国家的制造业发展势头较强，但多数为传统产业，技术密集型产业较少，低碳技术薄弱，并且承接了发达国家的转移产业，导致发展中国家的碳排放量逐年上升。由此可见，发达国家建议征收统一的碳关税是不合理的，这是对其历史责任的抹杀。

（二）制造业全球价值链参与度比较分析

对比图 4-3 和图 4-4 可以发现，与碳排放量相反，发达国家的制造业全球价值链参与度相对较低，发展中国家的制造业全球价值链参与度反而较高。由此现象可以说明，发展中国家处于制造业快速发展阶段，正在积极嵌入全球价值链，同时，在国际事务中处于弱势地位，面临着"低端锁定"以及发达国家高碳产业转移的风险。

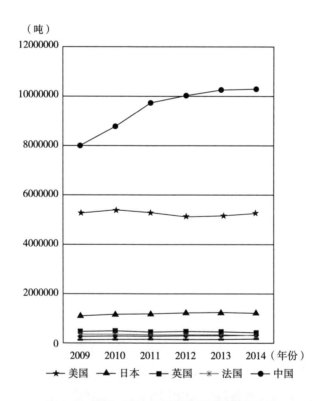

图 4-3　2009~2014 年各国碳排放总量的比较

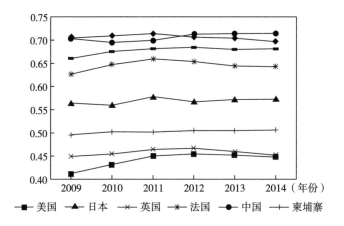

图 4-4　2009~2014 年各国制造业 GVC 参与度指数的比较

（三）实证结果分析

1. 整体回归的结果分析

从表 4-8 中的固定效应回归结果可以看出，碳排放量对制造业全球价值链参与度指数在 1% 的显著性水平下呈负向影响。这既说明碳排放量是影响制造业全球价值链嵌入的重要因素之一，也体现了碳排放量对于制造业全球价值链嵌入存在一定程度上的负面影响。因此中国在发达国家未来可能征收碳关税的前提下，要积极创新低碳技术，降低中国出口产品的碳含量，大力发展技术密集型产业，推动中国制造业的转型升级，为中国的出口贸易营造更加优化的国际环境，促进中国健康有效地嵌入全球价值链。

除碳排放量这一变量外，其他控制变量在固定效应回归结果中表现出以下情况：其中，只有资本指数对制造业全球价值链参与度的影响是正向不显著的，这可能是由于各国资源禀赋差异的影响；此外，劳动力指数和技术创新指数对制造业全球价值链参与度均在 1% 的显著性水平下呈正向影响。

2. 面板分位数回归的结果分析

表 4-8 中的面板分位数回归结果，更加全面地展现了制造业 GVC 参与度指数条件分布的全貌，且分别在 0.1、0.5、0.9 这三个分位数下展现了碳排放量对制造业 GVC 参与度指数的影响情况。针对中位数（0.5）水平下的回归结果，我们进行以下具体分析：从表 4-8 可知，碳排放量对制造业全球价值链参与度在 1% 的显著性水平上呈负向影响。此外，控制变量即资本指数、劳动力指数以及科技创新指数对制造业全球价值链参与度均在 1% 的显著性水平下呈显著的正向

影响。可见，如同固定效应的实证结果一样，碳排放量对制造业全球价值链嵌入有重要影响，而这种影响在某种程度上是负向的。因此，中国要抓住发展机遇，防范贸易壁垒的同时推动制造业转型升级，积极嵌入全球价值链，寻求跨越式发展。

表4-8 面板数据的实证结果分析

变量	固定效应	面板分位数回归		
	OLS	QR-10	QR-50	QR-90
CE	-0.0851***	-0.0799**	-0.0407***	-0.0683***
	(0.00972)	(0.0326)	(0.00978)	(0.00975)
MS	0.00364	-0.00136	0.0105***	0.00735***
	(0.00244)	(0.00816)	(0.00245)	(0.00199)
HC	0.00994***	0.0222**	0.00761***	0.00565***
	(0.00265)	(0.00888)	(0.00267)	(0.00217)
TI	0.0931***	0.128***	0.0439***	0.0553***
	(0.00719)	(0.0241)	(0.00724)	(0.00588)
-cons	-1.967***	-3.092***	-1.493***	-1.160***
	(0.135)	(0.452)	(0.136)	(0.110)
N	378	378	378	378
Hausman	14.41**	—	—	—
R-sq	0.317	—	—	—

注：***、**、*分别代表1%、5%、10%的水平下显著；括号内的数字为t统计量。

虽然开征碳关税可能在一定程度上有利于中国可持续发展战略的实施，但在总体上对中国的产业发展，尤其是高碳制造业的未来发展格局以及对外贸易、国家安全等都会造成极大的消极影响。

本章小结

本章对目前具有重要影响力的数字经济与碳关税对全球价值链的效应展开了研究。

（一）数字经济对全球价值链的效应

利用 2005～2020 年中国 31 个省份制造业的面板数据，通过构建度量省级数字经济发展水平的综合评价指标，客观分析数字经济对制造业全球价值链地位的影响程度，不仅运用固定效应模型探究数字经济对制造业全球价值链地位的影响和中介效应，还利用空间杜宾模型考察数字经济与制造业全球价值链地位的空间效应，得到以下结论：第一，数字经济有助于提高制造业全球价值链地位。在进行差分 GMM 和工具变量法检验之后结论仍旧成立，表明发展数字经济的确对提升制造业全球价值链地位具有推动作用。第二，数字经济对提升各省份制造业全球价值链地位的影响具有异质性。与东部地区相比，数字经济对提升中西部地区制造业全球价值链地位有更强的推动作用。数字经济提升"一带一路"沿线地区 GVC 地位的作用强于非"一带一路"沿线地区。第三，数字经济影响各省份制造业全球价值链地位具有动态非线性递增效应，且制造业出口技术复杂度较高的省份享受到数字经济红利更大。第四，数字经济通过增强技术创新能力和提升产业结构升级两条路径有效提升制造业全球价值链地位，驱动制造业向全球价值链高端攀升。第五，各省制造业全球价值链地位存在空间依赖性，且数字经济对制造业全球价值链地位存在明显的空间溢出效应。这意味着数字经济不但可以提升本省的制造业全球价值链地位，还会促进邻近省份全球价值链的攀升。

（二）碳关税对全球价值链的效应

首先，通过 4 个发达国家和 4 个发展中国家的比较分析可以看出，在碳排放量方面，发达国家的碳排放量相对较高，但近些年呈现下降趋势；而发展中国家的碳排放量除中国外相对较低，且近些年呈现逐步上升的趋势。在制造业全球价值链参与度方面，与碳排放量相反，发展中国家的 GVC 参与度相对较高，然而在这 8 个样本国家中，美国的 GVC 参与度处于最低水平。其次，从固定效应的回归结果来看，碳排放量对制造业全球价值链参与度指数在 1% 的显著性水平下呈负向影响。最后，从面板分位数的回归结果来看，碳排放量对制造业全球价值链参与度的影响仍然是负向显著的，只是在不同的分位数上，显著性水平存在些许差异，这体现了碳排放对于各国制造业嵌入全球价值链存在一定程度上的负面影响。因此，在发达国家未来可能在全球范围内征收碳关税，实施新型贸易壁垒的前提下，中国要积极创新低碳技术，大力发展技术密集型产业，在规避"低端锁定"风险的同时，积极嵌入全球价值链以及构建区域价值链合作体系。

从数字经济发展的视角，提升我国制造业全球价值链地位，获得以下启示：

第一，各省要夯实发展数字经济的基础设施建设，把握数字经济赋能制造业全球价值链的有利时机，利用本地资源优势，寻求各省产业与数字经济相结合的平衡点，制定与其相适应的政策方案。以此驱动制造业攀升全球价值链。比如，中西部地区以丰富的自然资源为基础，布局与本地产业高度关联的数字技术开发试点区，寻求制造业发展与数字经济相结合的新模式。"一带一路"沿线省份应该更加积极响应"一带一路"政策，非"一带一路"沿线省份依托"一带一路"沿线省份先行优势发展数字经济，对口帮扶，合理引导其进行数字技术创新。

第二，提升技术创新能力，为数字经济驱动各省制造业攀升全球价值链提供新动能。依托于数字技术，提升我国制造业整体技术创新能力。不仅企业要与高校、科研机构紧密合作打造制造业数字经济创新中心和技术创新基地，加快突破数字技术与制造业新技术科技难关，还要发挥吸纳科研人才进行科研创新的支撑作用。另外，需要围绕制造业细分领域和垂直行业打造制造业数字经济共享平台，加快技术创新变革。

第三，推动产业结构升级，为数字经济提升制造业全球价值链地位提供新优势。促进信息通信技术与制造业深度融合，借助数字化进一步夯实我国产业基础，提升产业链发展。一方面，利用数字经济为传统制造业转型升级奠定基础，促进传统制造业向智能高端化发展，更新改进生产及商业模式，提高传统制造业的附加值；另一方面，加快高技术制造业的发展力度，培育5G、大数据、人工智能和区块链等新兴技术产业，大力发展航空航天、集成电路和芯片等高精尖行业，合理布局前沿信息技术领域。

第四，发挥数字经济的辐射带动作用，促进各省份制造业全球价值链地位协同发展。搭建区域数字经济协同发展网络，充分发挥数字经济所带来的空间效应，通过数字要素与传统制造业深度融合，实现跨区分工合作，"先富带动后富"，推动各省协同发展。

从碳关税的视角，为了提升我国制造业全球价值链地位，需要注意：

1. 有效利用 WTO 规则

碳关税政策虽然违背了《联合国气候变化框架公约》的基本原则，也不符合 WTO 的国民待遇原则和非歧视原则，但发达国家坚称 WTO/GATT 的一般例外条款是合法的。其中，WTO/GATT 第二十条第二款"为保护人类、动物或植物的生命或健康所必需的措施"以及第七款"与保护不可再生的自然资源相关的措施"这两条内容很可能会被发达国家用来支持碳关税政策的实施。

因此，我们需要对 WTO/GATT 的一般例外条款进行重点分析，在国际谈判中有效利用 WTO 规则。例如，一般例外条款中虽然允许一定程度的歧视，但不能有不正当的行为，也不能对国际贸易造成不合理的限制。因此，我们可以由此判断拟征收碳关税是否属于发达国家针对发展中国家设定的一种新型贸易壁垒。此外，我们还可以根据 WTO 规则，强调国外进口产品应该与本国同类产品获得平等的地位。

2. 积极发展低碳技术

面对发达国家可能在未来向发展中国家征收碳关税的迫切压力，我国必须大力研发低碳技术，推动创新升级。一方面，由于发达国家的低碳技术更加先进，且技术密集型产业更加成熟，而发展中国家大多处于粗放式经济增长阶段，低碳技术落后，产品的碳含量较高。因此，中国应该在国际事务中，倡议发达国家分享低碳技术，突破发达国家在低碳技术上的垄断，进一步提高中国低碳技术的发展速度；另一方面，我国也要积极从自身做起，大力研发低碳技术，努力实现绿色制造。虽然，在开始阶段可能会提高企业产品的生产成本，在一定程度上降低中国出口产品的国际竞争力，但从长期看，该行为会推动中国制造业产业结构进一步优化升级，降低中国出口产品中的碳含量，提高中国在面临技术制约时的自主权。

3. 构建区域价值链合作体系

中国在积极嵌入全球价值链的同时，一方面积极追求制造业的转型升级以及信息化、服务化的发展；另一方面，尽力规避发达国家对中国制造业产品出口的"低端锁定"以及类似于碳关税的新型贸易壁垒。因此，中国可以转变思路，与周边国家、发展中国家以及和中国有地理或文化联系的国家构建区域价值链，加强区域合作与优势互补，同时也在一定程度上降低了中国嵌入全球价值链以及在国际竞争所要面临的风险和挑战。

例如，以支持"一带一路"倡议的国家为区域基础，构建区域价值链，中国可以借助"一带一路"建设的重要契机，推动国内制造业的转型升级。同时，也带动"一带一路"沿线的欠发达国家和地区，给沿线国家和地区带来更多的发展机遇，深化中国与"一带一路"沿线国家之间的投资合作，推动实现互利共赢。

4. 提前对内开征碳税

美国和欧盟一旦实施碳关税政策，将对中国经济造成巨大冲击。因此，碳关税开始征收之前，中国与其被动地被发达国家征收碳关税，不如先对内开征碳税。虽然在早期会对本国企业造成一定的冲击，且提高企业的生产成本。但从长远来看，先在国内开征碳税，可以促使传统产业转型，进一步提高中国制造业的可持续发展能力。

第五章 构建 GMS 制造业区域价值链的基础分析

区域价值链的构建可以从"一带一路"、区域全面经济合作伙伴（Regional Comprehensive Economic Partnership，RCEP）、东亚、中国与东盟等多个区域考虑，但大湄公河次区域（Great Mekong Subregion），是我国周边国家，是最重要的区域，我们选择构建 GMS 区域价值链进行分析。

GMS 地区包括中国、泰国、越南、老挝、柬埔寨、缅甸六国，区域内合作历史悠久，基础深厚；在过去十几年里，各国经济发展迅速，贸易量和投资额常年保持着快速增长，一体化进程加快，国际地位不断上升；与此同时，得益于距离的临近和共同利益考量，区域内国家对我国提出的"一带一路"倡议积极响应，并开展了更为广泛的合作，对推动"一带一路"建设做出了重要贡献。鉴于 GMS 区域日益凸显的重要性，且区域内各国都是发展中国家，未来市场潜力、合作潜力与发展潜力巨大，GMS 区域是否具备构建制造业区域价值链的基础，如何推动区域内制造业价值链升级是一个值得深入研究的话题。本章研究的主题是构建 GMS 制造业价值链的基础，因此 GMS 区域价值链被定义为由中国、越南、泰国、缅甸、老挝和柬埔寨六国共同参与的区域制造业价值链。

自全球价值链的概念提出以来，学术界对全球价值链的研究日益丰富。Baldwin（2012）认为全球供应链的提法已深入人心，但并不准确，事实上国际供应链贸易更多的是区域化而非全球化；刘洪愧（2016）的研究也表明全球价值链在很大程度上是围绕着发达国家构建的地区价值链，其全球化更多体现在生产上，而在增加值分配上远达不到全球化。因此，很多学者提出通过构建区域价值链，实现中国对"低端俘获"的突破和价值链升级，其研究类型主要有两类，一是对区域价值链构建机制和路径研究：刘志彪和吴福象（2018）提出要通过"一带一路"RVC 的构建实现"双重嵌入"，进而实现产业升级和重构"以我为主"的 GVC；陈健和龚晓莺（2018）详细分析了构建由中国主导的"一带一路"

区域价值链的动力机制和生成路径问题，黄先海和余骁（2018）基于 GTAP 模型定量分析了"一带一路"建设对提升我国在全球价值链中分工地位的作用，并指出其核心驱动力源于"一带一路"引致的结构优化效应和贸易创造效应。二是对区域链构建以及推动中国价值链升级可行性的实证研究：魏龙和王磊（2016）从价值链转换条件和转换影响出发，实证研究了"一带一路"倡议实施的可行性，结果表明中国具备主导"一带一路"区域价值链的条件，且其构建有助于中国贸易利得和分工地位提高的结论；胡艺和沈铭辉（2019）分析了东盟承接中国产业转移的基础，认为东盟可作为中国构建区域价值链的重要选择对象；吴博（2020）研究了"一带一路"区域价值链的构建对中国产业转型升级的影响，结果表明"一带一路"区域价值链的构建有助于中国国内价值链的发展，进而作用于国内产业结构，带动国内产业结构的转型升级。

综上可以发现，国内对区域价值链构建的研究已比较丰富，但大多集中于"一带一路"区域价值链，考虑到"一带一路"国家与中国经贸联系的紧密度差异显著，通过打造地区合作范本循序渐进地推动"一带一路"建设更为可取（张彦，2019）；且现有实证研究多是在单一 GVC 指标体系或 RVC 指标体系下论证区域价值链构建可行性问题，缺乏价值链转换的直接对比研究。在过去一段时间，中美贸易摩擦凸显了价值链主导权的重要性，新冠疫情带来的供应链中断也让不少国家开始思考安全可控的价值链合作模式，环顾中国周边，GMS 区域无疑是构建中国主导的区域价值链的重点考虑对象。

本章基于现有研究提出两个问题，一是 GMS 区域价值链是否具备构建基础；二是构建 GMS 制造业区域价值链对区域内制造业突破现有发展困境，最终实现全球价值链高端攀升有何影响。本章在 GVC 和 RVC 双指标体系的构建基础上，从国家和产业两个层面，构建基础和影响分析双重视角出发，对以上问题展开分析。

第一节　价值链指标体系

一、生产活动的分解

自 Hummels（2001）首次基于投入产出模型计算垂直专业化以来，经 Timmer 等（2013，2014）、Johnson（2012）、Koopman 等（2014）、Wang 等（2013）和 Wang 等（2017a，2017b）等研究的推动，价值链核算方法日益成熟。

Wang 等（2017b）实现了对一国生产活动前后向的分解，将一国生产活动根据前后向分解为纯国内部分、传统贸易部分和 GVC 部分，GVC 部分又可以进一步分解为三类（Wang 等，2017b），具体如图 5-1 与图 5-2 所示。

二、对总出口的分解

当中国出口一部苹果手机时，其中由中国创造的增加值是整部手机的价值吗？答案是否定的，国际生产分工已高度细化，跨地区生产引致的"中间品迂回流动"影响着我们对各国产业在国家贸易中竞争力和实际利得的判断，要深入产业内部分析增加值贸易，则要对一国出口进行增加值来源分解；Wang 等（2013）将双边部门层面的总出口完全分解为 8 类 16 项，如表 5-1 所示。

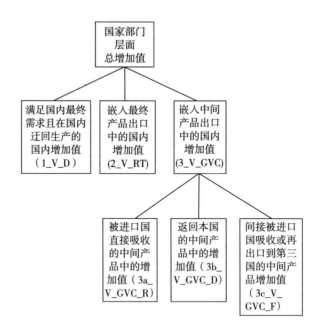

图 5-1 生产活动前向分解图

资料来源：笔者根据 Wang 等（2017b）论文整理所得。

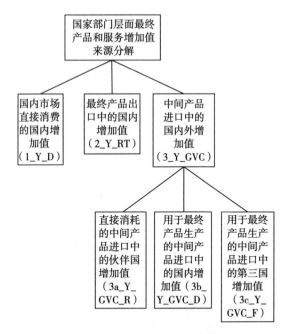

图 5-2 生产活动后向分解图

表 5-1 出口增加值来源

S 国对 R 国部门层面总出口（E*）	国内增加值部分（DVA_G）	最终产品和服务出口（DVA_fIN）	S 国嵌入最终产品中出口 R 国的 S 国国内增加值
		出口到直接进口国的中间产品（DVA_INT）	S 国嵌入中间产品中出口 R 国的 S 国国内增加值
		先出口到直接进口国，又被出口到第三国的中间产品（DVA_INTrex）	S 国嵌入被直接进口 R 国用于生产中间品并再出口到第三国 T 国并用与本地最终消费品生产的中间品出口的 DVA
			S 国嵌入被直接进口 R 国用于生产最终产品出口到第三国 T 国最终消费的中间品出口的 DVA
			S 国嵌入被直接进口 R 国用于生产中间品并再次出口到第三国 T 国生产的被其他国家（除 S 国外）最终消费的中间品出口中的 DVA
		出口后又返回本国的国内增加值（RDV_G）	经来源于直接进口国 R 国的最终品进口返回国内的 DVA（R 国向 S 国出口最终产品）
			经来源于第三国的最终品进口返回国内的 DVA（T 国向 S 国出口最终产品）

续表

	国内 增加值部分 （DVA_G）	出口后又返回本国的 国内增加值 （RDV_G）	经本国中间品进口返回国内并用作生产本国最终产品 消费的 DVA（S 国进口中间产品）
S 国对 R 国部门 层面总 出口 （E*）	垂直专业化 部分（VS）	来自国内的纯 重复计算（DDC）	嵌入在出口 R 国并通过自身中间品进口返回国内并用 作最终产品出口生产的中间品的 DVA
			嵌入出口到 R 国作为中间品进口返回国内并再次用作 生产中间出口的中间品中的 DVA
		最终产品出口中的国 外增加值（FVA_fIN）	进口国 R 国嵌入最终出口的国外增加值（FVA）
			来自其他国家（T）嵌入在最终出口的国外增加值
		中间产品出口中的 国外增加值 （FVA_INT）	进口国 R 国嵌入中间品出口（经 S 国进口再出口）并 被 R 国生产国内最终产品的 FVA
			来自第三个国家嵌入中间品出口并再次被 R 国生产国 内最终产品的 FVA
		来自国外的 纯重复计算 （FDC）	嵌入中间出口中用来生产再出口的来自进口国 R 国 的 FVA
			嵌入中间出口中用来生产再出口的来自其他国家 的 FVA

资料来源：笔者根据 Wang 等（2013）论文整理所得。

三、指标体系

（一）参与度指数

在 Wang 等（2017a）中，GVC 前后向参与度分别被定义为：

$$GVC_{FP} = \frac{3\_V\_GVC}{X} \tag{5-1}$$

$$GVC_{BP} = \frac{3\_Y\_GVC}{Y} \tag{5-2}$$

其中，3_V_GVC 指的是国家部门层面前向生产活动产生的国内增加值，3_Y_GVC 指的是国家部门层面后向生产活动产生的国内外增加值，X 指的是国家部门层面总增加值，Y 指的是国家部门层面最终产品总价值（Wang 等，2017a）。本章借鉴董虹蔚和孔庆峰（2018）的做法，将一国 GVC 生产活动进行区域内外的划分，进而构建 RVC 前向参与度和 RVC 后向参与度（董虹蔚和孔庆峰，2018），具体计算公式分别为：

$$RVC_{FP} = \frac{3\_V\_RVC}{3\_V\_GVC} \tag{5-3}$$

$$RVC_{BP} = \frac{3\_Y\_RVC}{3\_Y\_GVC} \tag{5-4}$$

其中，3_V_RVC 指一国前向 GVC 生产活动中的 RVC 生产活动，3_V_GVC 指一国的前向 GVC 生产活动；3_Y_RVC 指一国后向 GVC 生产活动中的 RVC 生产活动，3_Y_GVC 指一国的后向 GVC 生产活动。

（二）生产长度与生产位置

在 Wang 等（2017a）中，生产长度被计算为产出价值（X_v_GVC）与原始投入价值（V_GVC）的比值，即原始增加值在连续生产活动中被计入总产出的平均次数，其中前向生产长度是对一国初始投入到最终产品距离的衡量，前向生产长度越长，则表明是增加值的主要贡献者，位于生产链的上游；后向生产长度衡量的是初始投入到该国生产的距离，后向生产长度越长越代表位于生产链的下游；国家部门层面的前向生产长度除以后向生产长度，得到其生产位置：

$$GVCP_s = \frac{\dfrac{X_v\_GVC}{V\_GVC}}{\left(\dfrac{X_y\_GVC}{Y\_GVC}\right)'} \tag{5-5}$$

将一国 GVC 生产活动进行区域内和区域外的划分，进而可以构建区域价值链地位指数：

$$RVCP_s = \frac{\dfrac{X_v\_RVC}{V\_RVC}}{\left(\dfrac{X_y\_RVC}{Y\_RVC}\right)'} \tag{5-6}$$

1. 显著性比较优势指数

显著性比较优势指数（Revealed Comparative Advantage Index，RCA）可用来测算一个国家或地区某一产业在国际市场上的贸易竞争力；魏龙和王磊（2016）在传统 RCA 指标基础上，基于总出口分解，实现增加值贸易对总值贸易的替换，构建了 GVC 体系下的 RCA 指数：

$$RCA_{xik}\_GVC = \frac{\dfrac{ADV_{ik}}{ADV_i}}{\dfrac{ADV_k}{\sum\limits_{k=1}^{n} E_k}} \tag{5-7}$$

本章延续以上增加值贸易替换思路，并将增加值出口分解限定到区域层面，进而构建 RVC 体系下的 RCA 指数：

$$RCA_{xik}\_RVC = \frac{\dfrac{adv_{ik}}{adv_i}}{\dfrac{adv_k}{\displaystyle\sum_{k=1}^{n} e_k}} \qquad (5-8)$$

式（5-8）中，adv_k 为世界 k 产业的国内增加值出口总额；adv_{ik} 为 i 国 k 产业对区域内的国内增加值出口，adv_i 为 i 国对区域内的国内增加值出口总额，adv_k 为区域内 k 产业在区域范围内国内增加值出口；$\sum_{k=1}^{n} e_k$ 为区域内各国国内增加值出口汇总。

2. 价值链显著性比较优势指数

当对各国产业比较优势的分析深入到产业内部分工层面时，RCA 指数已不能满足我们的需求，此时我们需要借助全球价值链显著性比较优势（董虹蔚和孔庆峰，2018）来解决这一问题：

$$RGVCA_{ik} = \frac{\dfrac{IADV_{ik}}{ADV_{ik}}}{\dfrac{IADV_i}{ADV_i}} \qquad (5-9)$$

此外，本章基于区域增加值贸易的分解，用区域增加值贸易替换全球增加值贸易，提出构建区域价值链显著性比较优势：

$$RVCA_{ik} = \frac{\dfrac{iadv_{ik}}{adv_{ik}}}{\dfrac{iadv_i}{adv_i}} \qquad (5-10)$$

式（5-10）中，分子代表 i 国 k 产业 RVC 生产活动中，对区域内其他国家的中间产品出口占总出口的比重，分母代表区域内 k 产业 RVC 生产活动中，中间产品出口占总出口的比重；该指标衡量了区域分工合作下各国在产业内分工环节上的比较优势。

3. 增加值贸易互补指数

总额贸易的双边互补性可以用式（5-11）贸易互补指数 C_{ijk} 来衡量（于津平，2003），但跨地区生产引起的"重复统计"和"中间产品的迂回流动"问题使传统指标越来越不能满足现实研究需要，基于以上考虑，本章对传统的贸易互补指数进行改造，改造过程如下：

$$C_{ijk} = RCA_{xik} \times RCA_{mjk} \tag{5-11}$$

式（5-11）中，C_{ijk} 为 i、j 总额贸易下两国关于 k 产业的贸易互补指数，RCA_{xik} 表示 i 国 k 产业的显著性比较优势，RCA_{mjk} 指 j 国 k 产业的显著性比较劣势，本章先是基于总进口分解实现增加值贸易对总额贸易的替换，得到全球价值链显著性比较劣势（RCA_{mjk}）：

$$RCA_{mjk}\_GVC = \frac{\dfrac{ADV_{jk}}{ADV_j}}{\dfrac{ADV_k}{\sum_{k=1}^{n} E_k}} \tag{5-12}$$

式（5-12）中，ADV_{jk} 为 j 国在全球范围内通过 k 产业支付的增加值，ADV_j 为 j 国在全球范围内支付的总增加值，ADV_k 为全球所有国家通过 k 产业支付的增加值；$\sum_{k=1}^{n} E_k$ 为全球增加值加总。进而构建增加值贸易互补指数：

$$VC_{ijk} = RCA_{xik}\_GVC \times RCA_{mjk}\_GVC \tag{5-13}$$

根据式（5-13）可以推测，当两国在 k 产业的增加值贸易互补指数大于 1 时，表明两国 k 产业之间的增加值贸易具备互补性，即实现供给对需求的适配，数值越大互补性越强，价值链分工基础越好。

四、数据说明

上述指标体系计算所需原始数据均来自亚洲开发银行多区域投入产出数据库（ADB-MRIO），该数据库中缅甸数据缺失；制造业行业分类亦沿用自亚洲开发银行制造业分类标准；本章对价值链生产活动、总出口的分解以及生产长度的计算通过 R 软件实现，其中 R 代码借鉴自对外经贸大学 GVC Indicators 数据库；由于缅甸数据的缺失，本章仅对中国、泰国、越南、老挝和柬埔寨进行相关指标的计算。

第二节 GMS 制造业区域价值链合作分析

GMS 区域是亚洲乃至全世界最具发展潜力的地区之一。该区域地理位置优越，是连接东亚与东南亚，南下印度洋，进而面向中东、非洲和欧洲的重要区域；截至 2021 年，区域内各国发展迅速，经济潜力巨大，从表 5-2 可以看到，区域内各国 GDP 增长率、资本形成总额增长率均远高于世界平均水平，现已成为世界范围内最具活力、增长最快的区域之一；2021 年区域内六国总人口 16.57 亿，占世界总人口的 21%，且人口结构年轻，劳动力供给潜力巨大，从表 5-2 中人均 GDP 指标可以看出，除中国、泰国外，其他国家均为中低收入国家，这意味着 GMS 区域能够提供丰富劳动力的同时，还存在不同层次劳动力供给的可能性，这为制造业的生产分工提供了很好的人力基础；此外，区域内各国城市化水平还不高，而众多的人口、高水平的发展意味着城市化速度的加快，一个巨大的市场正在形成，其意义在于：一方面让构建一个完整闭环的区域价值链具备了可能性，另一方面为区域内谋求新技术开发、新产业培育进而实现产业升级的国家提供了不可或缺的市场基础；更为重要的是，GMS 六国一衣带水，文化相通，有着共同的安全与发展利益，现已成为中国周边合作基础最好、合作水平最高的区域，这也为区域价值链的构建提供了重要的互信基础。

表 5-2　GMS 区域各国宏观经济状况分析

	中国	泰国	越南	老挝	柬埔寨	缅甸	世界
GDP（十亿美元）	17734.06	505.95	366.14	18.83	26.96	65.09	96527.43
人均 GDP（美元）	12556.30	7066.20	3756.50	2535.60	1625.20	1209.90	12236.60
人均 GDP 增长率（%）	5.64	0.90	4.48	2.78	3.04	0.08	1.36
资本形成总额增长率（%）	2.60	4.83	6.76	5.52	7.72	-0.86	0.54
城镇人口比例（%）	63.00	52.00	38.00	37.00	25.00	31.00	56.00
居民最终消费增长率（%）	7.00	2.20	4.70	4.52	1.54	0.28	2.32
人口总数（亿）	14.12	0.72	0.97	0.07	0.16	0.53	78.88
劳动力参与率（%）	75.90	74.20	83.10	81.40	84.90	64.50	66.39

注：表中 GDP 和人均 GDP 均按现价美元计算。GDP、人均 GDP、城镇人口比例、人口总数为 2021 年数据；劳动力参与率为 2019 年数据。而考虑到年份间的数据波动，人均 GDP 增长率、资本形成总额增长率以及居民最终消费增长率为近五年平均值。

资料来源：世界银行数据库（IBRD. IDA）。

RVC 参与度反映了一国 GVC 生产活动在该区域的集中程度，从图 5-3 可以看出 GMS 区域是各国 GVC 生产活动的重要集聚区域，尤其是越南、老挝和柬埔寨，这表明区域内各国已存在良好的价值链分工合作基础；具体到前后向参与度，中国的前向参与度高于后向参与度，表明中国在区域价值链内更多扮演中间产品供给、主要增加值创造者的角色，而其他国家的前向参与度低于后向参与度，且后向参与度逐年攀升，表明这些国家越来越多地从事组装加工环节。

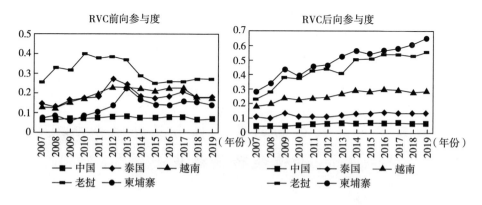

图 5-3　GMS 区域各国制造业 RVC 参与度

生产位置在一定程度上反映了一国的分工地位，生产位置越高，越意味着该国位于分工环节的上游，占据产业内分工的高端环节，生产位置越低，越意味着该国处于分工环节的下游，从事组装加工环节；一般认为，生产位置大于 1 的国家位于价值链的上游，生产位置小于 1 的位于价值链的下游；从图 5-4 中的 GVC 生产位置可以看出，各国生产位置都小于 1，位于价值链的下游；而经过区域价值链的转换后，虽然各国生产位置仍然小于 1，表明区域内整体制造业水平较低，更多的还是从事加工组装环节，但是价值链转换使各国生产位置实现了不同程度的提升，中国制造业生产位置的提升最为显著，且与其他国家拉开了一定差距，位于区域价值链的上游。

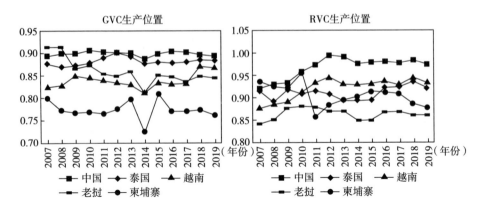

图 5-4　GMS 区域各国制造业生产位置

第三节　产业层面的竞争性与互补性分析及价值链转换效应

区域价值链的构建要建立在产业互补的基础之上，RCA 指数反映了一国产业在国际市场的比较优势。一般认为，RCA 指数大于 1 表明该产业具备比较优势，数值越大，国际竞争力越强（于津平，2003）；反之亦然。本章分别计算了 GVC 和 RVC 两种框架下，GMS 区域各国细分产业的显著性比较优势，从表 5-3 可以看出，在 GVC 框架下，各国的优势产业呈现出分散化局面，既没有出现各国优势产业"扎堆"于某一产业，也没有出现多个产业区域内各国都不具备竞争优势的现象，这表明 GMS 区域内各国制造业发展梯度较为明显，产业间互补性强；而转换到区域价值链框架下，各国产业间竞争优势发生了显著变化，一方面是"放大效应"，即原本在 GVC 框架下竞争优势不明显的行业，在 RVC 框架下竞争优势被"放大"而凸显，如中国的焦炭、石油和核燃料，化工和化学产品以及运输设备行业，这表明对于中国制造业发展而言，通过构建区域价值链发挥中国高端产业比较优势，实现技术进步与产业升级是一条可行的路径；另一方面是"缩小效应"，如中国的皮革制品与鞋类、木材与软木制品、其他非金属矿物行业，在与用工成本更低、自然资源更为丰富的 GMS 区域内国家比较时，其竞争优势被"缩小"，这对于中国制造业同样是机遇，通过将劳动密集型、高能耗产业转移到竞争优势更明显的区域实现"腾笼换鸟",最终达到价值链攀升的目的。

表 5-3 2019 年 GMS 区域显著性比较优势

	RCA-GVC					RCA-RVC				
	中国	泰国	越南	老挝	柬埔寨	中国	泰国	越南	老挝	柬埔寨
食物、饮料和烟草	0.48	1.75	2.77	1.01	0.57	0.38	1.57	2.42	0.15	0.96
纺织品	3.37	0.95	1.41	1.22	12.57	1.17	0.64	1.01	0.15	0.88
皮革制品和鞋类	3.21	0.39	4.86	0.95	NA	0.46	0.25	4.45	0.05	NA
木材和软木制品	1.37	1.09	1.79	8.36	0.57	0.17	2.03	1.58	15.04	1.74
纸张、印刷和出版	0.36	0.36	0.19	0.09	0.56	0.57	1.82	0.65	0.93	9.57
焦炭、石油和核燃料	0.36	0.99	0.09	0.05	1.61	1.28	0.99	0.09	0.06	5.50
化工和化学产品	0.76	0.32	0.17	0.03	0.01	1.51	0.44	0.11	0.07	0.04
橡胶和塑料	1.46	2.63	0.54	0.05	0.27	0.56	2.42	0.38	0.04	0.05
其他非金属矿物	2.09	2.71	3.11	0.11	0.06	0.58	1.85	1.26	0.02	0.04
基本金属和人造金属	1.19	2.74	0.37	0.02	0.06	1.27	0.93	0.23	0.02	0.02
机械	1.49	0.30	0.09	0.00	0.01	1.62	0.27	0.03	0.00	0.00
电气和光学设备	2.76	0.08	0.31	0.00	0.01	1.04	0.23	2.26	0.01	0.00
运输设备	0.63	0.89	0.11	0.00	0.00	1.44	0.62	0.08	0.00	0.13
其他制造业、回收利用	1.77	0.48	1.09	0.21	0.03	1.04	1.15	0.69	0.06	0.08

注:NA 表示数据缺失。

RCA 指数是对一国产业间竞争优势的对比,而对价值链分工问题的研究需要深入产业内部分工环节,为此本章通过计算 GMS 区域内各国价值链竞争优势指数,并细分为 GVC 框架下的 RGVCA 指数和 RVC 框架下的 RVCA 指数,而一国的价值链生产活动可以被划分为高附加值活动与低附加值活动,当该指数大于1 时,代表该国在产业内部分工中更多地从事高附加值活动;当该指数小于1 时,该国在产业内部分工中处在低附加值环节。综观表 5-4,无论是在 GVC 还是 RVC 框架下,中国都在超过半数的行业具备竞争优势,即处于高附加值环节,表明中国具备主导 GMS 制造业区域价值链的能力;在经过区域价值链转换后,各国竞争优势行业分散化的现象更为明显,表明区域价值链的构建更能凸显各国价值链上的明确分工,形成产业内更紧密的分工合作;同时,上文提到的"放大效应""缩小效应"依然存在,不过变化对象发生了变化,如中国的食品饮料和烟草、纺织品等行业实现了从价值链低端到价值链高端的攀升，这表明区域价值链的构建拓展了中国低端制造业的发展空间。

表5-4　2019年GMS区域价值链比较优势

	RGVCA					RVCA				
	中国	泰国	越南	老挝	柬埔寨	中国	泰国	越南	老挝	柬埔寨
食品、饮料和烟草	0.83	1.08	1.28	1.69	1.37	1.88	0.98	0.36	6.85	3.46
纺织品	0.98	2.01	0.94	0.49	0.66	1.17	0.61	0.67	1.69	0.21
皮革制品和鞋类	1.02	1.83	0.77	1.47	NA	1.70	0.70	0.74	4.44	NA
木材和软木制品	1.00	1.14	0.98	0.58	0.84	0.98	1.09	0.74	1.15	0.30
纸张、印刷和出版	1.01	0.99	0.95	1.05	0.62	1.15	0.89	0.94	1.39	0.72
焦炭、石油和核燃料	1.05	0.85	0.41	0.99	1.09	1.07	0.78	0.96	1.13	1.12
化工和化学产品	1.00	1.02	0.89	1.14	1.13	0.96	1.27	1.45	1.58	1.57
橡胶和塑料	0.95	1.24	1.23	1.24	0.42	1.00	1.01	0.93	1.06	0.96
其他非金属矿物	0.98	1.15	0.98	1.19	1.11	0.85	1.23	0.71	1.26	1.25
基本金属和人造金属	0.98	1.08	1.03	0.81	0.86	0.97	1.17	0.48	1.41	0.56
机械	1.01	0.65	1.08	0.08	1.10	0.93	1.65	4.63	8.23	4.57
电气和光学设备	0.99	1.10	1.70	1.89	1.63	0.79	0.37	1.49	1.58	1.45
运输设备	1.03	0.71	1.37	0.16	0.80	0.89	1.48	1.71	3.79	7.06
其他制造业、回收利用	1.00	0.79	1.07	3.60	2.79	1.27	0.32	1.33	4.97	5.18

注：NA表示数据缺失。

以上分别从产业间、产业内部分析了GMS区域各国的产业竞争性与互补性，为了更直观、明晰地判断区域内各国与中国制造业生产的互补关系，本章构建了增加值贸易互补指数（VC_{ijk}），该指数从出口、进口两个视角直观反映了区域内各国价值链分工合作的互补性，如果该指数大于1，则认为两国在某一产业上具备互补性；数值越大，互补性越强。从表5-5可以发现，在与中国出口存在互补性的产业数量上，越南有9个，老挝和柬埔寨各有7个，泰国则有6个；在与中国进口存在贸易互补关系的产业数量上，泰国和越南各有4个，老挝有3个，柬埔寨有2个。这一方面表明中国与区域内其他国家存在良好的产业互补性，具备构建区域价值链的基础；另一方面表明中国的供给优势更为明显，GMS区域内其他国家在价值链分工上对中国制造业产品存在广泛且显著的需求，区域内双边产业互补也更多地体现为其他国家进口与中国出口的互补，进一步佐证了中国主导GMS制造业区域价值链的构想。

表 5-5　2019 年 GMS 区域增加值贸易互补指数

	与中国出口的贸易互补指数				与中国进口的贸易互补指数			
	泰国	越南	老挝	柬埔寨	泰国	越南	老挝	柬埔寨
食物、饮料和烟草	0.45	1.41	0.59	0.42	3.23	5.12	1.86	1.05
纺织品	1.49	4.55	1.20	23.34	0.55	0.82	0.71	7.34
皮革制品和鞋类	1.82	1.77	0.57	NA	0.51	6.32	1.23	NA
木材和软木制品	0.39	0.39	1.59	0.23	0.58	0.95	4.44	0.30
纸张、印刷和出版	0.19	0.12	0.00	0.18	0.15	0.08	0.04	0.24
焦炭、石油和核燃料	0.16	0.72	1.81	1.30	0.78	0.07	0.04	0.00
化工和化学产品	0.52	1.28	0.00	0.48	0.34	0.18	0.03	0.01
橡胶和塑料	1.53	0.82	0.01	4.18	1.90	0.39	0.03	0.19
其他非金属矿物	0.46	1.69	8.55	8.78	1.33	1.53	0.02	0.01
基本金属和人造金属	6.62	1.56	4.57	2.22	2.43	0.32	0.02	0.05
机械	0.72	4.07	0.26	2.76	0.15	0.05	0.00	0.00
电气和光学设备	1.05	3.63	4.27	0.04	0.12	0.48	0.00	0.00
运输设备	0.46	0.28	0.92	0.27	0.77	0.09	0.00	0.06
其他制造业、回收利用	1.03	2.32	2.36	6.40	0.60	1.37	0.27	0.04

注：NA 表示数据缺失。

第四节　GMS 制造业区域价值链构建影响分析

上文佐证了 GMS 区域具备构建制造业价值链的基础，但 GMS 制造业区域价值链的构建能否提高参与各国在 GVC 的分工地位是非常重要的问题，针对该问题，本章选取包括中国、泰国、越南、老挝和柬埔寨在内的 GMS 区域五国 2007～2019 年制造业发展数据，构建以下计量模型：

$$GVC. PS_{it} = \alpha_i + b_1 \times RVC. FP_{it} + b_2 \times Z_{it} + U_{it} \tag{5-14}$$

$$GVC. PS_{it} = \alpha_i + b_1 \times RVC. BP_{it} + b_2 \times Z_{it} + U_{it} \tag{5-15}$$

$$GVC. PS_{it} = \alpha_i + b_1 \times LM. TRADE_{it} + b_2 \times Z_{it} + U_{it} \tag{5-16}$$

$$GVC. PS_{it} = \alpha_i + b_1 \times RCA. RVC_{it} + b_2 \times Z_{it} + U_{it} \tag{5-17}$$

$$GVC. PS_{it} = \alpha_i + b_1 \times RVC. FP_{it} + b_2 \times RVC. BP_{it} + b_3 \times LM. TRADE_{it} +$$
$$b_4 \times RCA. RVC_{it} + b_5 \times Z_{it} + U_{it} \tag{5-18}$$

其中，i 表示 GMS 区域 5 个国家，t 表示样本年份数据，α_i 表示截距项，U_{it} 指的是误差项，且假设其服从平均值为 0、方差为 σ^2 的正态分布；被解释变量 *GVC. PS* 代表样本内各国制造业的全球价值链分工位置指数，核心解释变量 *RVC. FP* 代表各国在 GMS 制造业区域价值链的前向参与度，*RVC. BP* 代表样本各国在 GMS 制造业区域价值链的后向参与度，*LM. TRADE* 代表样本各国与区域内其他国家的制造业贸易总额，*RCA. RVC* 则代表样本各国制造业整体在 GMS 区域范围内的显著性比较优势，控制变量 Z 包括 *PGDP*（人均 *GDP*）、*INST*（以制造业增加值占 *GDP* 比重衡量的一国产业结构）、*INLE*（以高科技出口占制成品出口比重衡量的一国制造业发展水平）、*RCA. GVC*（一国制造业整体在全球范围内的显著性比较优势）。

本章所用数据属于大 T 小 N 的长面板数据，为保证数据平稳性，避免出现伪回归现象，在进行数据回归分析前，分别对数据进行 ADF 检验和 PP 检验，其检验结果显示各个变量检验 P 值均小于 0.05，即数据平稳；接着考虑模型选择问题，首先，建立固定效应模型和混合效应模型，进行 F 检验得到 P 值小于 0.05，拒绝原假设，选择固定效应模型；接着建立固定效应模型并作 Hausman 检验，结果显示 P 值小于 0.05，因此应选择固定效应模型；进行 Wooldridge test 判断是否存在组内序列相关问题，结果显示 P 值小于 0.05，即存在组内序列相关，通过 Goldfeld-Quandt test 和 Breusch-Pagan test 分别检验异方差问题，结果显示 P 值小于 0.05，即存在异方差问题，综上所述，为了更好地估计参数，本章模型估计方法采用广义最小二乘法（FGLS）（见表 5-6）。

表 5-6　面板模型回归结果

变量	模型（5-14）	模型（5-15）	模型（5-16）	模型（5-17）	模型（5-18）
RVC. FP	0.0533 ** (2.0176)				0.068 ** (2.1056)
RVC. BP		-0.1680 *** (-6.6062)			-0.0913 * (-1.7042)
LM. TRADE			0.5622 *** (3.4281)		0.3017 * (1.7705)

续表

变量	模型（5-14）	模型（5-15）	模型（5-16）	模型（5-17）	模型（5-18）
RCA. RVC				0.0849 *** （6.0189）	0.0319 （1.3203）
PGDP	1.2426 *** （9.8034）	0.4608 *** （2.7719）	0.8437 *** （5.8851）	0.9899 *** （7.9966）	0.6953 *** （3.3776）
INST	0.1745 *** （2.9300）	0.0997 ** （2.3328）	0.1706 *** （3.3822）	0.0691 （1.5949）	0.1112 ** （2.1419）
INLE	0.1555 *** （7.9139）	0.1022 *** （5.8111）	0.1272 *** （6.4095）	0.0622 *** （3.0034）	0.0819 *** （3.8989）
RCA. GVC	-0.0471 *** （-6.0711）	-0.0654 *** （-9.2580）	-0.0706 *** （-8.8615）	-0.0964 *** （-9.2777）	-0.0786 *** （-5.5910）
R^2	0.8465	0.894	0.8714	0.8856	0.9063

注：括号内为 z 统计量；*、**、*** 分别表示在 10%、5%、1% 的水平下显著。

　　从表 5-6 可以看出，RVC 的前向参与度对 GVC 分工位置的影响是正向且显著的，即在 GMS 制造业区域价值链中更多地扮演中间产品生产者或供应者这一角色能够提高其在全球价值链的分工位置；而 RVC 后向参与度对 GVC 分工位置的影响为负且显著，即在 GMS 制造业区域价值中更多地从事加工组装生产活动，将会降低其在全球价值链中的分工地位，这与现有研究中"全球价值链的上游嵌入度对提升全球分工地位具有正向促进作用，下游嵌入度对全球分工地位具有负向促进作用"（陈立敏和周材荣，2016）的研究结论是一致的，不同之处在于本章的研究对象是中国制造业在区域价值链的参与度与全球分工地位指数的关系；模型（5-16）分析了一国对 GMS 区域其他国家制造业贸易总额（LM. TRADE）与其在全球价值链分工地位（GVC. PS）之间的关系，回归结果显示两者显著正相关，即 GMS 区域内国家更多地开展制造业增加值贸易，有利于提高其在全球价值链中的分工地位；模型（5-17）回归结果显示区域价值链内的制造业比较优势（RCA. RVC）与全球价值链分工地位（GVC. PS）显著正相关，即 GMS 区域内各国通过建立区域价值链框架下的制造业比较优势，能够提高其在全球价值链的分工地位，这验证了本章最初设想：通过构建 GMS 制造业区域价值链，发挥中国在该区域内的制造业比较优势，嵌入高端生产环节，发展高端产业，提升制造业整体竞争实力，进而摆脱中国制造业"低端锁定"和被发达国家在高端挤压与发展中国家低端挤压的"两头挤压"的困境，拓展发展空间，激发升级潜力，最终实现全球价值链分工地位的攀升。

为确保本章研究结果的可靠性，本章将上述模型的 *FGLS* 估计法替换为 *PCSE* 估计法进行稳健性检验，回归结果如表5-7所示。

表5-7　稳健性检验回归结果

变量	模型（5-14）	模型（5-15）	模型（5-16）	模型（5-17）	模型（5-18）
RVC. FP	0.0608 （1.342）				0.0891 ** （2.2364）
RVC. BP		−0.1698 *** （−5.552）			−0.1288 ** （−1.9906）
LM. TRADE			0.7015 *** （3.3672）		0.1957 （0.9626）
RCA. RVC				0.0822 *** （4.5803）	0.0214 （0.7416）
PGDP	1.3586 *** （8.044）	0.4750 *** （2.2647）	0.7427 *** （3.9435）	1.0957 *** （6.5068）	0.7115 *** （2.8512）
INST	0.1153 * （1.643）	0.1063 ** （1.9687）	0.1946 *** （3.0077）	0.0336 （0.5902）	0.0934 （1.4918）
INLE	0.1780 *** （7.1666）	0.1077 *** （5.109）	0.1332 *** （5.3437）	0.0832 *** （2.9315）	0.1043 *** （4.1950）
RCA. GVC	−0.0447 *** （−4.104）	−0.0712 *** （−8.3237）	−0.0809 *** （−7.0021）	−0.0988 *** （−7.0475）	−0.072 *** （−4.1238）
R^2	0.898	0.922	0.908	0.914	0.951

注：括号内为z统计量；＊、＊＊、＊＊＊分别表示在10%、5%、1%的水平下显著。

由表5-7可以看出，除个别自变量的显著性受到些许影响外，其回归系数的符号均未发生任何改变，即因变量与各自变量之间的关系不变，说明本章的回归结果具有较强的稳健性。

本章小结

本章从构建基础和影响分析双重视角出发，实证研究了 GMS 区域价值链构建的可行性问题以及其构建对区域内制造业区域价值链摆脱"低端锁定"和"两头挤压"困境，进而实现全球价值链分工地位攀升的影响问题，得出以下结论：

第一，构建中国主导的 GMS 制造业区域价值链具备可行性。从国家层面来说，GMS 区域合作历史悠久，合作基础深厚；劳动力与市场优势为制造业发展提供了巨大潜力，发展水平的差异也为价值链分工合作提供了更多可能性；中国是区域内经济规模最大、综合经济实力最强的国家，在国家层面上具备主导 GMS 制造业区域价值链的条件。从产业层面来说，GMS 区域各国产业间、产业内均具备较强的互补性，为实现价值链生产分工提供了重要前提条件；中国在多个产业的竞争优势明显，占据了区域价值链生产分工的高端环节，产业层面上具备主导区域价值链的条件。

第二，区域价值链的构建有助于中国制造业摆脱"低端锁定"、突破"两头挤压"进而实现全球价值链分工地位攀升。其主要路径有两个：一是借助区域价值链构建对中国低端制造业产业内竞争优势的"放大效应"，发挥产业内的比较优势，实现由价值链低端环节向价值链高端环节的攀升；二是发挥中国在中高端制造业的产业间比较优势，绕开发达国家技术封锁，依托 GMS 区域的市场优势培育新产业、开发新技术，实现产业结构的升级和技术进步，提高制造业整体发展水平，最终实现全球价值链分工位置的攀升。

从上述价值链升级路径可以看出，GMS 制造业区域价值链的构建不是单纯地将低端产业转移到区域内其他国家，而是对产业内低端环节的转移和互补优势的利用，中低端产业分工环节攀升和高端产业发展的同时实现，这对于我国保持全产业链优势、避免产业空心化、维护产业链安全具有重要意义；中国凭借超大规模的市场优势，在 GMS 制造业区域价值链的构建过程中能够扮演最终市场的角色，这与构建"双循环"发展格局可有效衔接，减少中国制造业对国际市场的依赖程度；GMS 区域已成为"一带一路"的重要组成部分，同时区域内各国也是 RCEP 协定的重要成员，GMS 制造业区域价值链的构建可作为深入推进"一带一路"建设、构建"东亚区域价值链"而迈出的重要一步，并为中国与其他国家开展区域合作打造示范效应。

第六章 GMS 制造业价值链升级的影响因素分析

本章将分微观与宏观两个层面分析 GMS 制造业价值链升级的影响因素。

第一节 影响 GMS 制造业微观企业价值链升级的因素

近年来，随着我国低成本优势的逐步丧失，以及欧美等发达国家的再工业化战略，越来越多的在华跨国公司和制造业企业向东南亚转移（王晓萍和胡峰，2014）。廉价的劳动力优势、丰厚的政策优惠以及较少的贸易壁垒，使东南亚成为最理想的产业承接区域，并在此次"产业转移"中获益，实现了经济的腾飞。2010~2019 年，在对外贸易方面，越南、老挝、柬埔寨、缅甸的贸易进出口总额都有了明显的上升，年均增速分别为 23.0%、21.32%、20.42%、15.93%；在吸引外资方面，越南、泰国的 FDI 流入存量规模较之于东南亚内部其他国家均排名前列，老挝和柬埔寨的 FDI 增速也分别高达 10.0% 和 16.4%。东南亚经济的崛起，引发了中国"世界工厂"地位将被取代的担忧。然而中国经济的成长背后，反映出的深刻逻辑是中国庞大的供应链网络带来的规模优势，这种优势是任何一个东南亚国家都无法与中国竞争的，所以它们可能承接从中国供应链中溢出的一部分生产环节，但无法取代中国制造的中心地位（施展，2020）。因此本轮"产业转移"的本质是"溢出"，是以中国为中心的供应链网络的进一步规模扩张，不但不会对中国构成威胁，反而更加突出了中国在生产网络的中心地位，有助于中国与周边国家开展更为紧密的区域合作，形成区域优势，从而实现企业价值链的高端攀升。"一带一路"倡议的提出，既符合我国与周边国家密切开展经贸合作，共同打造区域经济一体化的理念，也契合了此轮产业转移的背景，是我国转变经济发展方式实现国内企业升级的伟大构想。我国企业要充分利用国际产业转移的机会加强同国际企业的合作与竞争，从中进行技术和管理学习培植自己的自主创新能力，从而加快企业的转型升级（毛蕴诗和汪建成，2006）。

大湄公河次区域，不仅是"一带一路"建设的先行区域，也是承接本次产业转移的重要国家，尤其是其中的泰国、越南在本次产业转移中实现了经济的崛起。此轮产业转移使各国在生产工序的不同分工上所创造的价值发生了深刻变化，极大地改变了 GMS 各国的经济形态，为 GMS 各国经济发展带来机遇的同时，也为中国制造业转型升级创造了有利条件。因此，为了更好地开展区域合作，加快实现我国制造业企业升级的进程，在全球产业转移快速推进与全球地缘政治格局关系深刻调整的背景下，有必要重新探究 GMS 区域合作视角下制造业企业价值链升级的影响因素。

一、影响微观企业价值链升级的因素

对企业升级路径的探究，大致可分为两种，一种是对价值链升级路径的探究，自 Gereffi（1999）最早将企业升级定义为价值链内部附加值从低到高转变的过程后，基于不同视角对企业价值链升级模式的探讨和可行性分析开始增多。胡国恒（2013）从利益博弈的角度指出本土企业依靠价值链的低端升级是不可持续的，获得具有制度性优势的知识资本才是本土企业实现高端升级的可行途径；原小能（2012）、杨英楠（2015）基于外包视角，从文思创新和海尔集团外包成功的案例分析中指出通过向外包企业学习，利用外包组织间知识流动将是推动我国企业价值链升级的重要途径；裴秋蕊（2017）基于互联网经济时代背景提出了能有效实现中小企业价值链升级的三种模式：技术进步协同品牌发展、集群化的产业链延伸及"互联网+"实现市场多元化。另一种是依托产业集群的升级路径探究，如陈瑾和张蔓菁（2009）基于金融危机影响效应的判断，提出了我国中小企业产业集群升级的分层梯度式特色模式和政策体系设计；孙卫东（2019）从商业模式创新系统构建的角度探讨了中小企业实现集群协同创新的升级路径；因产业集群对集群内企业同时具有技术扩散效应和技术外溢效应，有助于企业在 GVC中实现转型升级（Giuliani，2005），多数学者在对集群企业升级的路径探究时常与价值链相结合，如代文彬等（2012）以管理协同理论为基础提出了集群龙头企业通过全球价值链和国家价值链协同促进集群跨越式升级的具体模式；彭迪云和刘彩梅（2011）指出集群企业通过改变自身在价值链中嵌入的位置和组织方式来实现升级；孙健和马立强（2011）通过对价值链理论演变的梳理，指出以信息为主导的"内涵式"升级模式是企业集群的发展现实选择。

对企业升级的影响因素的研究，可以大致概括为内部因素和外部因素。内部因素主要围绕企业研发能力、管理能力、企业家精神、企业文化、人力资源水平和企业规模等展开：Hu（2001）和 Simona（2012）分别强调了研发投入和研发强度对企业转型升级的重要性；汪建成和毛蕴诗（2007）通过对比研究两家背景相似的卫浴五金企业的升级过程得出构建先进研发能力是两家企业升级成功的关键因素；陈明森等（2012）的研究表明企业家精神是影响产业升级的最关键因素；杨桂菊（2010）基于案例分析指出，合作研发、高层领导的创新精神、本土市场的自创品牌经验均是促进 ODM 升级到 OBM 阶段的关键因素；T-Manzakoğlu和 Özlem（2018）从管理能力视角指出，自身管理体系的设计能力对 GVC 嵌入企业转型升级的重要影响；邱红和林汉川（2014）的研究表明技术水平、人力资源开发能力和融资能力共同决定了 OEM 企业转型升级的路径模式；杨桂菊和刘善海（2013）认为"脚踏实地、以人为本"的企业文化能够调节企业转型升级的过程；此外，企业规模、企业人力资源、本地企业家能力、技术创新能力、知识内部化及资本化能力等因素均能显著促进企业 GVC 升级（孔伟杰，2012；韩明华和陈汝丹，2014）。外部因素主要围绕政府政策、区域状况、市场需求与企业的良好合作等展开分析，如 Lall（1991）、Hausmann 等（2007）、毛蕴诗等（2009）和 Achabou（2017）等的研究表明政府主导下制定的扶持和管制政策、产业政策、地方政策及环境政策对企业转型升级具有重要作用；此外，投资供给、需求、政府支出和区域交通、通信网络、配套设施等基础设施均是影响企业升级的重要因素（孙军，2008；梁树广，2014）。部分学者将内外部因素相结合进行分析，将外部因素概括为竞争环境、政府政策、市场需求等，内部因素概括为企业的关键资源和能力，如创新人才、企业家精神和品牌意识等（毛蕴诗等，2010；王一鸣和王君，2005）。

本节在价值链重构的背景下，重新审视 GMS 区域合作视角下的企业升级；并利用企业调查问卷探究影响企业价值链升级的因素。

二、GMS 微观企业价值链升级的因子分析

（一）问卷设计

本次问卷分为 A、B 两部分，A 为基本部分，包括企业概况和企业经营情况；B 为量表部分，是对企业价值链升级影响因素的评分情况，通过对以上企业价值链升级影响因素研究的梳理，总结出多种可能对企业价值链升级有影响的因素，构建两个维度—六大特征项影响因素分析框架（见表6-1），并采用李克特

5 分量表评价法对影响因素进行评价，1 代表完全负面影响，2 代表轻微负面影响，3 代表无影响，4 代表轻微正面影响，5 代表完全正面影响。本研究分别对位于 GMS 的代表性国家中国、泰国、越南的 100 家制造业企业发放调查问卷 100 份（每个企业一份问卷），共收回 93 份，问卷回收率为 93%，有效问卷 86 份，问卷有效率为 92.47%。

表 6-1　企业价值链升级影响因素

影响因素	指标	指标序号	问卷描述
内部因素	企业规模	X_1	年营业收入
		X_2	资产总额
		X_3	员工人数
	企业人力资源	X_4	员工文化水平
		X_5	员工培训
		X_6	员工支持
		X_7	人才激励制度
	企业研发能力	X_8	机械设备先进
		X_9	研发资金投入
		X_{10}	研发团队实力
		X_{11}	与高校科研机构合作
	企业家能力	X_{12}	企业家价值观
		X_{13}	企业家个性
		X_{14}	企业家管理能力
		X_{15}	企业家预测能力
外部因素	政府政策	X_{16}	融资政策
		X_{17}	优惠政策
		X_{18}	转型政策
	区域状况	X_{19}	地区经济发展水平
		X_{20}	交通运输状况
		X_{21}	人力资源充裕度
		X_{22}	地理位置及优势资源

（二）问卷数据的初步分析

使用 SPSS25，以 Cronbach Alpha 系数作为信度评判标准对问卷整体及各维度进行信度检验，结果显示调查问卷信度良好（见表6-2）。采用 KMO 样本测度法和 Bartlett 检验法，得到 Bartlett 值为 1331.554，df=231，sig=0.000，KMO 值为 0.83，说明问卷具有良好的效度，且 KMO 值大于 0.7，说明本书的指标适合进行因子分析。然后采用因子分析法及最大公差旋转法提取因子。经过软件处理得到 6 个公因子，分别用 F_1~F_6 表示，其中 F_1 代表企业人力资源、F_2 代表区域状况、F_3 代表企业家能力、F_4 代表企业研发能力、F_5 代表政府政策、F_6 代表企业规模，这 6 个公因子的累计方差解释率为 76.967%，整体说明因子分析提取效果较好。

表 6-2　因子分析结果

因子序号	指标	Cronbach'α 值
F_6	企业规模	0.650
F_1	企业人力资源	0.926
F_4	企业研发能力	0.774
F_3	企业家能力	0.835
F_5	政府政策	0.851
F_2	区域状况	0.931

（三）构建评价模型

采用回归法对问卷进行进一步分析，得到因子得分系数矩阵（见表6-3），以考察各指标对评价模型中各因子的重要程度，进而计算出对各因子得分的评价结果。

根据表6-2，可以得出各因子得分的计算公式如下：

$$F_1 = -0.066X_1 - 0.077X_2 + 0.004X_3 + \cdots + 0.040X_{21} + 0.056X_{22} \tag{6-1}$$

$$F_2 = 0.106X_1 - 0.025X_2 - 0.063X_3 + \cdots + 0.259X_{21} + 0.216X_{22} \tag{6-2}$$

$$F_3 = 0.261X_1 + 0.065X_2 - 0.157X_3 + \cdots - 0.038X_{21} - 0.117X_{22} \tag{6-3}$$

$$F_4 = -0.008X_1 - 0.008X_2 - 0.065X_3 + \cdots - 0.024X_{21} - 0.012X_{22} \tag{6-4}$$

$$F_5 = -0.225X_1 - 0.060X_2 + 0.140X_3 + \cdots - 0.043X_{21} + 0.011X_{22} \tag{6-5}$$

$$F_6 = 0.008X_1 + 0.465X_2 + 0.616X_3 + \cdots - 0.054X_{21} - 0.100X_{22} \tag{6-6}$$

以各公因子的方差贡献率/累计方差贡献率为权重，构建综合因子 F，其表达式为：

$$F = 0.2110F_1 + 0.200F_2 + 0.185F_3 + 0.147F_4 + 0.136F_5 + 0.0950F_6 \tag{6-7}$$

表 6-3　因子得分系数矩阵

指标序号	因子					
	1	2	3	4	5	6
X_1	-0.066	0.106	0.261	-0.008	-0.225	0.008
X_2	-0.077	-0.025	0.065	-0.008	-0.060	0.465
X_3	0.004	-0.063	-0.157	-0.065	0.140	0.616
X_4	0.265	0.017	-0.065	-0.048	-0.100	0.106
X_5	0.325	-0.027	-0.069	-0.107	0.021	-0.031
X_6	0.329	-0.019	-0.072	-0.053	-0.070	0.007
X_7	0.277	-0.056	0.078	-0.056	-0.054	-0.135
X_8	-0.152	0.049	0.006	0.318	-0.038	0.049
X_9	-0.053	-0.080	-0.065	0.445	0.011	-0.037
X_{10}	-0.020	0.015	-0.083	0.373	0.007	-0.065
X_{11}	0.134	-0.275	-0.025	0.252	0.155	-0.180
X_{12}	-0.045	-0.007	0.289	-0.024	-0.021	-0.066
X_{13}	-0.050	0.012	0.350	-0.099	-0.068	-0.075
X_{14}	-0.068	-0.039	0.291	0.048	-0.070	0.005
X_{15}	0.014	-0.177	0.252	-0.067	0.130	-0.055
X_{16}	-0.071	-0.043	0.038	0.001	0.329	0.032
X_{17}	-0.029	0.000	-0.072	-0.013	0.358	0.074
X_{18}	-0.054	-0.057	-0.127	0.009	0.468	0.023
X_{19}	-0.064	0.308	-0.012	-0.020	-0.007	-0.128
X_{20}	-0.062	0.279	0.032	-0.017	-0.049	-0.023
X_{21}	0.040	0.259	-0.038	-0.024	-0.043	-0.054
X_{22}	0.056	0.216	-0.117	-0.012	0.011	0.100

（四）分析结果与评价

根据问卷调查数据，按规模大小和行业要素密集度进行分类计算出各分类指标评价得分的平均值（见表 6-4），并将分类后的各项指标均值代入因子得分计算公式，得到影响因素评价指标的因子得分及总得分（见表 6-5）。

表6-4　评价指标得分

	企业规模				行业要素密集类型			
	小型	中型	大型	平均值	劳动密集型	资本密集型	技术密集型	平均值
X_1	4.35	4.21	3.93	4.17	4.25	4.60	3.86	4.24
X_2	4.00	3.86	3.89	3.92	4.00	4.40	3.70	4.03
X_3	3.73	3.79	3.33	3.61	3.75	3.80	3.48	3.68
X_4	4.27	3.86	3.98	4.03	4.13	4.20	3.84	4.06
X_5	4.19	3.93	4.15	4.09	4.25	4.40	3.96	4.20
X_6	4.19	3.86	3.96	4.00	3.88	4.20	3.82	3.97
X_7	4.19	4.14	3.96	4.10	4.00	4.40	3.78	4.06
X_8	4.23	4.36	3.85	4.15	4.25	4.60	3.98	4.28
X_9	4.12	4.29	4.00	4.13	4.25	4.40	4.06	4.24
X_{10}	3.92	4.14	3.89	3.99	4.13	4.20	3.80	4.04
X_{11}	3.54	3.79	3.74	3.69	3.5	3.40	3.68	3.53
X_{12}	4.31	4.43	3.89	4.21	4.63	4.20	3.82	4.22
X_{13}	4.08	4.00	3.61	3.90	4.25	4.00	3.58	3.94
X_{14}	4.42	4.43	4.07	4.31	4.50	4.40	4.02	4.31
X_{15}	4.19	4.29	3.74	4.07	4.13	4.00	3.78	3.97
X_{16}	3.77	4.07	3.67	3.84	3.88	4.40	3.52	3.93
X_{17}	3.73	4.07	3.96	3.92	4.13	4.60	3.72	4.15
X_{18}	3.42	3.71	3.83	3.65	4.13	3.60	3.66	3.8
X_{19}	3.77	3.64	3.91	3.78	3.88	4.60	3.58	4.02
X_{20}	3.92	3.71	3.78	3.81	3.88	4.60	3.50	3.99
X_{21}	3.96	3.71	3.72	3.80	3.88	4.00	3.56	3.81
X_{22}	3.92	3.93	3.80	3.89	3.75	4.20	3.68	3.88

表6-5　因子得分及排序

分类	F_1	F_2	F_3	F_4	F_5	F_6	F	排序
小型	2.68	1.61	3.54	3.24	2.61	2.42	2.60	$F_3>F_4>F_1>F_5>F_6>F_2$
中型	2.35	1.33	3.50	3.57	3.14	2.37	2.59	$F_4>F_3>F_5>F_6>F_1>F_2$
大型	2.60	1.53	2.95	3.26	3.01	2.17	2.49	$F_4>F_5>F_3>F_1>F_6>F_2$
劳动密集型	2.39	1.54	3.56	3.39	3.15	2.43	2.63	$F_3>F_4>F_5>F_6>F_1>F_2$
资本密集型	2.50	2.15	3.39	3.49	3.05	2.64	2.76	$F_4>F_3>F_5>F_6>F_1>F_2$
技术密集型	2.46	1.31	2.93	3.33	2.89	2.23	2.42	$F_4>F_3>F_5>F_1>F_6>F_2$

根据表6-5可知，在三种不同规模类型的企业中，企业研发能力和企业家能力排名均靠前，在影响企业价值链升级的影响因素中占有举足轻重的地位，小型企业最看重企业家能力，中大型企最看重企业研发能力。对于小型企业而言，人力资源的排序大于政府政策，其次再大于企业规模；而在中大型企业中，企业规模的作用大于人力资源，说明小型企业由于规模较小，规模经济发挥的经济效益有限，远不如规模较大的企业，因而更看重人力资源对企业获利的影响。对于中大型企业而言，政府政策的作用不容小觑，政府政策在中型企业中的排名优先于企业规模和人力资源，在大型企业中，不仅优先于企业规模，甚至超过企业家能力，排名第二，说明政府政策对规模越大的企业影响越大。区域状况在所有规模类型的企业中排名最后，说明在影响企业价值链升级的所有因素里，区域状况的作用是最弱的。

按行业要素密集度来看，企业家能力、企业研发能力、政府政策的得分排序均位列前三，企业人力资源和企业规模排名次之，区域状况同样排在末位。资本密集型和技术密集型企业相对于劳动密集型企业更加看重企业研发能力，认为企业研发对企业利润的获取至关重要。技术密集型企业相比于劳动密集型和资本密集型企业本身对高技术人才有着较高的需求，高质量的人力资本能对企业价值链升级发挥出更大的价值效应，因此企业更加看重人力资源，在排序上也高于企业规模。综上可以看出，众多企业普遍认为企业家能力、企业研发能力是影响企业价值链升级最重要的内部因素，而政府政策是影响企业价值链升级最重要的外部因素。

此外，从表6-4对各项指标评价得分的平均值可以看出，在企业规模的三个指标（$X_1 \sim X_3$）中，指标X_3得分较低，说明影响价值链升级的规模因素更多地反映在年营业收入和资产总额上，而不是员工数量；企业人力资源的四个指标（$X_4 \sim X_7$）中，X_4和X_6得分较低，说明企业在提高员工文化水平和获得员工支持方面还有待完善，而员工培训和人才激励制度是企业目前实现价值链升级的主要途径；企业研发能力的四个指标（$X_8 \sim X_{11}$）中，X_{10}和X_{11}得分较低，说明多数企业研发团队实力不足，且与高校和科研机构合作的效果甚微。根据问卷设计的A部分可知，有超过半数的企业（54.65%）根本没有与高校或科研机构进行合作，与高校或科研机构进行合作的企业中采取委托开发（18.60%）或将研发中心设在企业内部（18.60%）的占比较高，其次是通过聘请兼职或技术顾问（10.47%）或选择将研发中心设在高校或研究机构（9.30%），只有少数企业会通过购买外来的技术获得研发支持（4.65%）。企业家能力的四个指标（$X_{12} \sim$

X_{15}）中，X_{13} 和 X_{15} 得分相对较低，说明企业家价值观和企业家管理能力相较于企业家个性和企业家的预测能力对企业价值链升级能力的提升更为重要；政府政策的三个指标（$X_{16} \sim X_{18}$）中，X_{16} 得分相对较低，说明目前政府为企业提供的转型环境、融资政策和优惠政策的影响效应，有待进一步优化；区域状况的四个指标（$X_{19} \sim X_{22}$）得分均较低，说明包括交通运输状况、地区经济发展水平、人力资源充裕程度、地理位置及优势资源等在内的区域因素均不是影响企业利润最主要的因素。

第二节　影响 GMS 制造业价值链升级的宏观因素

改革开放以来，中国凭借自身的比较优势嵌入发达国家主导的全球价值链，从发达国家对后发国家技术转移和技术溢出中获益，虽然在一定程度上实现了产业升级，但同时也面临诸多困境与风险：前端面临发达国家竞争者出于保护自身优势设置的多重进入壁垒，后端面临更低要素价格潜在竞争者的加入引发的价格竞争，陷入了"前有壁垒，后有追兵"的窘境（刘志彪和张杰，2009；梁颖和卢潇潇，2019）。在这种背景下，刘志彪等提出通过构建国家价值链，实现由俘获式全球价值链向均衡式全球价值链的转变，以此提升在全球价值链中的地位。然而，构建国家价值链并非易事，一方面，全球价值链中"两头在外"（产品设计和消费品市场在国外）的外向发展模式本身就受制于国际订单、产品参数和技术标准等一系列因素，在一定程度上弱化了本土制造业与国内市场的产业关联，甚至使国内产业关联体系发生"断点"，削弱了构建国家价值链的基础；另一方面，简单地纳入国家价值链也会给国内带来区域发展不均衡、不协调以及资源过度消耗等严重问题（王海杰和吴颖，2014；刘志彪和于明超，2009）。由此可见，中国产业实现产业升级的这两条路径都无法有效提升产业的国际竞争地位，长期的 GVC "低端锁定"还会带来巨大的风险（周绍东等，2017）。对此，部分学者提出了构建一条以中国为主导，能够充分发挥中国自身产业优势，充分利用周边国家的市场需求和资源禀赋，与周边国家优势互补，共同发展、开放包容的区域价值链，以此实现产业升级。

大湄公河次区域作为亚太地区前景可观的经济发展与投资开发热点区域自成立以来就致力于开展区域经济合作，但受限于区域特殊的政治和经济问题，各方利益协调障碍重重，一直未取得实质性进展。亚洲金融危机以后，各国从经济重创中幡然醒悟，强烈地意识到发展中国家也必须依靠经济合作才能走出困境，构建GMS经济合作发展体系是东南亚经济发展的一条捷径，更是各发展中国家抵御发达国家经济控制、维护经济安全的重要方式（赵嵘，2020）。此后，各国强化经济合作主体共识并深入推进GMS合作，GMS区域经济合作步入正轨。一直以来，我国与GMS的其他国家始终保持着良好的经济贸易往来，建立了和谐融洽的合作关系。2013年"一带一路"倡议提出，为区域合作带来崭新的历史机遇。GMS作为融入"一带一路"建设的先行区，将是中国构建区域价值链体系的优先对象。一是自GMS成立以来，双方在多个领域开展了一系列卓有成效的经贸合作，奠定了坚实的经贸合作基础；二是GMS各国位置毗邻，水陆交通便利，地理优势显著；三是中国已具备了能够从事高附加值环节生产的研发能力与技术水平，能够主导价值链的后发优势；四是中国与GMS各国具有相似的文化传统，更容易在合作交流上达成共识（魏龙和王磊，2016）。本节借鉴董虹蔚和孔庆峰（2018）的做法，在Wang等（2017b）的基础上构建区域价值链，探究GMS区域合作背景下，以中国为主导的制造业结构升级的路径和作用机制，为提高中国制造业在全球价值链分工中的地位和产业结构的调整升级提供更有实践价值的建议。

近年来基于构建区域价值链实现产业升级之路的探索成为了学术界研究的热门。周绍东等（2017）通过测算"一带一路"五个代表国的RCA指数和贸易地位，指出通过主动地构建区域价值链，有针对性地选择某些特定产业进行互补性的分工合作才是中国产业升级的最优之选。魏龙和王磊（2016）采用WIOD数据和KPWW法，利用RCA指数、RGVCA指数和价值链指数等，从价值链转换的条件以及转换后的影响这两个角度探究"一带一路"倡议的经济可行性，并得出"一带一路"倡议主导区域价值链在经济上的可行性。董虹蔚和孔庆峰（2018）利用Wang等（2017b）的全球价值链参与度、生产长度和生产位置的指标，测算了金砖国家产业合作特征和发展趋势，并指出在区域价值链下，金砖国家之间具有更多的合作潜力和合作动力。李惠茹和陈兆伟（2018）、吴博（2020）基于出口增加值分解，构建RCA指数、地位指数等，以"一带一路"倡议为背景，探索构建区域价值链实现产业升级的可行性，以及构建路径选择和对中国产业升级的作用机制等，为中国产业结构的调整升级提供了更有实践价值的建议。张彬（2018）以中印构建区域价值链为背景，认为两者之间有着较强的互补合作空间，双方加强经贸联系有助于各自比较优势的发挥，拓展和深化区域价值链，增强经济发展的自主性和收益。熊彬和范亚亚（2020）从前向和后向参与度、简单和复杂生产链长度视角探讨东亚区域价值链背景下中国制造业分工地位及提升路径。

目前对全球价值链进行测算的方法大致可分为以下三种：第一，基于企业调查数据和贸易数据对单个产品或单个产业进行研究。例如，Dedrick 等（2010）和 Ali-Yrkkö（2011）等利用企业调查数据针对苹果手机和诺基亚手机等的案例分析；Upward 等（2013）、Kee 和 Tang（2016）与张杰等（2013）利用中国海关数据和中国工业企业数据库进行匹配，对中国企业、行业和总体的出口增加值率（Domestic Valued-Added Ratio, DVAR）进行研究进而测算中国企业的出口增加值。第二，利用单国投入产出模型对一个国家进行分析。Hummels 等（2001）最早提出垂直专业化测算框架，并构建了垂直专业化分工指数（VS），即通过计算进口中间投入在一国出口产品中的比重来衡量该国参与国际分工的程度（HIY 方法）。第三，从区域或全球角度利用国际投入产出模型进行整体分析，能够刻画全球化分工下各经济体之间的产业关联及生产分布，因此，更优于单国的投入产出模型。Daudin 等（2011）将最终产品的附加值按来源国进行分配，测算了出口额中的进口投入比例、出口后再加工出口到第三国的比例和加工后再出口回到母国的比例。Johnson 和 Noguera（2012）采用 GTAP 数据库，用出口附加值与总出口的比例（VAX 率）来衡量贸易中的附加值成分，发现发达国家出口产品的VAX 率较发展中国家高。Koopman 等（2014）整合 Hummels 等（2001）、Johnson 和 Noguera（2012）提出的垂直专业化测度方法，提出了附加值贸易的测算框架（KWW），基于增加值贸易核算体系把总出口分解成九项。但是 KWW（2014）的总出口九项分解公式局限于国家层面，无法深入到部门层面。于是王直、魏尚进和祝坤福（2015）进一步把总出口公式拓展到双边部门（行业）层面，形成 16 项部门层次的总出口分解公式。此后，Wang 等（2017a，2017b）对此进行突破性的改进，对生产长度（阶段数）、生产位置（上下游）进行了系统全面的研究，构建了前后项参与度和分工地位指数（GVCPt、GVCPs）。

一、影响价值链升级的宏观因素分析

（一）价值链升级理论

Ernst（1998）最早提出"产业升级（Industrial Upgrading）"的概念，此后，产业升级先后经历了"产业结构调整"和"价值链升级"两种思路，而"价值链升级"思路涵盖的内容更加全面，也更接近产业升级的本质，成为众多学者研究产业升级的重点方向（陈羽和邝国良，2009）。Gereffi（1999）认为价值链思路下的产业升级的路径遵循"工艺升级→产品升级→功能升级→链际升级"的顺序。工艺升级是指企业通过技术水平的提高改善生产效率，更高效地将投入转化为产出，达到更低的废品率、更快的存货周转、更高的生产率等。产品升级是指通过技术革新加快产品更新换代的速度；功能升级是指从事附加值更高的环节，获取价值链上更好的功能，提升整体功能。链际升级是指利用已有的技术知识，转向更高级的产品生产中，应用于附加值更高的价值链中。

企业嵌入全球价值链后，会通过"主动效应"和"被动效应"发生转变从而实现产业升级。"主动效应"是指为达到全球价值链上的各种标准来主动提高自身技术与市场进入能力从而更具市场竞争力。"被动效应"是指为应对来自各方的竞争压力，被迫做出突破关键技术、提高生产技能的变革（Kaplinsky，2002；Humphrey，2002）。综上所述，全球价值链下的产业升级，是指将某国或某个地区的产业视为全球价值链的一个构成部分，企业通过嵌入全球价值链或进一步提升位势的方式获取技术进步与市场联系，提高市场竞争力，获得更高增加值，从而使得所属区域内企业以及产业整体在一条价值链或不同价值链间实现升级的过程（梁颖和卢潇潇，2019）。

（二）全球价值链分工地位的影响机制

从企业内部因素、外部因素两个角度来分析影响全球价值链分工地位的因素理论机理。根据已有文献研究成果，总结出企业内部主要有全球价值链参与度、人力资本水平、技术创新水平和物质资本水平等因素，外部因素主要有制度质量、外商直接投资等因素。据此，主要从这六个方面来分析影响一国全球价值链分工地位因素的理论机理。

1. 全球价值链参与度

一国某一产业无论是通过作为中间品出口供给方的上游环节还是作为中间品进口需求的下游环节嵌入全球价值链参与国际分工，对于考察其在国际分工中所处地位来说都是一种重要的衡量指标。处于价值上游环节的一国某产业，其全球价值链的前向参与度高于后向参与度，往往获得较高的附加值，具有较高的分工地位。而处于下游环节的产业，其全球价值链的后向参与度高于前向参与度，往往获得较低的附加值，具有较低的分工地位。但从整体看，无论是前向参与度的提高还是后向参与度的增加都是一国某产业积极嵌入全球国际分工的表现，都能给一国带来收益，反映一国在全球价值链中的分工地位。

2. 人力资本水平

人力资本是影响制造业全球价值链地位攀升的重要因素。首先，人力资本水平的提高会优化人力资本结构，提高高技术劳动力占比。高质量的劳动生产力会极大地提高制造产业的生产效率，扩大企业的出口规模，提高出口产品的国内附加值，进而提升制造业在全球价值链的分工地位。其次，人力资本水平的提高在优化人力资本结构的同时，会催生出新的工作岗位与之匹配，中高技术产业就业比重提高，在一定程度上优化产业结构，促进产业升级。最后，人力资本的优化会提升国内高技术从业人员学习国外先进技术和管理经验的能力，提高国内资源配置效率，增强企业引进和吸收国外先进技术的效率，提高全要素生产率，实现技术进步和生产升级，从而促进全球价值链分工地位的提升。随着全球价值链分工模式的精细化发展，各国在价值链条上的利益竞争日渐激烈，参与者附加值利得因产品部件或服务重要程度的不同，高级人力资本掌握的科技与知识是决定增加值获取量的核心要素。因此，不断提升人力资本的异质性水平、知识储备与科技含量，建立高水平员工队伍是应对劳动力分工变化等外部冲击以及提升全球价值链分工地位的有效之举。

3. 技术创新水平

研发创新是价值链思路下实现工艺升级和产品升级的基础，是推动价值链分工地位向上攀升的重要力量（郑传均和曹政，2018）。一方面技术创新可以通过改进工艺方法和改良生产设备等，减少要素的投入及缩短生产时间，提高设备利用率，实现高效的生产。生产效率的提升可以降低企业的生产成本，给企业的产品出口带来竞争优势，增加企业在国际贸易中获取的附加值，从而提高其在全球价值链中的地位。另一方面，技术创新会加快产品更新换代的速度，优化出口结构，提高出口产品的国际竞争力，提升产业在全球价值链中的分工地位（刘仕国等，2015）。此外，产业间通过知识互通，产生技术溢出，最后使得创新资源和创新成果在不同产业间重新配置，促进产业结构升级，进而提升一国产业嵌入全球价值链的分工地位。但是由于各国技术创新环境、创新能力的差异，导致创新效率的不同，从而对制造业全球价值链地位升级的影响存在异质性。

4. 物质资本水平

物质资本水平是指机器、设备、厂房等长期存在的生产物资形式，一国物质资本水平越高，表明该国拥有先进的机器设备、优质的生产经营环境、先进的技术研发平台。以优越的物质基础参与国际分工能够显著提高一国资源配置效率，改善出口结构，有利于制造业全球价值链分工地位的提升。但是，物质资本水平常存在边际递减效应，处在不同发展阶段的不同发展水平经济体对全球价值链地位的影响往往不尽相同。对于发达国家，物质资本的大量投入会挤占技术研发和人力资本的资源，对制造业升级不利。对于发展中国家，物质资本积累是促进发展中国家攀升全球价值链的基础条件，但是物质资本需要与人力资本相互配合、有效地配置资源，才能发挥出更好的作用。否则，由于市场机制不健全以及价格信号扭曲的存在，物质资本水平的提高可能会造成资本浪费，加剧资源配置不均衡现象，从而不利于制造业全球价值链地位升级。

5. 外商直接投资

外资的流入对一国的发展是一把双刃剑，有利也有弊。利的方面表现在：第一，外资的流入为企业带来大量的出口交易机会，在为企业出口金额的增长作出了巨大贡献的同时，也不可避免地向发展中国家引入了先进的技术工艺和管理经验，吸引发展中国家进行观察、模仿和学习，有助于发展中国家自身能力水平的提升；第二，外资企业的进入会加剧本土企业的竞争，刺激技术外溢，有助于企业加快研发进度、引进新技术、开发新产品、完善管理制度、调整产业结构等，从而促进产业结构升级。弊的方面表现在：第一，对于处于价值链低端主要进口其他国家中间品，从事加工组装的发展中国家而言，外资的流入可能并没有发挥出发达国家技术的示范效应以及扩散效应，并带来技术溢出，反而会令产业陷入低端锁定，不能有效促进制造业全球价值链地位升级；第二，外资的大量流入会进一步加剧本土企业地区发展不平衡；第三，外资向本土企业转移污染源，为国内带来高昂的环境成本等突出问题。

6. 制度质量

一方面，高质量的制度环境能够减弱市场的不确定性，避免投资中出现"敲竹杠"问题，降低企业的交易成本。交易成本的降低将有助于吸引更多外商投资到专业性较高的生产环节，提高产业分工生产的层次，生产转向高附加值收益，从而提升全球价值链的分工地位。另一方面，良好的制度环境意味着规范的商业竞争环境和良好的市场监管机制，这将有助于企业更好地参与国际合作，提高其在全球价值链中的参与度，从而提升分工地位。此外，良好的制度环境还有助于优化研发环境提高技术创新的效率，加快技术开发与应用的步伐，提升产业的国际分工地位。但这些促进作用都会受到如跨国企业具体的全球生产策略、本国企业自身实力等一些不确定的现实因素影响，这些也将在一定程度上抵消制度优势带来的促进作用。制度质量的改进对提升价值链分工地位具有门槛效应，制度质量越过门槛值之后，参与全球价值链对制度质量较低国家的制造业国际竞争力提升作用更加明显，也更为重要（陈立敏等，2016）。

二、GMS 全球价值链与区域价值链测度[①]

（一）GMS 各国制造业 GVC 地位指数

假设 G 国家 N 部门的世界经济体，用 A^D（A^F）表示国内（外）投入系数矩阵，Y^D（Y^F）表示国内（外）最终产品需求矩阵，E 表示总出口矩阵，则总产出矩阵 X 按下式可分解为：

$$X=AX+Y=A^DX+Y^D+A^FX+Y^F=A^DX+Y^D+E \tag{6-8}$$

同时引入国内生产的里昂惕夫逆矩阵 L 和世界生产的里昂惕夫逆矩阵 B，并在等式两边同时乘以增加值矩阵 V，可以将式（6-8）变换为：

$$X=(I-A^D)^{-1}Y^D+(I-A^D)^{-1}E=LY^D+LY^F+LA^FX \tag{6-9}$$

$$\hat{V}B\hat{Y}=\hat{V}L\hat{Y}^D+\hat{V}L\hat{Y}^F+\hat{V}LA^FB\hat{Y}=\hat{V}L\hat{Y}^D+\hat{V}L\hat{Y}^F+\hat{V}LA^FL\hat{Y}^D+\hat{V}LA^F(B\hat{Y}-L\hat{Y}^D) \tag{6-10}$$

$\hat{V}B\hat{Y}$ 矩阵是对一国总增加值生产的完整分解，$\hat{V}B\hat{Y}$ 矩阵的行加总是基于前向生产联系解释一国某产业生产的增加值去了哪些下游国家/产业；列加总是基于后向生产联系解释一国某产业生产的增加值来源于哪些上游国家/产业。式（6-10）将一国的增加值生产活动分成了四个部分：$\hat{V}L\hat{Y}^D$ 表示纯国内生产活动，即在本国生产并在本国消费的增加值，不涉及跨境流动。$\hat{V}L\hat{Y}^F$ 表示传统贸易生产活动，即本国生产的增加值嵌入最终品出口中，最终被进口国消费，增加值仅跨境流动一次。$\hat{V}LA^FL\hat{Y}^D$ 表示简单 GVC（GVC_S）生产活动，即本国生产的增加值嵌入中间品出口中，最终被直接进口国消费，不存在再出口的生产活动，增加值跨境流动一次。$\hat{V}LA^F(B\hat{Y}-L\hat{Y}^D)$ 表示复杂 GVC（GVC_C）生产活动，即本国生产的增加值嵌入中间品的出口中，出口的增加值被进口国用来生产出口品，增加值跨境流动至少两次。

根据总生产活动的分解，可以构造出区分前后生产联系的 GVC 前向参与度指数（GVC_{t_f}）和 GVC 后向参与度指数（GVC_{t_b}），反映一国生产参与 GVC 分工的程度，即 GVC 生产活动占总生产活动的比重。

$$GVC_{t\_f}=\frac{\hat{V}LA^FLY^D+\hat{V}LA^F(BY-LY^D)}{\hat{V}BY} \tag{6-11}$$

$$GVC_{t\_b}=\frac{\hat{V}LA^FL\hat{Y}^D+VLA^F(B\hat{Y}-L\hat{Y}^D)}{\hat{V}BY} \tag{6-12}$$

[①] 参见屠年松，贾凤．区域价值链视角下影响大湄公河次区域制造业升级因素研究［J］．学术探索，2022（1）：98-108．

生产链长度（PL）衡量的一国一单位的增加值被计入另一国其他部门总产出的平均次数，反映的是产品生产链的复杂程度。在国家层面，前向生产链长度（PL_f）衡量的是一个国家生产的增加值到最终消费品的生产阶段数；后向生产链长度（LP_b）衡量的是从初始投入一国生产的平均阶段数。

$$PL\_f = \frac{\hat{V}BBY}{\hat{V}BY} \tag{6-13}$$

$$PL\_b = \frac{VBB\hat{Y}}{VB\hat{Y}} \tag{6-14}$$

前向生产长度与后向生产长度的比值即一国总生产活动的价值链位置（Ps），该指数越大，表明一国越处于价值链分工的上游环节（Wang 等，2017b）。将GVC 生产活动的前向生产长度与后向生产长度相比可以得到该国在全球价值链生产中的位置（GVCPs）。计算公式为：

$$Ps = \frac{PL\_f}{PL\_b} \tag{6-15}$$

$$GVCPs = \frac{PL\_f\_GVC}{PL\_b\_GVC} \tag{6-16}$$

测算结果如图 6-1 所示：中国的分工地位在五国（中国、泰国、越南、老挝、柬埔寨）中最高，2007～2019 年呈现先降后升的"V"形趋势，2014 年以前，中国主要靠承接发达国家低端制造嵌入国际分工地位中，陷入"低端锁定"困境，致使分工地位下降。2014 年以后，一系列产业调整政策促进加工贸易的转型升级，国内制造部门逐渐参与复杂的中间品生产环节，全球价值链分工地位逐步向上攀升。泰国的分工地位居第二，呈现出先升后降的倒"V"形趋势。越南虽处于五国中的中游水平，但近年来凭借自身廉价丰富的劳动力资源，承接了大量发达国家及中国的产业转移，以突飞猛进之势嵌入全球价值链的分工中，加深了全球价值链的嵌入程度，国际分工地位也得到了极大的提高，并于 2017 年超过处于中下游水平的老挝。柬埔寨的分工地位处于五国中的下游位置，且近年来保持持续下降的趋势，在 GMS 价值链中形成"低端俘获"的现状。

（二）GMS 各国制造业 RVC 前后向参与度

参考董虹蔚和孔庆峰（2018）的做法，基于全球价值链参与度指数和位置指数，将一国 GVC 生产活动进一步分解为区域内价值链生产活动和区域外价值链生产活动，构建 GMS 区域价值链前向参与程度指数（RVCPt_f）和后向参与度指数（RVCPt_b）及位置指数（RVCPs）。区域价值链参与度指数衡量的是，以

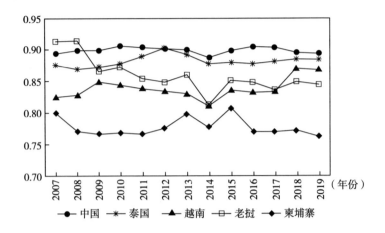

图 6-1   GMS 国制造业整体 GVC 生产位置

国内的 GVC 生产活动中 RVC 生产活动所占的比重，反映在全球价值链中，区域价值链合作的紧密程度；区域价值链的位置指数衡量的是一国区域价值链前向生产长度和后向生产长度的比值，反映了该国在区域价值链分工中的相对位置。

$$RVCPt\_f = \frac{\sum_{RVC} \hat{V}LA^F BY}{\hat{V}LA^F BY} \tag{6-17}$$

$$RVCPt\_b = \frac{\sum_{RVC} VLA^F B\hat{Y}}{VLA^F B\hat{Y}} \tag{6-18}$$

$$RVCPs = \frac{PL\_f\_RVC}{PL\_b\_RVC} \tag{6-19}$$

由图 6-2 可知：从前向生产联系的角度来看，老挝参与 RVC 分工与生产程度最高，均值为 0.312，体现了老挝初级产业与其他 GMS 国的价值链合作不断加深，越来越倾向于通过与区域内的合作将上游产业的增加值嵌入全球价值链生产，但近年来呈下降趋势。泰国处于中游水平，均值为 0.187，呈现先升后降的倒"V"形趋势。越南在 2013 年以前处于中下游水平，2013 年后开始超过泰国，其均值为 0.193。柬埔寨处于五国中最下游位置，其均值为 0.130，呈现先升后降的倒"V"形趋势，中国在区域内的前向参与度一直保持比较稳定的趋势，均值为 0.07。

由图 6-3 可知：从后向生产联系的角度来看，柬埔寨、老挝处于五国中的上游水平，其均值分别为 0.491、0.437，且一直保持上升的趋势，说明柬埔寨与老拄主要依靠区域内下游的产业合作增加值嵌入全球价值链中。同时，这两国也是全球价值链位置最低的国家，说明提升一国区域内后向参与度对提高全球价值链的分工地位不利。越南的后向参与度处于中游位置，均值为 0.257，且一直保持平稳增长趋势。泰国和中国处于最下游位置，均值分别为 0.122、0.05，大致保持平稳的发展趋势。

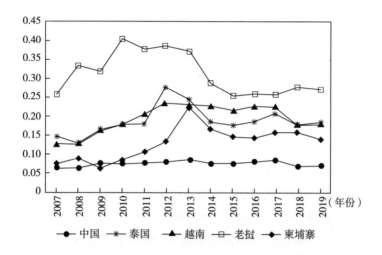

图 6-2 GMS 国制造业整体前向 RVC 参与度

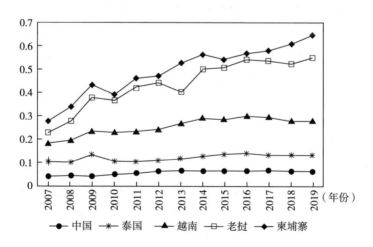

图 6-3 GMS 国制造业整体后向 RVC 参与度

通过比较 GMS 五国的分工地位和区域价值链的前后向参与度，可以发现中国和泰国虽然在区域内的前向、后向参与度均是五国中最低的，但二者的分工地位却位居第一和第二，且两者的区域前向参与度（中国0.07，泰国0.187）均大于后向参与度（中国0.05，泰国0.122）。分工地位位于中游水平的越南和老挝，其前向参与度（越南0.193，老挝0.312，柬埔寨0.130）均未超过其后向参与度（越南0.257，老挝0.437，柬埔寨0.491）。这表明一国制造业若有较大的前向参与度和相对较小的后向参与度，则GVC分工地位往往较高；一国若普遍具有较高的后向参与度和相对较低的前向参与度，则GVC分工地位处于中下游，这与乔小勇等（2017）的结论一致。

三、影响GMS制造业价值链升级因素的变量选取、数据说明及模型设定

（一）变量选取

1. 经济体的选择

考虑数据的可得性，由于缅甸的数据缺乏，选取了GMS中的五个主要成员国：中国（CHN）、泰国（THA）、越南（VIE）、老挝（LAO）、柬埔寨（CAM）。

2. 制造业的选择

2019年亚洲开发银行数据中包括全部35个行业，使用C1～C35作为标记，由于研究对象为制造业，因此选取数据范围为C3～C16，即C3（食品、饮料、烟草）、C4（纺织品）、C5（皮革和鞋类）、C6（木材制品）、C7（纸与印刷）、C8（精炼石油）、C9（化工产品）、C10（橡胶和塑料）、C11（其他非金属制造）、C12（金属制造业）、C13（机械制造）、C14（光电设备）、C15（交通运输）、C16（回收再利用）。其中，制造业行业可以分成中高端、中低端、低端三个类型，中高端行业包括C9、C13、C14、C15；中低端行业包括C8、C10、C11、C12；低端行业包括C3、C4、C5、C6、C7、C16。

3. 关键变量的选取

制造业全球价值链地位（$GVCPs$）、制造业区域价值链前后项参与度（$RVCPt\_f$、$RVCPt\_b$）分别由式（6-17）与式（6-18）计算所得。人力资本水平（hum），采用高等院校入学率来衡量。技术创新水平（cre），由于高技术出口是指研发强度高的产品，能够实际反映一国目前的技术创新水平，采用高技术出口占制成品出口的百分比来衡量。物质资本水平（fix），采用固定资产形成总额占GDP的百分比来衡量。对外开放程度（fdi），考虑到外商直接投资的滞后效应，采用滞后一期的外国直接投资净流入占GDP的比重来衡量。制度环境（ins），经济自由度水平越高，政府对市场经济的干预越少，越有利于提升产业的资源配置效率，对

产业转型升级具备一定的推动作用，本节使用经济自由度指数来衡量。

（二）数据来源与处理

选取 2007~2019 年制造业全球价值链地位（$GVCPs$）、制造业区域价值链前后向参与度（$RVCPt\_f$、$RVCPt\_b$）均基于亚洲开发银行整理数据计算所得。人力资本水平（hum）、技术创新水平（cre）、物质资本水平（fix）、对外开放水平（fdi）均直接来自世界银行数据库中的世界发展指标，制度环境指标来源于美国传统基金会数据。部分缺失数据采用插值法进行补充。

（三）模型设定

$$GVCPs_{it} = \beta_0 + \beta_1 RVCPt_{fit} + \beta_2 RVCPt_{bit} + \beta_3 hum_{it} + \beta_4 cre_{it} + \beta_5 fix_{it} + \beta_6 fdi_{it} +$$

$$\beta_7 \ln ins_{it} + I_i + T_t + \varepsilon_{it} \tag{6-20}$$

其中，i 代表国家，t 代表年份，被解释变量 $GVCPs_{it}$ 代表全球价值链的分工地位，作为制造业升级的衡量指标。解释变量：$RVCPt_{fit}$ 代表制造业区域价值链的前向参与度，$RVCPt_{bit}$ 代表制造业区域价值链的后向参与度，hum_{it} 代表人力资本水平，cre_{it} 代表技术创新水平，fix_{it} 代表物质资本水平，fdi_{it} 代表对外开放程度，$\ln ins_{it}$ 代表制度质量，I_i 代表国家的个体控制变量，T_t 代表时间的虚拟变量，β_0 是常数项向量，ε_{it} 代表随机扰动项。

四、影响 GMS 制造业价值链升级因素的实证结果分析

（一）单位根检验

由于本节数据为长面板数据，为了避免伪回归或伪相关现象，因此有必要在进行回归之前对数据进行平稳性检验，为了保证检验结果的准确性，同时采用了 LLC 和 Fisher-ADF 检验，如表 6-6 所示。检验结果显示所有的变量均通过平稳性检验，不存在面板单位根，均为平稳变量。

表 6-6　各变量 LLC 和 Fisher-ADF 单位根检验结果

变量	LLC 值	P 值	Fisher-ADF	P 值	结论
gvc	−3.2225	0.0006	35.5985	0.0001	平稳
rvcf	−1.8792	0.0301	33.0106	0.0003	平稳
rvcb	−3.2538	0.0006	28.8831	0.0013	平稳
gvc1	−7.2281	0.0000	61.4688	0.0000	平稳
gvc2	−4.9699	0.0000	63.8835	0.0000	平稳
gvc3	−6.8206	0.0000	42.6817	0.0000	平稳

变量	LLC 值	P 值	Fisher-ADF	P 值	结论
rvcf1	−2.7802	0.0027	40.6760	0.0000	平稳
rvcf2	−1.8153	0.0347	28.1881	0.0017	平稳
rvcf3	−2.0464	0.0204	34.6373	0.0001	平稳
rvcb1	−3.3026	0.0005	24.3725	0.0067	平稳
rvcb2	−2.7756	0.0028	43.0840	0.0000	平稳
rvcb3	−1.9184	0.0275	38.9183	0.0000	平稳
hum	−1.7786	0.0377	20.0462	0.0288	平稳
cre	−1.6103	0.0537	16.8649	0.0774	平稳
fix	−2.0488	0.0202	31.1483	0.0006	平稳
fdi	−3.3438	0.0004	30.428	0.0007	平稳

（二）面板数据回归结果分析

1. 影响 GMS 制造业整体行业全球价值链地位升级因素分析

针对样本国家整体回归，本节采用 OLS 加面板标准稳健误（pcse）的双向固定效应回归模型对计量模型（6-20）进行估计，结果如表6-7所示。其中，第（1）列仅考虑区域价值链的前向参与度、后向参与度与全球价值链升级的实证结果，结果显示提高区域价值链前向参与度能够显著提升该区域制造业全球价值链的分工地位，而提升区域价值链的后向参与度对全球价值链的分工地位显著不利。第（2）至第（6）列是在第（1）列的基础上依次加入其他核心影响因素变量逐个进行回归，各列的结果显示，尽管区域价值链的前向、后向参与度的估计系数大小发生变化，但是二者的系数符号没有发生改变且依然显著，进一步说明提升区域价值链的前向参与度对全球价值分工地位的正向作用以及提升区域价值链的后向参与度对全球价值链分工地位的负向作用。

表6-7 影响 GMS 制造业整体行业全球价值链地位升级因素实证结果

变量	（1）	（2）	（3）	（4）	（5）	（6）	（7）
rvcf	0.102 **	0.124 ***	0.133 ***	0.173 ***	0.189 ***	0.193 ***	0.190 ***
	(0.030)	(0.009)	(0.007)	(0.001)	(0.000)	(0.000)	(0.000)
rvcb	−0.192 ***	−0.210 ***	−0.217 ***	−0.259 ***	−0.287 ***	−0.281 ***	−0.277 ***
	(0.000)	(0.000)	(0.000)	(0.000)	(0.000)	(0.000)	(0.000)

续表

变量	(1)	(2)	(3)	(4)	(5)	(6)	(7)
hum		−0.0434*	−0.0466**	−0.0466**	0.0758**	−0.0307	−0.0315
		(0.064)	(0.044)	(0.041)	(0.018)	(0.212)	(0.191)
cre			0.0115	0.0692**	−0.0310	0.0787**	0.0763**
			(0.695)	(0.038)	(0.204)	(0.012)	(0.027)
fix				0.190***	0.213***	0.231***	0.224***
				(0.008)	(0.003)	(0.001)	(0.004)
fdi					0.337***	0.324***	0.309***
					(0.005)	(0.007)	(0.009)
lnins						0.0511	0.0483
						(0.407)	(0.382)
常数项	0.848***	0.855***	0.858***	0.834***	0.799***	0.589**	0.602***
	(0.000)	(0.000)	(0.000)	(0.000)	(0.000)	(0.019)	(0.008)
N	65	65	65	65	65	60	60
R^2	0.921	0.924	0.925	0.931	0.946	0.947	0.951

注：***、**、*分别表示在1%、5%、10%的水平下显著；括号内数值为 P 值。

从表6-7第（6）列完整的模型估计结果来看，除人力资本水平和制度质量投入外，其余5个变量至少均在5%的显著性水平下显著，说明模型中的因素确实都能显著地影响制造业 GVC 分工地位。区域价值链的前向参与度在1%的显著性水平下显著为正，表明提高区域价值链前向参与度能够显著提升该区域制造业全球价值链的分工地位。一国在价值链中的前向参与度过高表明该国主要以向其他国家提供原材料及中间品的上游环节参与价值链分工，增加值不易被发达国家俘获，因而对一国在价值链中的分工地位具有促进作用；区域价值链的后向参与度在1%的显著性水平下显著为负，表明提高区域价值链后向参与度会显著抑制该区域制造业全球价值链的分工地位。一国在价值链中的后向参与度过高表明该国主要以向其他国家获得中间品的下游环节参与价值链分工，极大限度地依赖上游中间品出口商的供给和终端消费市场的需求，因而对一国在价值链中的分工地位具有抑制作用。技术创新水平、物质资本、外商直接投资能显著提高全球价值链的分工地位。技术创新水平、物质资本、外商直接投资每提高1个百分点，制造业全球价值链分工地位相应提高0.0787、0.231、0.324。人力资本水平对制造业全球价值链的作用为负，政府质量对全球价值链的作用为正，但是均不显著。

2. 影响 GMS 制造业细分行业全球价值链地位升级因素分析

以上是基于全样本国的分析全球价值链升级的因素，实际上对于不同行业而言，影响全球价值链升级的因素将会存在差异。鉴于此，本节根据行业技术水平的差异来考察影响制造业全球价值链升级的异质性影响，结果如表6-8所示。

表6-8　影响 GMS 制造业细分行业全球价值链地位升级因素实证结果

变量	LT		LMT		MHT	
	(1)	(2)	(3)	(4)	(5)	(6)
rvcf	0.285***	0.288***	0.246***	0.255***	0.0418	0.0417
	(0.000)	(0.000)	(0.001)	(0.001)	(0.474)	(0.445)
rvcb	-0.394***	-0.384***	-0.459***	-0.470***	-0.556***	-0.558***
	(0.000)	(0.000)	(0.000)	(0.000)	(0.000)	(0.000)
hum	-0.0280	-0.0330	-0.0261	-0.0243	-0.0656**	-0.0655**
	(0.461)	(0.388)	(0.472)	(0.504)	(0.035)	(0.033)
cre	0.164***	0.159***	0.144*	0.148**	0.0750	0.0747
	(0.001)	(0.002)	(0.050)	(0.027)	(0.122)	(0.140)
fix	0.377***	0.360***	0.209	0.206	0.162	0.162
	(0.001)	(0.001)	(0.205)	(0.161)	(0.223)	(0.246)
fdi	0.126	0.0779	0.363	0.388*	-0.138	-0.134
	(0.426)	(0.639)	(0.011)	(0.092)	(0.100)	(0.618)
lnins	0.0600	0.0593	-0.218**	-0.216**	-0.136*	-0.136
	(0.462)	(0.481)	(0.042)	(0.046)	(0.117)	(0.118)
常数项	0.559*	0.566	1.989***	1.983***	1.674***	1.674***
	(0.074)	(0.103)	(0.000)	(0.000)	(0.000)	(0.000)
N	60	60	60	60	60	60
R^2	0.971	0.924	0.968	0.931	0.928	0.947

注：***、**、*分别表示在1%、5%、10%的水平下显著；括号内数值为 P 值。

区域价值链前向参与度，变量的估计系数均为正，且对于低端制造业和中低端制造业的作用显著为正，这表明深度参与区域价值链的上游环节，能显著提高 GMS 国家低技术、中低端技术制造业在全球价值链中的分工地位。GMS 国家依靠丰富廉价的劳动力资源优势和巨大的市场潜力，承接了部分发达国家主导的产业转移，获取了技术进步和市场联系，从而提升了国际竞争力。随着 GMS 各国国际贸易竞争力的逐步提升，其向其他经济体提供原料和中间品的能力也在不断增强，极大地促进了全球价值链分工地位的提升。中高端技术制造业的系数为正，但是不显著，可能原因是随着中高端技术制造业参与全球价值链的程度加深，往往会面临发达国家跨国企业的打压和其他发展中国家的激烈竞争，若此时能实现技术改进那么往往能够实现产业升级，但在短期内 GMS 各国技术创新水平有限，难以突破技术瓶颈而实现转型升级。这表明前向参与度提升并不是促进中高技术行业价值链地位提升的主要因素，中高端技术制造业的升级必须依托技术改进。

区域价值链的后向参与度，变量的估计系数均为负，说明区域价值链后向参与度的提升对一国低端技术制造业、中低端技术制造业以及中高端技术制造业全球价值链分工地位均有显著的抑制作用。随着后向参与度的不断加深，处于价值链下游从事加工、组装等低附加值生产环节的部门，生产过程中需要的大量半成品及中间品容易形成对发达国家中间品供给的进口依赖，发达国家通过生产环节外包逐渐成为 GVC 的主导力量，对发展中国家形成"价值链俘获"，不利于发展中国家分工地位的提升。后向参与度的提升只能让从事低端生产的行业被牢牢地锁定在价值链的最低端，难以实现链条上的高端攀升。

人力资本水平，变量的估计系数均为负，且仅对中高端技术制造业有显著的负向影响，对低端技术、中低端技术制造业的负向影响不显著，这与预期不符。可能原因是本节选取高等院校入学率属于一种高级人力资本，与低端技术、中低端技术制造业对熟练劳动资源的需求不匹配。不同行业的发展需要特定的人力资本结构与之相适应，在短期内，人力资本的结构与行业的发展存在差异，在制造业向全球价值链地位升级方面起到了抑制作用。GMS 各国属于发展中经济体，在实现人力资本协调发展时仍有许多的不足，尤其是在调整人力资本时对高素质劳动力专业化分工不明确，显著抑制了中高端技术制造业全球价值链的升级。

技术创新水平，变量的估计系数均为正，说明技术创新水平提高对提升国际分工地位有正向作用。对低端技术、中低端技术、中高端技术的回归系数分别为 0.164、0.144、0.075，作用效果依次递减，这表明技术创新水平对分工地位的提升存在边际递减效应，当技术水平较低时，其对分工地位影响较大，当技术水平达到一定程度时，对分工地位的提升效果不明显，这也就很好地解释了为什么技术创新水平对低端技术、中低端技术制造业的回归系数显著，而对中高端技术制造业不显著。此外，中高端技术制造业的核心技术往往掌握在全球价值链高端位置的国家手中，这些国家出于保护自身实施的技术封锁等战略性行为加大了创新突破的难度，进一步弱化技术进步在中高端技术制造业价值链中的促进效应。

物质资本水平，变量的估计系数均为正，说明充足的物质资本对全球价值链的升级有正向作用。一行业中的物质资本水平越高，意味着该行业生产中所能利用的资本要素占比高，密集的资本投入有助于该行业从事高技术环节的生产活动。本节中物质资本水平对低端技术制造业起到显著的促进作用，可能是由于GMS国家的经济发展水平不高，正是物质资本发挥边际报酬递增的阶段，因此物质资本的提升有利于制造业全球价值链分工地位的攀升。对中低端技术、中高端技术制造业的促进作用不显著，可能是由于高技术水平的制造业物质资本要发挥出强大的作用还需要有相应从事高端制造的科技人才和管理人才的配合以及资源的合理分配，当前GMS各国在高素质劳动人才的结构调整以及资源的合理配置方面还存在许多不足，因此作用效果还不显著。

制度质量，对低端技术制造业有正向影响，但不显著；对中低端、中高端技术制造业的作用显著为负。中高端技术产业对制度质量的敏感度更强，相应的质量要求也就高，目前GMS各国制度质量水平相对落后，且制度的改善是一项长期的系统性过程，因而弱化了其对中低端技术、中高端技术制造业GVC地位的提升效果，这与荣金霞等（2016）、张志明等（2019）的结论一致。

外商直接投资，对三种技术类型制造业全球价值链分工地位提升的效果不一致，对低端技术、中低端技术产生正向影响，对中高端技术制造业则作用相反。可能原因是，全球价值链背景下，外商投资存在非均衡问题，资金大多数流向以加工制造或代工生产为主的低端或中低端技术制造业，因此能提升低端、中低端制造业的价值链地位，但对推动中高端制造业的转型升级上动力不足。但外商直接投资对低端技术、中低端技术制造业的作用效果并不显著，究其原因可能是GMS国企业技术水平有限，对FDI正向溢出技术的吸收效率低，目前还不能发挥出积极的正向作用。而外商直接投资对中高端技术制造业产生负向影响的原因可能是引入了低质量的FDI，因此不但不能够推动全球价值链升级，甚至还会产生阻碍作用。

（三）稳健性检验

1. "PCSE+ar1hetonly" 检验

由于"OLS+面板校正标准误"的PCSE模型加入了hetonly选项，只考虑了可能存在的组间异方差问题，但仍有可能存在与组间同期相关和组内自相关问题，因此对模型进行三大检验，检验结果显示模型还存在组内自相关问题，因此采用在PCSE模型中加入ar1hetonly选项的方式处理这两大问题。

对全样本国的稳健性检验结果［表6-7第（7）列］显示，仅存在各变量系数大小发生的轻微改变，各变量系数的方向及显著性均未发生实质性改变。对细分行业的稳健性检验结果［表6-8第（2）、第（4）、第（6）列］显示，中低端技术制造业中技术创新水平对全球价值链分工地位作用的显著性加强，由10%显著性水平上显著变到5%显著性水平上显著；中高端技术制造业中制度质量对全球价值链分工地位作用的显著性由10%的负向显著变到负向不显著。除了上述两种变化外，其余各变量系数的方向及显著性均未发生实质性改变。

2. 剔除异常值数据的检验

由于本节采用的样本期中各国制造业全球价值链分工地位受到2008年金融危机的影响，为减弱这次危机对研究结果的影响，借鉴姚星等（2016）、康淑娟（2018）的做法，将2009年的数据剔除后进行回归分析。结果显示（见表6-9），无论是从整体层面还是分行业层面，各变量系数方向性和显著性没有发生实质变化，表明基准实证结果是比较稳健的。

表6-9　稳健性检验

变量	（1）	（2）	（3）	（4）
	All	LT	LMT	MHT
rvcf	0.231 ***	0.349 ***	0.253 ***	0.112 **
	（0.000）	（0.000）	（0.002）	（0.038）
rvcb	−0.300 ***	−0.404 ***	−0.397 ***	−0.504 ***
	（0.000）	（0.000）	（0.001）	（0.000）
hum	−0.0373	−0.0314	−0.0233	−0.0510
	（0.147）	（0.419）	（0.483）	（0.109）
cre	0.0827 **	0.187 ***	0.106 *	0.0585
	（0.018）	（0.000）	（0.099）	（0.192）
fix	0.190 **	0.335 ***	0.206	0.214
	（0.020）	（0.004）	（0.168）	（0.107）
fdi	0.392 ***	0.213	0.453 *	0.0125
	（0.002）	（0.235）	（0.057）	（0.959）
lnins	0.0294	0.0524	−0.180 *	−0.127
	（0.603）	（0.526）	（0.086）	（0.107）
常数项	0.680 ***	0.587 *	1.800 ***	1.566 ***
	（0.003）	（0.085）	（0.000）	（0.000）
N	55	55	55	55
R²	0.947	0.967	0.970	0.943

注：***、**、*分别表示在1%、5%、10%水平下显著；括号内数值为P值。

<h1 style="text-align:center">本章小结</h1>

本章分别采用问卷调查法和实证分析法对影响 GMS 价值链升级的微观和宏观因素进行研究。

首先采用问卷调查法结合因子分析方法，对 GMS 制造企业价值链升级的影响因素进行评分、排序和分析。无论是从规模类型还是按行业要素密集度划分来看，企业家能力、企业研发能力和政府政策均是促进企业价值链升级最重要的影响因素，企业和政府在企业实现价值链升级方面发挥着举足轻重的作用，但是企业和政府在影响企业价值链升级的某些因素中所能发挥的效用还存在很大的改进空间，获得以下启示：

（一）企业方面

（1）提高员工的文化水平，优化人力资源结构。一是注重人才的培训，加强人员能力素质的提升，特别是加强人员专项能力的培养，比如营销能力和管理能力；二是增加高学历人才的引进，扩充高端技术人才储备，尽快解决许多企业目前面临高端开发人才缺乏，不能开发出高端有竞争力产品的困境。小型企业和技术密集型企业尤其要注重以上两点，大型企业还要注重对企业组织架构的优化，精简机构和人员，提高员工效能和个人贡献。

（2）注重企业家能力的培养，提升企业的管理水平。许多企业表明由于企业管理水平不高，管理制度不够完善带来的无效投资和难以控制的管理费用，造成了不可估量的资源浪费，极大地加重了企业的成本。因此可从以下三点提升管理人员的专业水平，一是强化企业专业化的发展目标，制定好满足企业发展需求的中长期战略规划；二是完善公司规章制度，做到奖惩分明，资源分配合理，提高企业的执行效率和成本把控能力；三是推崇以人为本的管理理念，拓宽员工晋升渠道，加大激励制度，不断创新管理方式，提高企业创新力和活力。

（3）加大研发投入，提高研发水平。一是加大对新材料、新技术、新工艺和新设备的投入；二是鼓励和加强企业与高校或科研机构的合作，尽可能地将科研投入转化为有效的合作成果；三是通过研发增强技术优势，精益生产，将现有产品做大做强，同时寻找新增长点，开发有高附加值的新产品，双管齐下，提高市场占有率。

（二）政府方面

（1）营造良好的创新环境。一是政府要加大对教育的投入以及对高技术人才引进和培育的资本，逐步提高科研经费占比用于基础研究；二是为企业、政府、高校和科研机构之间的合作搭建起良好互助的平台并且完善相应的创新机制，提升各项科技创新成果的转换效率。

（2）优化企业的转型环境。一是依托"一带一路"倡议，加强各国之间的贸易合作共识和政治互信，积极消除贸易壁垒，为企业创造更宽松的转型环境；二是完善各国之间的市场竞争机制和相关的法律法规，为企业提供良好公平的竞争环境；三是加快落实企业升级的社会保障制度及相应配套的优惠政策，减少企业价值链升级中的阻力。

（3）加大基础设施的改善力度。就目前的情况来看，基础设施对企业价值链的提升还有很大的发挥空间，各国应加快完善交通运输、通信网络以及能源设施等方面的经济基础设施建设，改善产业升级的硬件环境，为更好地实施"引进来，走出去"战略奠定坚实基础。

此外，利用亚洲开发银行 2007～2019 年的数据，参考董虹蔚和孔庆峰（2018）的方法构建区域价值链前后向参与度，并从国家整体层面和细分行业层面实证分析 GMS 制造业区域价值链的影响因素。研究结果发现：从全部样本国家来看，区域价值链的前向参与度、技术创新、物质资本、外商直接投资对全球价值链分工地位有显著的提升作用，但是区域价值链的后向参与度对全球价值链的分工地位有显著的负向作用。从细分行业来看，区域价值链的前向参与度对低端技术、中低端技术制造业全球价值链分工地位的提升有显著的正向作用，区域价值链的后向参与度对三类细分行业价值链分工地位的提升均有明显的负向作用。技术创新、人力资本、物质资本对三类细分行业价值链分工地位的提升具有相同的效果，但显著性存在差异。外商直接投资、制度质量对三类细分行业价值链分工地位的提升作用不显著且存在异质性。

在宏观层面，我们要注意：

（1）由区域后向到区域前向转变价值链参与路径。制造业全球价值链前向参与度相对于后向参与度较高的国家，往往具有较高的 GVC 分工地位。GMS 各国应注重加强区域价值链的前向参与度，弱化区域价值链的后向参与度，由大量依赖中间品的下游需求者向提供高端服务环节及重要战略资源的上游供给方转变。

（2）加强创新能力建设并注重高端制造的技术突破。技术创新水平的提高对一国或区域全球价值链分工地位的升级均具有显著的促进作用。目前 GMS 各国在全球价值链的分工中主要参与加工制造等低附加值环节，一味地提高区域价值链的参与度而不注重技术创新能力的提升，会被牢牢地锁定在价值链的低端，长期被发达国家俘获。只有不断地创新突破，寻求技术进步，才能从根本上摆脱任由他人主宰的"高端在外，低端在内"的分工现状，提升在全球价值链的分工地位。但技术创新水平的提升往往具有边际递减效应，在到达一定高度后很难再有所突破。目前 GMS 各国中高端制造领域，正面临技术创新作用效力减弱和提升难度加大的双重困境，陷入发达国家技术封锁的现状。因此，在高端制造上突破创新瓶颈，需要不断巩固自身核心技术研发基础、强化基础研究外，还需紧盯前沿科技、不断攻克技术难关、重视科技成果的转化、注重营销能力和管理经验的积累、打造本土核心品牌，达到提升核心技术能力的目的。

（3）注重创新型人才培养及人力资本结构的调整。人力资本具体可分为一般型人力资本、专业型人力资本和创新型人力资本，其中创新型人力资本能够通过技术创新推动技术进步。发达国家凭借创新型人力资本优势掌控着核心技术，占据着优势的竞争地位。GMS 各国因劳动力创新意识不强，难以胜任知识含量和技术含量较高的岗位，长期从事劳动密集型和低端技术加工制造而始终在价值链下游徘徊。此外，高端科研人员匮乏，科研创新滞后发达国家，也严重阻碍产业转型与价值链升级。想要打破这种局面，首先，要加强对人才的培育，实现人力资源向人力资本的转变；其次，注重创新型人才的培养，逐步扩充人力资本中高端人力资本的队伍力量，解决关键行业和高端领域的科技人员数量严重不足的问题。最后，要注重人力资本结构的调整，改变人力资源错配现象严重，人不对岗、人才荒的现状，实现从数量匹配向结构匹配的转变。只有合理地调配各项要素，解决人力资本结构失衡问题，才能助推产业升级、提升制造业在全球价值链的分工地位。

（4）政府政策积极引导外资直接投资。扭曲的引资政策发出扭曲的市场信号，积累下各种扭曲的外商投资现象，带来如环境保护、社会公平、均衡发展、税收监控、反垄断等问题。究其实质是转型经济体中的政府在监督、引导和管理市场上出了问题。因此，积极调整引资政策，充分发挥出政府效力，遏制政府在市场调控中缺位、越位和错位现象，充分合理地利用外资，积极引导外资流向均衡，改变市场扭曲、资源错配等诸多问题，才能更有利于一国或区域产业转型和价值链升级。

第七章　GMS 制造业价值链升级的
演进机理与路径选择

　　面对全球化走向尚不明朗的国际环境，立足区域经济一体化战略，广泛开展国际产能合作，是 GMS 国家谋求价值链升级的重要战略依托。战略的确立需要内部机理的理论支撑，其实践也需要路径的方向指导。研究某一科学问题的机理，能够帮助我们更深入和准确地理解一个现象的发生、发展以及相关现象之间的联系。对路径的准确分析能够有效地指导相关的研究与实践，并找到更多切实的解决方案。在本章的研究中，内部机理表现为 GMS 国家为什么能够通过区域合作实现制造业的价值链升级，路径选择指的是 GMS 国家如何通过区域合作实现制造业的价值链升级。

　　对于价值链升级的演进机理与路径选择这一重要问题，学术界已进行了诸多探索。但现有文献更多的是以全球价值链为视角，而以区域价值链合作为视角的研究较少，并且对特定地区、特定产业价值链的演进机理和升级路径的阐释不深入、不全面，GMS 区域价值链合作的相关文献更是少之又少。考虑到 GMS 合作的特殊重要性，本章将从企业、产业、国家不同层面，从微观、中观和宏观多重视角，研究 GMS 制造业在价值链升级过程中的演化力量、演进机理，并诠释GMS 制造业价值链升级演进的一般规律，为确定 GMS 制造业借助 RVC 嵌入全球价值链以及选择升级的最适合路径提供依据。

第一节　GMS 制造业价值链升级的演化机理

一、GMS 制造业价值链升级的微观视角：异质性条件下的企业创新

（一）关于异质性企业与创新行为

价值链升级的微观主体是具体的企业，过程是通过创新实现自身业务范围由

低附加值转向高附加值环节，这体现出企业营利模式的转变。企业因为产品、规模、技术、偏好和实力等特性的不同而具有异质性，面对区域合作的同一贸易开放条件，不同规模或类型的企业如何开展创新行为不可一概而论。即企业异质性为研究价值链升级中的创新行为提供了多元主体，这是分析企业层面价值链升级机制的前提。

对于创新的理解，借鉴了熊彼特的独特洞见。在熊彼特看来，经济增长是由创造新事物同时摧毁旧事物的持续过程驱动的，创新的本质是"创造性破坏"，包括新的商品、技术、市场、供应来源和组织形式（Schumpeter，1934）。创新作为一种经济行为，并不一定要基于某种新知识或者新发明，能够创造新的生产函数的行为都应纳入创新。创新的关键在于新的观念和知识、主观能动性和有利的社会环境。对于企业而言，必须适应不断变化的外部因素，通过创造性破坏过程及时采用更有效的生产方式以保持持久竞争优势。

因此，企业为实现价值链升级而开展的创新活动是一个较为宽泛的概念，其行为主体是异质性企业，要解决的问题是如何通过"创造性破坏"，嵌入价值链或者向价值链两端的高附加值环节移动，衡量的唯一标准是创造了新的生产函数。

（二）价值链升级的微观机理分析

通过参与价值链活动，GMS 区域的制造业企业可以获得以下四种创新效应：

1. 产业转移带来的技术溢出效应

在国际贸易中，发达国家的先进技术伴随着投资向外围溢出，使发展中国家可以获得技术的极大支持，从而改变对方的生产结构，提高其生产效率和经济效益（郑永杰，2013）。除了技术的积累，还可以提供新的管理模式、企业流程等知识，洞察外国企业运作的全貌，在复制和创新中结合自身的发展优势，实现对跨国企业发展模式的吸收和培育，从而实现国际竞争力的提升。近年来，出于降低成本等方面考虑，中国逐步加大了向 GMS 地区的产业转移，如将鞋类产业转移到越南、柬埔寨，将纺织服装产业转移到越南、柬埔寨和缅甸，此外，电子制造业也开始向越南转移（王海全等，2021）；这为区域内相关国家的产业发展带来了显著的技术溢出效应和经济增长效应。越南海关数据显示，2022 年越南纺织和服装出口额为 375.7 亿美元，比 2021 年增长 14.7%。

2. 专业化生产带来的"干中学"效应

全球价值链是一个涉及商品和服务的生产、分销和消费的相互关联的过程和活动的系统；它之所以是发展中国家发展的重要平台，是因为提供了进入国际市场、获得技术和资源、创造规模经济的机会。根据斯密的著名论断：市场规模决定分工水平。GMS 国家嵌入全球价值链意味着加入了全球巨量市场规模下的高度分工体系。分工的三大效益包括：比较优势、规模经济和分工水平。前两者意味着经济效益在量的维度上的提升，后者则意味着经济效益在质的维度上的跃进。时过境迁，内生比较优势的建立不再是斯密所言，依靠天然的自然资源等，而是源于高度分工背景下巨量知识的积累。借助高度分工的生产体系，GMS 国家的制造业企业能够在长期专业化生产中实现巨量的知识积累，实现细分领域的技术创新，引领产业升级（邓向荣和曹红，2016）。此外，企业的存在源于对交易成本的节约（朱富强，2004），以及内生效率的提升。专业化生产倒逼企业努力实现协调水平提升综合效益。无论是细分领域的微型技术创新，还是协调水平的提高，都有助于企业形成新的比较优势。

3. 市场扩大带来的竞争效应

Melitz（2003）研究发现出口企业的生产率高于非出口企业。对外贸易活动的开展将相关企业置于竞争强度更加激烈的市场环境，倒逼企业进行技术创新以保持竞争优势。对于 GMS 各国制造业企业都具备不同程度的劳动力和成本优势，也都将产业升级作为现阶段经济发展的重要目标，区域内的产业竞争是潜在且持续的。随着 RCEP 贸易协定的生效，区域开放的广度和深度都在不断提升，也必将对各自国内企业带来显著的"倒逼效应"。可以预见的是，出口部门的技术创新将带动区域内非出口部门的技术更新，形成更高质量的区域循环。出口企业客观上形成了一种新的"遗传—变异"方向，与国内企业形成了包含多元主体的企业群，这为产业结构的有益变迁提供了更多可能性。

4. 新兴技术带来的"弯道超车"效应

以数字技术为代表的新一轮技术革命的出现，突破了资本、技术和信息的局限，催生出一大批新兴产业，开辟了新的利润空间。由于处于同一起跑线，技术革命客观上缩小了后发国家（地区）在相关领域与国际前沿的距离。新能源汽车是中国汽车产业"弯道超车"的典型行业，近年来在产业体系构建和整车及零部件制造等方面均已取得了重大进步，但产业的持续发展离不开市场的同步拓展。在 GMS 区域合作框架下，中国新能源车企与泰国、越南等区域内合作伙伴开展相关产业合作，一方面有助于开拓海外市场，拓展产业发展空间，增强自身核心竞争力；另一方面有助于优化供应链布局，改善企业的组织管理能力，降低生产成本，提升企业的国际竞争力，最终实现价值链的延伸与升级（黄栋和锁天泽，2022）。

（三）企业价值链升级的路径选择

全球范围内的经济衰退和贸易保护主义，严重破坏了传统自由贸易范式下的产业升级路径，区域贸易自由化是突破中心国家"低端锁定"，填补后发国家产业升级路径的有效选择。Melitz（2003）的研究表明出口市场是有成本的，只有生产率高的企业能够进入国际市场，而生产率低的企业只能经营国内市场。关于GMS 区域内寻求价值链升级的制造业企业，据此可以分为三类：一是囿于自身实力而未进入国际分工体系的企业；二是已经嵌入全球价值链，但升级能力明显不足的企业；三是已经嵌入全球价值链，且具备一定升级能力的企业。根据资源基础观和权变理论，企业可根据自身资源与能力和环境变化的判断，采取不同的发展路径。同理，对于上述三类企业，其借助 GMS 区域合作开展价值链升级活动的路径也是不同的。

1. 嵌入失败的企业

GMS 国家的多数企业由于自身实力、区位条件、政策限制等因素，未能加入全球价值链分工体系。而在区域经济合作框架下，此类企业可以依托自由贸易区、国际产业园区等平台，充分利用贸易开放带来的资源优势，缓解要素短缺的问题，实现生产和销售之间的协调分配，拓展区域分工的参与，实现贸易互动，使自身最大限度地获得发展机会，丰富参与全球产业链分工体系的选择，增强企业在国际市场的竞争力。在具体做法上，要聚焦于自身比较优势，优化产品的质量和结构，强调改善产品的质量和结构，以满足全球市场的不同需求，使自身能够更好地参与全球价值链的竞争。

2. 成功嵌入但被"低端锁定"的企业

GMS 国家的多数企业，由于存在资金、技术等方面的不足，因而在全球价值链中被锁定于低端。以泰国汽车制造企业为例，泰国政府通过对外资企业税收补贴等政策优惠，成功建立起了整车制造产业链，汽车产业的出口绩效逐年提高；但外资企业在产业供应链结构中长期占据主导地位，本土零部件生产企业面临被"低端锁定"的发展困境。RCEP 协定的生效，为泰国车企突破现状提供了可行路径，即借助区域合作框架，将产业发展的视野由全球层面聚焦到区域层面，努力消除贸易壁垒，与其他 GMS 国家尤其是中国建立更多的产业关联；充分整合区域内资金、技术等共享资源，相互借鉴发展经验，为本土汽车企业开辟出新的成长路径，最终实现价值链的提升。

3. 成功嵌入且具备一定升级能力的企业

GMS 国家在以纺织为代表的传统制造业领域，已经培育出一批具有国际竞争力的企业。对于该类企业而言，积极参与区域合作框架，有助于企业实现全球价值链的进一步升级。关键在于，企业要善于利用税收率和行政检查负担的减轻实现低成本结构；抓住贸易壁垒降低、安全流通有保障的机遇，高效利用区域内共享资源，充分发挥各类技术、人力和资产的运作能力，灵活有效地实现多种业务模式和产品设计灵活性，降低自身生产成本，提高创新能力，最终突破全球价值链升级的桎梏。此外，开展区域协作能够培育企业的价值链协调能力，有助于企业全球化战略的实施。

二、GMS 制造业价值链升级的中观视角：分工演化背景下的产业集聚

（一）关于分工演化与产业集聚

中观视角下的价值链升级主要表现为高级的生产活动取代低级的生产活动，强调一个国家（地区）产业能力的提升。现有研究表明，贸易结构与产业结构具有相辅相成的关系（谢涓和李恒，2010），初始的产业结构决定了贸易结构，随着比较优势的变化，贸易结构的升级反过来带动产业结构的升级。不同于产业结构理论按照主导生产要素，将产业划分为劳动密集型、技术密集型和资金密集型，价值链框架下的产业升级强调的是不同生产环节增值能力的差异。

（二）价值链升级的中观机理分析

基于区域合作框架，GMS 国家实现中观视角下价值链升级的演进机理主要包括以下几个方面：

1. 产业集群效应

产业集群是指在某一特定地点，集中具有相似或相关的产业，导致本地企业在资源整合、技术创新、成本降低和利润最大化等方面实现经济空间效益。因此，产业集群能够有效地促进当地产业能力的升级。一是产业集群有利于企业资源共享和效率提高。产业集群是一个系统，其中的企业彼此之间可以形成合作关系，天然形成资源共享，这样就能够有效降低企业的成本，提高企业的经济效益，发挥联合的作用，使企业更加具有影响力；二是产业集群有利于创新技术和知识的传播。产业集群是一个完整的体系，只有企业之间的正常的技术交流和知识共享，才能激发企业的创新技术和知识，推动产业技术创新发展，从而进一步增强产业发展质量和水平；三是产业集群有利于促进产业发展。产业集群能够对公司的投资、经营活动进行一定的管理，并提供金融、技术等支持和服务，集聚区内企业之间也可以建立合作关系，共同建立供应链、分销链，以提高企业的整

体竞争力，从而推动整个产业集群的发展，进而提高产业发展质量和水平。综上所述，产业集聚是产业能力升级的重要影响因素。当前，GMS 区域已形成诸多产业集群，如泰国的汽车产业集群、越南的电子产业集群、柬埔寨的纺织服装产业集群等；随着 GMS 地区企业集聚功能的进一步加强，它可以有效地整合资源、创新技术和提升市场竞争力，从而促进区域产业能力升级。

2. 规模经济效应

经济规模是影响地区产业发展的重要因素，它可以决定产业结构的实现和发展。首先，规模经济能够提高投资收益率，有利于企业之间的经济合作，进而提高企业的生产经营效率。同时，规模经济能够提高一个地区的就业水平，吸引更多熟练劳动力，从而有效推动一个地区的产业升级。规模经济也有助于提升一个地区的科技水平，这是因为规模经济能够促进科研院所实现产学研相结合，加快科技创新进程，促进相关产业技术升级，从而提升该地区的产业水平。此外，规模经济还能够通过加强行业内的资源共享，培养企业之间的合作关系，促进社会的发展，提高一个地区的产业协作水平。近年来，越南凭借劳动力价格低廉的优势，承接了大量来自中国的纺织服装业产能转移，出口额连续增长，形成了相当程度的规模经济；伴随这一过程的是越南在纺织服装领域的产业能力也实现了快速提升。综上所述，规模经济通过提高投资收益率，提高就业水平，加快科学技术创新进程，加强资源共享，从而有助于促进一个地区的产业升级和可持续发展。

3. 产业结构优化效应

产业是一个国家或地区经济发展的最关键组成部分，显著受到国际贸易的影响。首先，国际贸易有助于推动产业发展。出口可以改善产业结构，提高相关行业的收入和经济效率。进口可以促进技术进步，提升产业竞争力。其次，国际贸易的大规模扩张直接改变了一个国家的产业结构，它会改变国家的供需因素，从而影响产业结构（唐志红，2005）。随着中老铁路的开通，中国与老挝的进出口贸易额加速增长；中老磨憨—磨丁经济合作区以及勐腊（磨憨）重点开发开放试验区等沿边开放平台，在国际产能合作方面也已取得初步成效（王杨堃和秦山，2022）。来自老挝的能源矿产、橡胶制品等大量涌入中国，将在一定程度上给云南及周边省份相关产业的发展带来重塑效应；而来自中国的电机电器类、机械类、钢铁制品等，也将为老挝相关产业的发展提供重要支撑，进而改变其产业结构。最后，国际贸易影响一国的资源禀赋，这将直接影响国家的产业结构（谢涓，2012）。等价交换视角下，贸易可以使国家获得更多的禀赋，对这种国际资源的利用可以提升生产力和投资能力，从而改善和拓展产业结构。因此，随着贸易关系的完善和贸易开放程度的加大，一国产业结构也会持续得到优化改善。

4. 产业融合效应

全球第五次产业转移背景下，国际分工呈现出产业融合的新特征（刘友金和周健，2021），这受益于新兴技术的涌现与应用。产业融合可以节约交易成本，也为新产业形态的出现提供了多种可能性。首先，在新技术的冲击下，产业融合可以跨越传统行业障碍，提高经济结构的效率，使传统行业与新技术相结合，使生产真正实现转型升级。其次，在新技术的冲击下，会催生新的业态，行业结构也随之发生转变。新技术的运用使行业依据新的分类标准重新归类，使以计算机技术为代表的新技术行业融入旧行业，可以使行业间的竞争变得更加激烈，从而带动经济增长。最后，在新技术的冲击下，会带来行业资源的聚集效应。新技术会催生新的产业链，各类行业资源可以从散乱分散的状态汇集到新的模式中，从而形成行业聚集效应，实现资源优化整合。总的来说，在新技术的冲击下，带来的产业融合会促进全面的行业发展，促使传统行业与新技术的结合，形成新的行业结构，由此可以提高行业的生产效率和产品质量，使行业资源得到有效的配置，从而取得更高的效益。以数字经济为例，GMS 国家在该领域的发展呈现不平衡、不充分的特征，中国以外 GMS 国家的数字信息基础设施相对落后，技术研发和人才储备都较为薄弱；这意味着中国与区域内国家在数字经济领域有着广阔的合作空间，能够充分利用新兴技术改造旧产业，发展新产业，创造显著的产业融合效应。

（三）GMS 制造业价值链升级的中观路径选择

基于上述分析，在产业这一中观层面，GMS 国家通过开展国际产能合作，实现制造业价值链升级的路径主要有以下三个方面：

1. 优化贸易开放条件

贸易开放是指一国政府扩大外商投资，大幅度放宽对外贸易限制，实现国际贸易中产品、投资和服务以及技术、资金和人力资源在各国间更大规模、更广泛的自由流动。根据经济租理论，贸易开放可以提高一个国家的经济效益和技术水平，从而促进经济发展。GMS 区域在贸易开放方面具有多种合作机制重合的特征，RCEP 贸易协定和东盟"10+3"等合作机制均实现了对该区域的覆盖。区域内各国要充分利用现有合作机制，加快贸易开放进程，充分利用区域内的优质资源为本国经济发展创造更大空间；通过打造更加便利的贸易环境，加快产业升级步伐，以产业能力的提升向世界市场提供更多高附加值的产品和服务，综合提高生产效率和社会效益。更重要的是，各国应该借助贸易开放积极引入外来技术，消化吸收，优化原有技术体系，同时倒逼本国技术创新。

2. 建设高水平国际产业园区

产业园区是指一个地区内整合大量生产经营条件的投资聚集地。通过建设可以共享的基础设施，为内部投资者提供高品质的运作环境，吸引跨国公司来聚集投资。建设高标准的国际产业园区可以带来丰富的经济活动及物质流动，从而为当地的经济发展提供更大的空间和机会。建设国际产业园区有助于整合当地资源，开展跨境高水平生产经营活动，提高国内外资源的配置效率。如表 7-1 所示，根据区域资源禀赋，中国与其他 GMS 国家已经展开了广泛的产业合作，而国际产业园园区的进一步发展离不开当地政府的持续政策支持。为此，GMS 国家应致力于优化投资环境，根据当地资源禀赋，与区域内国家展开广泛合作，建立更多符合当地比较优势的外商投资产业园区，吸引跨国公司前来聚集投资，借助产业集聚效应打造地区"增长极"，提升当地产业发展水平。在这一过程中，政府还应注重建立和完善投资保护机制，确保国际投资者的利益得到有效保障；搭建国际化的科技创新平台，鼓励科技创新方面的投资，依靠科技变革实现产业升级。

表 7-1　中国与 GMS 其他国家合作开发的国际产业园区概况

合作国家	园区名称	重点产业（企业）
泰国	泰中罗勇工业园	汽配、机械、建材五金、电子电气等
越南	龙江工业园； 越南中国（海防—深圳）经贸合作区	电子、冷却设备等行业；机械装配工业； 木材制品行业；轻工制造等
老挝	中国·老挝万象赛色塔综合开发区； 老挝—中国现代农业科技示范园	林木加工、农产品加工、轻工纺织、 机械制造、房地产开发、综合服务业等
柬埔寨	西哈努克港经济特区； 柬埔寨—中国热带生态农业合作示范区	出口加工型、劳动密集型行业及 有意开拓国际市场的配套型企业

资料来源：笔者根据境外产业园区信息服务平台（https：//oip.ccpit.org）公开信息整理所得。

3. 抢先布局新兴技术产业

中国在 5G 等数字基础建设领域处于全球领先地位，泰国和越南的相关建设已经起步且发展较快，老挝、柬埔寨和缅甸的数字产业尚未起步。在贸易开放条件下，GMS 国家可以利用区域合作的潜力，抢先布局以数字经济为代表的新兴技术产业。一是通过区域国际合作，从积极利用新技术发展空间、探索技术实施模式、稳定技术发展进程、加快技术交流进步、培训技术人员、提高技术水平等方面来完善本国新技术产业政策规范。二是加强与区域内其他国家的经济联动性，积极引入和推广新技术，完善发展新技术产业的政策框架，实施技术创新改革；借助区域合作建立联合投资机制，共同开展技术研发。三是加快科技成果转化。GMS 国家应该利用区域合作平台，优化新技术产业投资空间，联合科技机构，促进技术成果的转化，提高研发性产业的附加值，以更有效地发挥技术的力量。

三、GMS 制造业价值链升级的宏观视角：协同演化过程中的制度变迁

（一）关于协同演化与制度变迁

本节引入演化经济学的基本观点，认为经济发展的过程是技术进步与制度创新协同演化的过程（张海丰，2015）。对于处于现代化转型中的 GMS 国家而言，资金和技术的获取，以及取得前期的经济快速增长并非一件难事，真正的困难在于经历一定的"繁荣"之后，建立起与经济基础相适应的上层建筑，即通过合理的制度创新合理配置现有资源的同时，进一步激发未来发展的动力。经济现代化过程既是技术进步背景下产业结构高端化的过程，也是市场与政府作为不同的制度安排与技术革新协同演进的过程。强调在一般意义上，制度创新的首要功能是降低经济主体间的交易成本（张旭昆，2001）。

宏观视角下的价值链升级是经济基础与上层建筑的互动演化，具体表现为技术与制度在时间与空间上的动态匹配，达到"时空耦合"的境界，以及由此引致的资源配置效率提升。梳理全球化的历史可以发现，国际竞争的主体从来不是新自由主义所宣称的单个企业，而是以国家为单位。在一国形成比较优势的过程中，准确恰当的产业政策的作用是极为关键的（佟家栋和刘程，2017）。新兴产业通常具有"初始投入高，边际成本低"的产业特点（江小涓，2021），这与有为政府具备逻辑上的一致性。现有研究表明产业政策的出台与实施能够显著促进地区产业结构合理化和高度化，产业政策对产业结构优化升级的推进作用高度依赖于地方市场化程度（韩永辉等，2017）。

（二）价值链升级的宏观机理分析

在技术与制度匹配这一宏观视角下，GMS 国家通过区域合作实现价值链升级的演进机理如下：

1. 市场化带来的竞争效应

竞争机制是指市场上为满足需求、实现价值最大化而形成的一种基于市场规则的定价机制，这种机制的发展主要是建立在自由竞争的原则之上，即在市场参与者之间形成博弈，以形成经济效率最佳的存在方式，使整个市场得以达到自愿而有序的经济状态，从而发挥市场化的经济效应。中国、越南和老挝是GMS区域内的社会主义国家，三国融入全球大市场的过程随着国企改制和市场化转轨；而泰国、柬埔寨和缅甸也在对外开放过程中逐步建立自由竞争机制的现代化市场体系。在充分竞争的市场环境中，企业可以以竞争性价格经营，以降低运营成本，从而提高单位销售收入，同时也可以在有限的资源上提高总产出，从而进一步提高市场的生产力和质量水平。市场的竞争机制对于改善企业的管理结构极为重要，它有助于带动企业管理者摆脱落后的管理状态，持续改善企业经营管理水平，不断提高企业的经营效率，增强企业的市场比价优势。

2. 对外开放带来的制度趋同效应

经济学中的制度趋同指的是随着社会经济生活的发展，在不同国家和地区，尤其是贸易和投资有联系的国家和地区，社会和经济活动的规则和程序趋于相似，并在政治、经济、社会和法律范畴中形成共识，从而实现全球的政治、经济、社会、文化和环境合作与交流。GMS各国作为典型的发展中国家，其开展国际贸易的过程也是逐步建立与国际规则相适应的现代化经济制度的过程，如实行统一的产品标准、减少政府对国内产业的关税保护等。制度趋同的经济学优势在于能够提高社会经济效率和促进国际贸易和投资。其原因是，制度趋同使世界各国和地区的经济体制和制度有了共同的标准和质量，这些共同的标准和质量有利于市场经济的开展，使市场经济变得更加开放，也更有利于跨国投资和国际贸易。制度趋同还有助于形成国际合作关系，因为国际合作首先要建立在共同的基础上，而制度趋同的存在正是为此提供了基础，所以，制度趋同可以作为团结各方贸易伙伴、建立国际产业协作网络的基础。现有的实证研究表明，制度距离对国际贸易的开展具有显著的负向影响，通过缩小制度距离能够降低多边贸易成本以及提高贸易自由度，进而促进贸易的繁荣（刘德学和孙博文，2019）。简言之，贸易开放条件下的制度趋同能够带来一些积极的经济效应，涵盖提高社会经济效率、促进国际贸易和投资及形成国际合作关系等方面。

3. 本土化的制度创新效应

新制度经济学将技术创新和制度创新都看作一种"创新过程"，经济制度的演变被认为是人为降低生产交易成本所做的努力（秦汉锋，1999）。本土化制度创新是指政府层面开展的特定制度变革，是将历史、文化、社会制度与领导力的实践相结合的制度变革。GMS国家在政治制度、经济体制和发展水平、文化传承以及社会属性等方面都有着显著的差异，在区域合作框架下进行有效的本土化制度创新，是降低交易成本、提升区域合作水平的关键。本土化制度创新能够促进技术与制度的匹配，提高经济效率，主要有以下原因：一是本土化制度创新可以更好地实现技术和制度的匹配。技术是社会经济发展的基础，但单凭技术并不能够实现持续增长和发展，还需要有正确的制度来促进技术的运用和优化。本土化的制度创新有助于实现技术与制度的匹配，从而更有效地实现经济增长和改善经济环境。二是本土化的制度创新有助于提高经济效率。制度创新可以推进改革，改善营商环境和供给侧结构性改革，并帮助企业更高效地分配资源。本土化制度创新可以更好地适应当地的结构特征，更好地满足当地市场的需求，从而提高经济绩效，提升经济效率。三是本土化的制度创新有助于提高经济竞争力。本土化的制度创新可以实现技术优化和资源优化，使企业能够在资源和技术水平上更好地实现自己的发展目标，从而提高经济竞争力。综上所述，政府层面开展本土化的制度创新以改善经济环境，是在推动社会经济发展的过程中不可缺少的重要举措，能够促进技术与制度的匹配，提高经济效率和经济竞争力。本土化制度创新可以更有效推进技术创新，优化制度和环境，促进技术与制度的匹配，改善经济环境，从而提升经济的综合效率，保证经济的持续增长和发展。

（三）GMS制造业价值链升级的宏观路径选择

经济发展是制度改革的基础，而合理的制度有助于技术的发展和运用，因此，GMS国家通过制度变迁以适应技术进步，最终达到技术与制度的动态匹配是十分重要的。此处的制度变迁强调的是通过实施一系列政策和措施，以适应社会发展变化，推动市场的自由化、法治化以及政府行为的规则化，目标是充分挖掘技术潜能，促进经济发展和产业能力提升。GMS国家以制度变迁实现技术与制度动态匹配，进而助力制造业价值链升级的可行路径如下：

1. 完善市场机制以实现制度合理化变迁

GMS国家存在不同程度的市场机制不完善的情况，中国、越南和老挝历史上曾实行计划经济体制，由政府制订生产计划并配置资源，有着政府干预经济的传统，20世纪末相继进行了全面的经济体制改革，市场化建设取得了重大突破。但当下仍存在不少问题亟待解决：柬埔寨因国内政治局势长期动荡，市场化改革起步晚，市场发育不完善；泰国和缅甸至今仍由军人执政。贸易开放条件下，完善市场机制是GMS国家促进技术与制度之间匹配的有效方法。市场机制是涵盖了政府行为和市场竞争的有机组合，是国家社会制度变迁的基本内容。完善的市场机制有效激励了各市场主体按照市场规律行动，能使市场机制起到更连贯的协调作用，对大范围内相关产品服务行业的分工提供信息，以改善商品生产效率；促使技术得到赋能和有效管理，实现技术进步与市场制度变迁的有机结合和有效对接。

2. 以深化和扩大对外开放促进制度改革

现有研究表明，制度变迁往往存在"路径依赖"而具有自我强化的特征（孙涛和黄少安，2009）。GMS 国家可以依托 RCEP 自由贸易协定和东盟"10+3"等合作机制，以制度变迁理论为基础，持续扩大和深化对外开放，推动涉外机构完善制度架构，促进制度与技术发展的有机结合。当然，区域内不同国家也应根据自身制度特征和阶段性任务，开展具有不同侧重点的制度改革。如中国可以通过深化对外开放，完善国内金融制度，改善投资者结构；通过优化贸易网络推动人民币国际化等（高明宇和李婧，2022）。越南等国家可以以对接国际规则为契机完善国内立法工作，加快税制改革等。

3. 围绕改善营商环境推进制度改革

贸易开放条件下，良好的营商环境不仅有助于充分利用国际和国内"两个市场"和"两种资源"，还可以在一定程度上消除寻租影响，促进国内企业创新（夏后学等，2019）。对于 GMS 国家而言，通过改善营商环境以引进高端生产要素和开拓国际市场，是实现价值链升级的可行路径。在具体行动上，要通过有效的制度改革完善科技法规制度、完善科技发展鼓励政策和支持科技创新平台等方面进行创新；确保公平竞争环境，吸引外资进入，帮助企业能够获得公平的市场机会，从而鼓励技术创新发展（宁福海，2013）；加强对知识产权的保护，建立有效的科技成果审核和保护机制。

简言之，GMS 国家在贸易开放条件下推行国内制度改革，以促进技术与制度的动态匹配是可行的，这需要完善市场机制，建立有效的制度框架，改善法律法规和政策，改善投资环境，加强知识产权保护等。这些措施得以实施，GMS 国家才可真正把握住发展机遇，实现区域内经济、技术与制度的有机结合。

第二节　GMS 制造业区域价值链结构演化分析

自 15 世纪新航路开辟以来，全球共经历了两次全球化浪潮和三次逆全球化浪潮，驱动全球化的因素一般是经济繁荣和技术革命等，而逆全球化的原因则往往是经济衰退和利益分配不均（盛斌和黎峰，2020）；其中，利益分配不均既包括世界范围内国家间的利益分配不均，又包括国家内部不同社会群体间的利益分配不均（万广华和朱美华，2020）。现阶段，对发达国家而言，原有国际贸易利益分配格局因发展中国家的崛起而难以为继；对谋求进一步发展的新兴发展中国家而言，全球价值链升级之路屡屡受阻，不得不寻找新的发展方向；而对于试图融入全球价值链的边缘发展中国家来说，世界开放的大门正在缓缓关闭，复制经济奇迹的机会越来越少，各国正在经历一场严重的逆全球化浪潮。英国脱欧、美国大选以及中美贸易摩擦无不暗示着超级全球化时代已陷入停滞，区域化和创新驱动的新时代即将开启（鞠建东等，2020）。

现有研究表明，全球生产网络以区域为标志，可以被称为亚洲工厂、北美洲工厂和欧洲工厂（Baldwin，2013）。对包括中国在内的东亚国家来说，其经济贸易联系也更多是区域性的，而不是全球性的（World Bank，2020）。2008 年国际金融危机以来，世界贸易增长乏力，全球价值链扩张进程放缓，供应链贸易的复杂性和相互关联性使世界贸易治理朝着区域主义方向发展（Baldwin，2011）。

通过梳理国内外文献可知，现有文献中研究 GMS 国家间经贸合作现状的文献较多，而研究其结构演化历程的文献较少；而有关 GMS 区域价值重构的文献中，基于文献研究法的定性分析较多，基于投入产出法的定量分析较少。本节的贡献在于以区域价值链重构为出发点，采用投入产出法对 GMS 区域价值链结构演化历程进行梳理，回答了以下问题：GMS 成员国间的价值链合作经历了怎样的演化历程？现阶段价值链分工中各成员国特别是中国扮演着怎样的角色？

一、GMS 制造业区域价值链结构演化的研究方法、指标构建与数据来源

（一）研究方法

1. 对一国生产活动的分解

本节借鉴了 Wang 等（2017a，2017b）中对一国生产活动的增加值分解方法。如式（7-1）所示，将一国总增加值系数矩阵 $\hat{V}B$ 乘以最终产品矩阵 $\hat{Y}$，为每个国家产业确定三类生产活动：纯国内生产活动 $\hat{V}L\hat{Y}^D$，传统贸易生产活动 $\hat{V}L\hat{Y}^F$ 和价值链生产活动 $\hat{V}LA^F B\hat{Y}$。根据增加值跨境次数，$\hat{V}LA^F B\hat{Y}$ 可以进一步分为两类：简单价值链活动 $\hat{V}LA^F B\hat{Y}L\hat{Y}^D$ 和复杂价值链活动 $\hat{V}LA^F (B\hat{Y}-L\hat{Y}^D)$。沿着矩阵行方向总结式（7-1），可以根据增加值去向分解国家产业层面增加值，这是

对一国生产活动的前向分解；沿着矩阵列方向总结式（7-1），可以根据附加值来自哪里分解国家产业层面的总产出，这是对一国生产活动的后向分解。

$$\hat{V}B\hat{Y}=\hat{V}L\hat{Y}^D+\hat{V}L\hat{Y}^F+\hat{V}LA^FB\hat{Y}=\hat{V}L\hat{Y}^D+\hat{V}L\hat{Y}^F+\hat{V}LA^FB\hat{Y}L\hat{Y}^D+\hat{V}LA^F\left(B\hat{Y}-L\hat{Y}^D\right)$$

$$(7-1)$$

2. 对一国出口的增加值分解

本节借鉴了 Wang 等（2013）中对一国出口的增加值分解方法。如式（7-2）所示，一国总出口 E 被分解为国内增加值 DVA_G 和垂直专业化部分 VS，DVA_G 可以被进一步分解为最终产品出口中的国内增加值 DVA_FIN、直接被伙伴国吸收的中间产品出口中的国内增加值 DVA_INT、被第三国吸收的中间产品出口中的国内增加值 DVA_INTrex 和通过再进口返回国内的国内增加值 RDV_G；VS 可以被进一步分解为来自国内的重复统计 DDC、最终产品出口中的国外增加值 FVA_FIN、中间产品出口中的国外增加值 FVA_INT 和来自国外的重复统计 FDC。

$$E=DVA\_G+VS=DVA\_FIN+DVA\_INT+DVA\_INTrex+RDV\_G+$$
$$DDC+FVA\_FIN+FVA\_INT+FDC \qquad (7-2)$$

（二）指标构建

1. 生产长度

Wang 等（2017a）将生产长度定义为一个国家产业生产要素创造的增加值在连续生产过程中被算作总产出的平均次数，被计算为引致的总产出与初始投入的比值。在剔除纯国内生产活动和传统贸易活动后，得到单独的价值链平均生产长度 PL_GVC。如式（7-3）所示，分母 $\hat{V}(B-L)\hat{Y}$ 表示初始增加值，分子 $\hat{V}(BB-LL)\hat{Y}$ 是初始增加值引致的总产出。国家产业层面的价值链生产长度越长，说明其生产活动越复杂。

$$PL\_GVC=\frac{\hat{V}(BB-LL)\hat{Y}}{\hat{V}(B-L)\hat{Y}} \qquad (7-3)$$

2. 区域价值链参与指数

全球价值链参与度是从生产角度对一国全球生产网络嵌入程度的测量。结合研究内容，本节构建了区域价值链前向参与指数和区域价值链后向参与指数：

$$FP\_RVC_i=3\_V\_RVC_i/3\_V\_GVC_i \qquad (7-4)$$

$$BP\_RVC_i=3\_Y\_RVC_i/3\_Y\_GVC_i \qquad (7-5)$$

$$RF\_RVC_i=\frac{3\_V\_RVC_i}{\sum_1^n\left(3\_V\_RVC_j\right)} \qquad (7-6)$$

$$RB\_RVC_i = \frac{3\_Y\_RVC_i}{\sum_1^n (3\_Y\_RVC_j)} \tag{7-7}$$

式（7-4）和式（7-5）中，FP_RVC_i 和 BP_RVC_i 分别代表区域价值链前向参与度和区域价值链后向参与度，分别指区域内一国或产业通过区域价值链创造的增加值、总产出与通过全球价值链创造的增加值、总产出的比值，反映了区域内一国或产业价值链生产活动在本区域的集聚程度，该指数越大，该国或该产业对区域价值链的依赖程度越深。其中，$3\_V\_RVC_i$、$3\_Y\_RVC_i$ 分别指国家产业层面前向 RVC 生产活动产生的国内增加值和后向 RVC 生产活动产生的国内外增加值，$3\_V\_GVC_i$、$3\_Y\_GVC_i$ 分别代表国家产业层面的前向 GVC 生产活动产生的国内增加值和后向 GVC 生产活动产生的国内外增加值。式（7-6）和式（7-7）中，RF_RVC_i 和 RB_RVC_i 分别代表区域价值链活动规模占比，指区域内一国或产业通过区域价值链创造的增加值或总产出占区域整体的比重，反映了区域内一国或产业对区域价值链活动的主体作用。

3. 中间产品出口增加值率

通过对一国出口增加值的分解，可以计算一国的中间产品出口增加值率 $IVAR_i$。如式（7-8）所示：分子 IVA_i 表示中间产品出口中的国内增加值（包括返回国内部分），分母 IE_i 表示中间产品出口总额。数值越大，一国中间产品出口增加值率越高，价值链增值能力越强。

$$IVAR_i = \frac{IVA_i}{IE_i} \tag{7-8}$$

4. 上游度

Antras 等（2012）从产品生产端到所有最终需求距离的角度定义了上游度（Pos_up）。如式（7-9）所示，一国总产出 Y_i 等于它作为最终产品 F_i 和它作为其他产业中间投入 $\sum_{j=1}^N d_{ij}Y_j$ 的总和，d_{ij} 是 j 产业的一单位产出直接所需的 i 产业增加值，$d_{ik}d_{kj}$ 是产业 j 通过产业 k 的中间产品派生的对 i 产业中间产品的需求，不断重复这一过程，可以呈现出 i 产业在整个价值链上的增值过程。将式（7-10）中的每一项乘以它们与最终用途的距离加 1，再除以 Y_i，得到式（7-11）中特定产业增加值在价值链上的加权平均位置，它代表特定产业的增加值通过前向产业联系到达所有最终需求用户的阶段总数，可以简化为从特定产业（增值创造者）到消费者的距离，数值越大，距离最终消费者越远，越位于价值链的上游。

$$Y_i = F_i + Z_i = F_i + \sum_{j=1}^{N} d_{ij} Y_j \tag{7-9}$$

$$Y_i = F_i + \sum_{j=1}^{N} d_{ij} F_j + \sum_{j=1}^{N} \sum_{k=1}^{N} d_{ik} d_{kj} F_j + \sum_{j=1}^{N} \sum_{k=1}^{N} \sum_{l=1}^{N} d_{il} d_{lk} d_{kj} F_j + \cdots \tag{7-10}$$

$$Pos_{up} = 1 \times \frac{F_i}{Y_i} + 2 \times \frac{\sum_{j=1}^{N} d_{ij} F_j}{Y_i} + 3 \times \frac{\sum_{j=1}^{N} \sum_{k=1}^{N} d_{jk} d_{kj} F_j}{Y_i} + 4 \times \frac{\sum_{j=1}^{N} \sum_{k=1}^{N} \sum_{l=1}^{N} d_{il} d_{lk} d_{kj} F_j}{Y_i} + \cdots$$

$$\tag{7-11}$$

（三）数据来源

本节投入产出数据来自 ADB-MRIO 数据库，它提供了 GMS 六国中五个成员国的投入产出数据（缅甸除外），时间范围包括 2000 年、2007~2019 年。本节图表中出现的国家和产业编码亦沿用自 ADB-MRIO 数据库。

二、GMS 制造业区域价值链的内向化趋势

内向化趋势有两层含义：一是指 GMS 各成员国生产协作活动在向本区域集聚，即成员国在生产活动方面彼此间的重要程度在提高；二是指 GMS 成员国间平均价值链生产长度在延长，即价值链分工合作的复杂程度和紧密程度在强化。

（一）生产活动的集聚

本节分析了 GMS 各成员国不同类型制造业生产活动在本区域的集聚度，具体做法是分别提取各成员国制造业生产活动中的传统贸易部分和价值链部分，将一国聚集在本区域的制造业生产活动与在全球范围内制造业生产活动的比值，作为一国制造业生产活动在本区域的集聚度。如果本区域集聚度趋于上升，则认为区域内生产活动在规模维度上存在内向化趋势。图 7-1 显示了 2000 年、2010 年和 2020 年 GMS 各国不同类型生产活动的本区域集聚度。在传统贸易部分，GMS 各国以及 GMS 整体的本区域集聚度都呈上升趋势，其中老挝和柬埔寨提升最为明显，分别从 2000 年的 27.23% 和 18.83% 上升到 2020 年的 35.85% 和 28.88%，说明区域内传统贸易生产活动在样本期内呈内向化趋势。关于价值链生产活动，老挝和柬埔寨的本区域集聚度依旧呈上升趋势；而中国、泰国和越南的本区域集聚度总体保持平稳，可能的原因是，上述三国全球价值链参与能力较强，其合作伙伴分布广泛，GMS 国家在其中占比有限；但就 GMS 区域整体来说，其价值链生产活动的本区域占比总体仍是呈上升趋势，因此我们认为样本期内 GMS 制造业的价值链活动呈现集聚趋势。

传统贸易部分   价值链部分

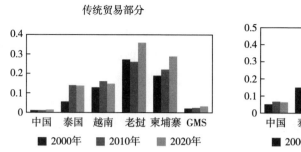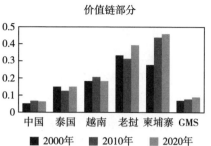

图 7-1　GMS 各国制造业生产活动的本区域集聚度

（二）合作程度的深化

基于对制造业价值链生产活动的分解，可以得到 GMS 整体的简单价值链生产活动和复杂价值链生产活动在本区域集聚度的变化情况。如图 7-2 所示，样本期内，GMS 区域整体层面的简单前向、简单后向、复杂前向和复杂后向价值链生产活动在本区域的集聚度均呈现上升趋势；截止到 2020 年，分别达到 24.88%、3.88%、18.38% 和 13.71%；相比较而言，前向生产活动的聚集度大于后向生产活动，反映出区域整体的中间产品生产更加依赖区域内市场；复杂后向生产活动的聚集度远高于简单后向生产活动且增速更快，这反映出 GMS 成员国间价值链协作的复杂程度和紧密程度较高且在不断强化。

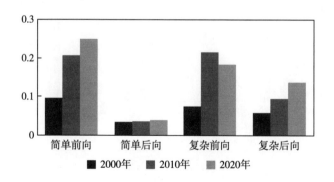

图 7-2　GMS 制造业区域价值链各类生产活动集聚度变化

为进一步探究 GMS 各国制造业价值链合作程度是否在深化，本节分别计算了 2000 年和 2020 年 GMS 区域在国家与产业两个层面，与全球范围内价值链以及区域内价值链合作伙伴的平均价值链生产长度变化值，并用后者减去前者，得到 GMS 区域价值链生产长度的延长净值。这样做的好处是剔除了全球化大环境对区域价值链活动的影响，能更真实反映 GMS 各国价值链生产协作的变化情况。如果结果为正，则表明相比于全球价值链，GMS 区域价值链的合作程度在深化；反之亦然。计算结果如图 7-3 所示：样本期内，国家层面除柬埔寨的前向长度净值为负外，其余各国的区域价值链生产长度延长净值均为正且增长明显，这表明 GMS 区域价值链强化速度要快于全球价值链，成员国间价值链合作的复杂程度和紧密程度在强化。

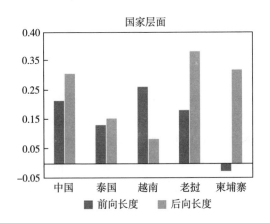

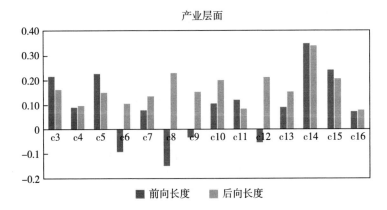

图 7-3　GMS 制造业区域价值链生产长度延长净值

三、谁是 GMS 区域制造业增加值供给和需求中心

价值链活动的一个重要特征是中间产品的迂回流动，这使观察到的贸易流动

和实际发生的贸易流动不一致。因此，准确分析实际发生的贸易流动是回答"谁是 GMS 区域的制造业增加值供给和需求中心"这一问题的关键。本节的做法是将一国涉及增加值流动的制造业生产活动分为价值链生产活动和传统贸易活动；前者涉及增加值的迂回流动，其活动形式为价值链贸易；后者不涉及增加值的迂回流动，其活动形式为传统贸易。

（一）对价值链贸易的分析

表 7-2 是 GMS 各国中间产品增加值供给矩阵，表 7-2 中列所在国家（地区）为中间产品供给方，行所在国家（地区）为中间产品需求方。以 2000 年简单前向活动为例，中国所在行与泰国所在列交会的单元格数字为 85.36，它表示在简单价值链前向活动中，泰国从 GMS 其他国家进口的中间产品中有 85.36%来自中国，即中国在 GMS 国家（除泰国外）中对泰国的中间产品供给占比是 85.36%；同理，老挝所在行与日本所在列交会的单元格数字为 0.08，表示在简单价值链前向活动中，日本从 GMS 国家进口的中间产品中仅有 0.08%来自老挝。下文中关于 GMS 各国中间产品增加值需求矩阵的含义同理，不再赘述。

2000 年，中国、泰国和越南均是区域简单价值链贸易的供给中心，而区域复杂价值链贸易的供给中心只有中国。在简单价值链生产活动中，GMS 国家对

表 7-2 GMS 制造业价值链贸易供给矩阵　　　　　　单位:%

			中国	泰国	越南	老挝	柬埔寨	GMS	美国	欧盟	日本
2000 年	简单前向	中国	0.00	85.36	55.91	48.07	48.70	37.57	81.70	75.77	60.99
		泰国	51.22	0.00	39.28	48.07	47.05	34.11	16.94	19.09	29.51
		越南	47.46	11.46	0.00	3.83	4.23	25.79	1.15	4.32	9.39
		老挝	1.05	2.87	2.77	0.00	0.01	1.89	0.04	0.22	0.08
		柬埔寨	0.27	0.31	2.03	0.03	0.00	0.64	0.17	0.60	0.03
	复杂前向	中国	81.81	75.35	76.36	41.97	72.01	80.58	81.36	78.47	76.89
		泰国	14.52	19.21	16.75	41.97	19.87	15.30	15.13	17.39	16.24
		越南	3.34	5.08	6.47	14.31	7.05	3.76	3.17	3.67	6.43
		老挝	0.18	0.15	0.25	1.12	0.71	0.18	0.16	0.19	0.23
		柬埔寨	0.16	0.21	0.17	0.63	0.37	0.17	0.19	0.27	0.21

			中国	泰国	越南	老挝	柬埔寨	GMS	美国	欧盟	日本
2010年	简单前向	中国	0.00	94.75	82.71	40.85	68.23	56.31	92.70	91.60	74.30
		泰国	74.08	0.00	16.16	40.85	22.47	32.30	5.72	6.14	21.68
		越南	22.45	3.27	0.00	18.21	9.17	9.23	1.45	1.91	3.98
		老挝	3.14	1.47	0.42	0.00	0.14	1.66	0.03	0.05	0.02
		柬埔寨	0.33	0.51	0.71	0.09	0.00	0.49	0.10	0.29	0.02
	复杂前向	中国	87.10	89.41	83.95	42.25	78.97	86.97	92.38	90.73	86.00
		泰国	9.03	7.03	13.73	42.25	13.41	9.28	5.88	7.01	10.86
		越南	3.54	2.84	1.47	14.73	7.46	3.34	1.58	2.02	2.94
		老挝	0.23	0.48	0.29	0.46	0.11	0.26	0.07	0.07	0.10
		柬埔寨	0.10	0.23	0.57	0.32	0.06	0.15	0.09	0.18	0.10
2020年	简单前向	中国	0.00	86.38	87.26	37.06	68.07	44.36	92.40	88.53	68.57
		泰国	68.41	0.00	11.91	37.06	17.74	35.78	5.50	7.81	26.36
		越南	29.94	9.19	0.00	25.81	14.18	17.81	1.98	3.23	5.00
		老挝	1.04	3.28	0.52	0.00	0.01	1.42	0.02	0.13	0.05
		柬埔寨	0.61	1.15	0.31	0.06	0.00	0.63	0.10	0.30	0.03
	复杂前向	中国	82.19	83.88	85.53	35.39	76.37	82.63	89.64	86.38	79.12
		泰国	8.37	6.25	11.39	35.39	10.03	8.71	5.75	7.60	11.55
		越南	8.92	7.74	1.46	28.42	13.44	7.86	4.32	5.58	8.77
		老挝	0.33	1.50	0.90	0.54	0.10	0.49	0.16	0.20	0.35
		柬埔寨	0.19	0.62	0.72	0.27	0.05	0.30	0.12	0.24	0.22

注：列所在国家（地区）为中间产品供给方，行所在国家（地区）为中间产品需求方。

本区域的中间产品进口中有 37.57% 来自中国、34.11% 来自泰国以及 25.79% 来自越南，反映出上述三国在简单中间产品供给方面均具有一定的区域竞争力；而在复杂中间产品的区域内供给方面，中国占据了 80.58% 的份额，居于绝对的主导地位；老挝和柬埔寨的占比极小，复杂中间产品供给能力弱。在对区域外的中间产品供给方面，无论是简单价值链活动还是复杂价值链活动，中国也均是占比最高的国家，并高于其他国家。据此可以判断，中国不仅是 GMS 区域内价值链贸易的供给中心，也是对外价值关联的最重要节点国家。将 2010 年数据与 2000 年对比可知：中国在区域价值链贸易中的供给中心地位进一步增强，泰国和越南的供给地位有所下降；但值得注意的是，老挝和柬埔寨对越南简单中间产品的依赖程度有较大幅度上升，反映出越南制造业的较快发展，对区域内简单中间产品的供应能力有所提高。2020 年，无论是简单还是复杂价值链前向生产活动，无论是对区域内还是对区域外的前向联系，中国仍是区域内最重要的供给国家，但整体份额略有下降。以区域内的简单中间产品供给为例，中国由 2010 年的56.31%下降到 2020 年的 44.36%，而泰国略有上升，越南则是由 9.23%上升到17.81%。越南供给能力的提升还体现在复杂价值链活动方面，2010 年美国、欧盟和日本从 GMS 国家进口的复杂中间产品中分别有 1.58%、2.02%和 2.94%来自越南，而这一数据在 2020 年分别为 4.32%、5.58%和 8.77%。反映出在过去的十多年里，随着对 GMS 国家的产业转移，相关国家的中间品供给能力在提高，这有助于区域内国家开展更加紧密的产业协作。

此外，2020 年数据显示：在对本区域复杂前向价值链活动的中间产品进口中，中国有 82.19%是经过本国出口到区域内其他国家，再加工又回到了本国；而泰国、越南、老挝和柬埔寨的这一比例分别为 6.25%、1.46%、0.54%和0.05%，这更反映出中国处于连接区域内各国生产协作的中心位置。

表 7-3 显示了 2000 年、2010 年和 2020 年 GMS 各国价值贸易需求矩阵。2000 年，中国是 GMS 区域价值链贸易的需求中心。无论是简单价值链还是复杂价值链生产活动，无论是对 GMS 其他成员国还是对世界上其他主要国家（区域）而言，中国都是它们在 GMS 国家中最重要的价值链贸易需求国。2010 年，中国在 GMS 区域内简单中间产品需求中的占比有所下降，而对复杂中间产品的需求占比有所上升；在一定程度上反映出中国自加入 WTO 以来，不断扩大对外开放，对国际分工体系的嵌入更加深入，与区域内伙伴国的产业协作更加紧密。2020年数据显示：在简单价值链活动方面，GMS 区域（除中国外）46.51%的中间产品流向了中国，而美国、欧盟和日本对 GMS 区域出口的中间产品中分别有92.39%、93.38%和 78.63%流向了中国，中国是区域内最重要的中间产品目的地国；在复杂价值链活动方面，中国消耗了区域内其他国家对本区域中间产品出口的 74.98%，美国、欧盟和日本对 GMS 区域出口的中间产品中也分别有87.73%、88.92%和 75.59%流向了中国，中国是 GMS 区域对外后向联系的绝对枢纽。

表 7-3　GMS 制造业价值链贸易需求矩阵　　　　　单位:%

		简单后向					复杂后向				
		中国	泰国	越南	老挝	柬埔寨	中国	泰国	越南	老挝	柬埔寨
2000 年	中国	0.00	64.12	31.27	1.14	3.48	82.02	12.28	4.71	0.32	0.66
	泰国	70.93	0.00	24.19	1.18	3.70	76.64	16.48	5.44	0.47	0.96
	越南	86.89	12.54	0.00	0.12	0.44	71.69	17.73	8.54	0.65	1.39
	老挝	26.22	42.88	30.88	0.00	0.02	78.34	10.94	6.77	1.06	2.88
	柬埔寨	19.87	13.67	66.42	0.04	0.00	76.36	16.20	5.16	0.64	1.63
	GMS	47.23	28.22	21.01	0.86	2.68	80.79	13.13	4.97	0.36	0.74
	美国	68.78	28.55	2.44	0.04	0.19	81.07	13.61	4.53	0.24	0.54
	欧盟	78.22	17.67	3.84	0.05	0.22	80.62	14.46	4.16	0.24	0.53
	日本	79.58	13.08	6.34	0.18	0.82	77.49	14.37	6.83	0.49	0.82
2010 年	中国	0.00	47.55	47.65	1.87	2.93	81.59	9.46	8.06	0.10	0.79
	泰国	81.02	0.00	16.22	1.08	1.68	79.25	6.97	12.35	0.16	1.26
	越南	85.92	10.00	0.00	1.68	2.40	86.38	7.84	3.67	0.16	1.95
	老挝	66.65	25.01	8.14	0.00	0.20	72.97	17.32	9.27	0.06	0.37
	柬埔寨	23.72	29.24	46.88	0.16	0.00	54.37	13.90	31.33	0.08	0.32
	GMS	35.33	28.26	32.44	1.55	2.42	81.47	9.20	8.35	0.11	0.87
	美国	88.08	8.74	2.99	0.09	0.10	87.37	8.44	3.92	0.08	0.19
	欧盟	87.52	9.79	2.59	0.03	0.08	86.92	9.33	3.51	0.06	0.18
	日本	82.38	12.42	4.95	0.06	0.18	81.65	10.32	7.44	0.18	0.42
2020 年	中国	0.00	50.17	32.90	4.63	12.30	74.58	7.56	15.18	0.23	2.45
	泰国	88.91	0.00	5.57	1.54	3.97	72.03	5.35	19.16	0.41	3.06
	越南	78.16	13.30	0.00	2.16	6.38	85.04	7.34	2.72	0.36	4.54
	老挝	34.18	59.66	6.08	0.00	0.08	50.06	22.58	26.69	0.11	0.56
	柬埔寨	44.89	46.76	8.21	0.15	0.00	48.23	15.64	35.60	0.09	0.44
	GMS	46.51	25.76	16.72	2.99	8.02	74.98	7.45	14.66	0.25	2.66
	美国	92.39	6.24	1.18	0.03	0.16	87.73	6.76	5.08	0.09	0.34
	欧盟	93.38	5.87	0.62	0.02	0.11	88.92	7.17	3.50	0.09	0.31
	日本	78.63	18.49	2.31	0.11	0.46	75.59	12.71	10.49	0.25	0.96

注：行所在国家（地区）为中间产品需求方，列所在国家（地区）为中间产品供给方。

（二）对传统贸易的分析

传统贸易即最终品贸易，增加值仅跨境一次。从表 7-4 可知：2000 年，泰国、越南从本区域进口的最终产品增加值分别有 93.60%、57.49%来自中国，美国、欧盟和日本从 GMS 区域进口的最终产品增加值中也分别有 88.80%、84.71%和71.00%来自中国，中国是 GMS 国家中毫无疑问的传统贸易增值中心，具备强大的传统贸易增值能力。此外，泰国对区域内外国家的最终产品出口能力也较强，尤其与日本的贸易联系较为紧密。2010 年，泰国和越南对区域内最终产品的供给能力均有较大幅度提升。但受经济体量影响，中国在区域内的传统贸易增值中心地位依然稳固。2020 年数据显示，泰国、越南、老挝和柬埔寨从本区域进口的最终产品增加值分别有 88.30%、71.54%、41.53%和31.34%来自中国，美国、欧盟和日本从 GMS 区域进口的最终产品增加值中也分别有 92.91%、89.74%和74.78%来自中国，中国的传统贸易增值中心地位进一步稳固。

表 7-4　GMS 制造业传统贸易供给矩阵　　　　单位:%

		中国	泰国	越南	老挝	柬埔寨	GMS	美国	欧盟	日本
2000 年	中国	0.00	93.60	57.49	41.43	20.08	78.38	88.80	84.71	71.00
	泰国	60.33	0.00	37.79	41.43	52.98	16.52	9.88	10.90	24.22
	越南	39.12	5.67	0.00	17.10	26.93	4.80	0.53	3.66	4.70
	老挝	0.18	0.47	4.07	0.00	0.02	0.12	0.04	0.11	0.03
	柬埔寨	0.37	0.26	0.65	0.03	0.00	0.18	0.76	0.62	0.05
2010 年	中国	0.00	95.35	82.79	40.14	31.37	63.06	94.54	93.30	78.74
	泰国	69.82	0.00	16.42	40.14	42.36	25.61	2.31	3.10	14.99
	越南	29.36	4.22	0.00	19.66	26.18	10.70	2.75	3.25	6.21
	老挝	0.18	0.07	0.04	0.00	0.08	0.09	0.02	0.02	0.01
	柬埔寨	0.65	0.36	0.74	0.05	0.00	0.53	0.38	0.32	0.05
2020 年	中国	0.00	88.30	71.54	41.53	31.34	79.00	92.91	89.74	74.78
	泰国	54.98	0.00	25.38	41.53	45.23	13.52	2.03	4.49	19.15
	越南	42.69	10.53	0.00	16.86	23.06	6.88	4.59	4.90	5.89
	老挝	0.65	0.40	0.88	0.00	0.37	0.21	0.05	0.10	0.10
	柬埔寨	1.69	0.77	2.20	0.09	0.00	0.39	0.42	0.76	0.08

注：行所在国家（地区）为最终产品需求方，列所在国家（地区）为最终产品供给方。

表 7-5 显示了 GMS 各国对区域内外最终产品增加值的需求情况。2000 年，泰国、越南、老挝和柬埔寨对本区域出口的最终产品增加值分别有 40.21%、58.30%、2.75%和21.06%流向中国，就 GMS 区域整体而言，61.75%的最终产

品增加值被中国吸收；美国、欧盟和日本对 GMS 区域出口的最终产品增加值中也分别有 76.05%、80.77% 和 37.02% 流向中国，中国是 GMS 的传统贸易需求中心，即最大的最终产品消费国。此外，老挝和柬埔寨的最终产品出口主要面向越南，日本的最终产品出口主要面向泰国。2010 年，老挝和柬埔寨对中国的最终产品出口增长是显著的，反映出上述国家的经贸联系随着区域互联互通建设的进行更加密切。截止到 2020 年，中国仍是 GMS 区域传统贸易的最大需求中心，且中国作为最终产品消费市场的增长趋势是显著的，GMS 国家（除中国外）对本区域出口的最终产品增加值有 71.37% 流向中国。在传统贸易的对外联系方面，美国、欧盟和日本出口到 GMS 国家的最终产品增加值也分别有 89.10%、93.30% 和 64.65% 流向中国，中国无疑是 GMS 国家中对外联系的传统贸易需求中心。

表 7-5　GMS 制造业传统贸易需求矩阵　　　　　单位:%

	2000 年					2010 年					2020 年				
	中国	泰国	越南	老挝	柬埔寨	中国	泰国	越南	老挝	柬埔寨	中国	泰国	越南	老挝	柬埔寨
中国	0.00	64.72	30.25	1.76	3.26	0.00	57.14	39.88	0.58	2.41	0.00	56.81	34.22	4.84	4.13
泰国	40.21	0.00	34.64	10.15	15.00	70.73	0.00	19.47	1.80	8.00	47.71	0.00	29.01	9.02	14.26
越南	58.30	15.28	0.00	9.37	17.05	71.18	14.88	0.00	2.11	11.83	57.74	25.22	0.00	5.71	11.33
老挝	2.75	12.72	84.41	0.00	0.12	51.40	29.59	14.49	0.00	4.53	24.33	26.87	43.75	0.00	5.05
柬埔寨	21.06	26.85	51.46	0.63	0.00	31.58	25.73	42.58	0.11	0.00	28.22	22.90	48.53	0.36	0.00
GMS	61.75	26.30	9.40	0.97	1.57	25.95	37.79	30.37	1.05	4.84	71.37	15.91	9.19	1.55	1.97
美国	76.05	21.36	2.20	0.14	0.25	88.28	9.14	2.22	0.06	0.29	89.10	8.47	1.87	0.27	0.29
欧盟	80.77	14.88	3.65	0.25	0.45	94.10	3.89	1.89	0.02	0.10	93.30	4.31	2.14	0.11	0.14
日本	37.02	48.70	6.94	2.45	4.89	66.37	20.65	8.62	0.55	3.81	64.65	18.41	9.93	2.91	4.10

注：行所在国家（地区）为最终产品需求方，列所在国家（地区）为最终产品供给方。

四、GMS 制造业价值链分工水平与角色定位

为进一步探究 GMS 国家的制造业分工水平，本节将绘制一条体现各国分工角色和参与特征的 GMS 制造业区域价值链。具体安排是：用总值数据标记各国工厂在做什么，计算 GMS 各国对其他成员国中间产品出口实现的本国增加值，

具体包括 13 个细分制造业产业；再用上游度指数（Pos_up），即国家产业层面增加值与区域内消费者之间的距离，确定国家产业层面的区域价值链上下游位置；许多发展中国家的一个主要政策目标是"向价值链上游移动"，用出口中包含的中间产品的国内附加值取代外国附加值，因此，分别计算上述各国细分制造业产业的中间产品出口增加值率，用以标记各国工人在做什么。在绘制方法上，本节借鉴 Ye（2015）的做法：用横轴给出上游度指数（Pos_up），表示国家产业层面的上下游位置，越靠近右边的国家产业距离消费者越远，处于价值链的上游，反之亦然；纵轴给出各国主体产业对本区域的中间产品出口增加值率，表示相应的价值链增值能力，越靠近上方的国家产业，中间产品出口增加值率越高，区域价值链增值能力越强；而点的大小代表了国家产业层面加入 GMS 区域价值链所获得的绝对增值收益（单位：百万美元）；平滑线用局部多项式回归平滑法拟合；阴影区域显示了平滑线周围的置信区间。

结果如图 7-4 所示，对比 2000 年、2010 年和 2020 年的情况可以发现：就上下游关系而言，2020 年 GMS 区域价值链中国家产业的分布更加均匀，价值链的上游出现了更多的参与者；但样本期内"中上游强，下游弱"的区域价值链特征依旧没有改变，以至于拟合曲线呈现逐渐由"W"形向"N"形演化的趋势，而非理论中理想的"U"形或"V"形"微笑曲线"。

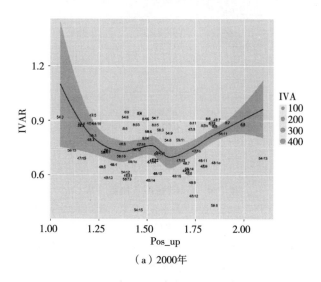

（a）2000年

图 7-4 GMS 区域价值链

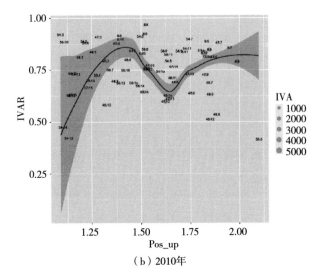

（b）2010年

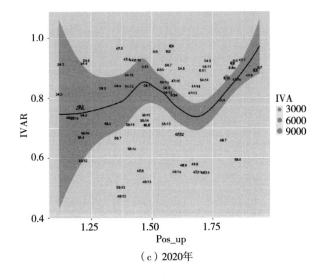

（c）2020年

图 7-4 GMS 区域价值链（续）

注：图中点标签表示国家产业编码，前面的数字表示国家，后面的数字表示产业；如 8.14 表示国家 8（中国）的产业 14（电气和光学设备业）。国家编码如下：8—中国；47—泰国；48—越南；54—老挝；58—柬埔寨。产业编码如下：3—食品、饮料和烟草；4—纺织品；5—皮革和鞋类；6—木材和软木制品；7—纸浆、纸张、印刷和出版；8—焦炭、精炼石油和核燃料；9—化工产业；10—橡胶和塑料；11—其他非金属矿物；12—基本金属和人造金属；13—机械设备制造业；14—电气和光学设备；15—运输设备；16—其他制造业、资源回收业。

从增值收益的角度来看，样本期内，GMS 国家开展制造业价值链协作的主体产业变动不大。最显著的受益者主要包括中国的焦炭、精炼石油和核燃料、化工产业、基本金属和人造金属产业（8.8、8.9、8.12），泰国的橡胶和塑料、其他非金属矿物、基本金属和人造金属（47.10、47.11、47.12）等。上述产业是 GMS 国家开展制造业价值链协作的主体产业。

从价值链增值比例来说，GMS 区域价值链增值能力最突出的产业多位于价值链中上游。包括中国的食品、饮料和烟草以及纺织品（8.3、8.4）、泰国的皮革和鞋类（47.5），老挝的木材和软木制品以及纸浆、纸张、印刷和出版（54.6、54.7）。上述行业多属于传统制造业，分工链条短，中间产品的出口增加值率高。此外，图 7-4 中产业分布在样本期内有向下移动的趋势，即中间产品的出口增加值率有所下降，这意味着中间产品出口中的国外增加值率在上升，表明区域内制造业的分工水平有所提高。

样本期内，发生最为显著的变化是 GMS 国家制造业价值链贸易的规模。图 7-4 中用点的大小表示增值规模，2000 年的数据显示，各成员国的增值收益均处在 1 亿美元及其以下级别，而在 2010 年，相关主体产业的增值规模已达到 10 亿美元级别；2020 年，以中国基本金属和人造金属为代表的相关主体产业已趋近百亿美元级别。表明随着区域内分工水平以及经济发展程度的提高，各成员国开展价值链贸易的规模也在逐步提升。

本章小结

本章首先基于"微观—中观—宏观"的多重视角，深入分析了在"一带一路"倡议加速推进以及 RCEP 贸易协定正式生效等背景下，GMS 地区制造业价值链升级的演进机理与路径选择。明确了微观层面的价值链升级是企业创新能力的升级，受益于产业转移带来的技术溢出效应、专业化生产带来的"干中学"效应、市场扩大带来的竞争效应以及新兴技术带来的"弯道超车"效应；中观层面的价值链升级是产业增值能力的升级，源于产业集聚效应、规模经济效应、产业结构优化效应和产业融合效应；而宏观层面的价值链升级有赖于演化经济学范式下制度变迁与技术革新的动态匹配，其中包括：市场化带来的竞争效应、对外开放带来的制度趋同效应和本土化的制度创新效应；强调了制度的动态变迁及其与技术的匹配状况对 GMS 国家增强产业发展动力，实现价值链地位跃迁的重要影响。

在具体路径选择上，微观层面要依托现有区域合作框架，聚焦自身比较优势，通过优势互补增强自身竞争力；中观层面要以国际产业园区为抓手，实现产业结构优化升级；宏观层面要在贸易开放条件下，推动制度创新与技术创新的协同演进，通过有效市场机制的建立，激发各经济主体的内在动力，实现比较优势的迭代更新，同时基于有为政府优化引资环境。

其次，通过对 GMS 区域投入产出数据的分解计算，从内向化趋势、增加值供需中心两个方面，分析了 GMS 区域价值链结构演化历程与特征，发现：

（1）2000～2020 年，GMS 区域价值链呈现内向化发展趋势。一是区域价值合作规模在扩大，成员国间增加值贸易增长迅速；各成员国贸易活动向本区域集聚的趋势明显，成员国间的贸易依赖程度在增强。二是区域价值链合作程度在深化，一方面表现为区域各国价值链生产活动中，简单价值链生产活动的比重在下降，而复杂价值链生产活动比重在上升；另一方面表现为 GMS 区域价值链的平均生产长度延长净值为正，其发展速度要快于全球价值链。

（2）样本期内，中国一直是 GMS 区域价值链的增加值供需中心。这里的增加值既包括传统贸易增加值，又包括价值链贸易增加值；中心既是对区域内各国增加值联系的中心，也是对外与世界其他生产网络增值联系的中心。泰国和越南在价值链贸易增加值的供给地位尤其是简单价值链方面有较大提升；老挝与柬埔寨对中国的传统贸易出口也有着快速的增长，双边贸易往来随着互联互通水平的提高日益密切。

（3）样本期内，GMS 区域价值链的上下游出现了更多参与者，产业分布更加均匀，分工格局日益清晰。此外，GMS 区域价值链合作的主体产业变动不大，产业结构有待进一步优化，也意味着未来区域分工协作的空间巨大。在规模方面，区域制造业价值链贸易经历了快速的增长。

因此，获得以下启示：

（1）GMS 为中国应对逆全球化问题提供了可行方案。逆全球化给中国经济带来的堵点是技术封锁和市场萎缩，而 GMS 区域价值链为应对逆全球化给出的策略是"创新+内需"，以解决价值链生产活动两头在外的问题。GMS 区域价值链的构建一方面为中国科技创新提供了重要的发展空间；另一方面，中国和东盟作为世界上发展最快的经济板块，不断壮大的中等收入群体为中国经济提供了广阔的市场。

（2）参与和主导价值链有着完全不同的影响。全球价值链的发展为广大发展中国家提供了即插即用型的"插座式"工业化模式，这使一国工业化进程变得容易，但也失去了原有意义。中国追求的不是一个依附型的经济发展模式，而是坚持走独立发展、自力更生式的中国特色社会主义发展道路。可行路径是依托 GMS 构建新型区域价值链，建立安全可控的价值链条，拓展国际发展空间，进而重构由发达国家主导的全球价值链，打造均衡的全球化收益分配格局，以应对逆全球化对全球经济合作的冲击。

（3）科技创新和挖掘内需是未来 GMS 区域构建完整价值链的重要努力方向，这对中国来说是重要机遇。美国对中国高科技企业的制裁凸显了独立自主的重要意义，一方面要通过自主创新补齐产业短板，确保我国经济发展在安全可控的框架下运行；另一方面，在后发红利逐渐消失的背景下，要把握全球经济数字化的历史机遇，通过科技创新增强经济持续发展动力，有助于构建以国内大循环为主体、国内国际双循环相互促进的新发展格局。内需是构建新发展格局的战略基点，通过激发中国超大规模市场优势，降低对区域外部市场的依赖，可以为重构亚太区域价值链奠定市场基础，为培育一批具备国际竞争力的新兴产业创造市场空间，有助于中国在提升价值链增值能力的同时，补全 GMS 区域价值链的高端环节。

（4）GMS 区域价值链重构的难点在于多方利益的协调和建立统一高效的治理机制，要避免走向因利益分配不均而导致合作机制分崩离析的历史弯路，其中的利益分配既包括国家之间的利益分配，也包括国家内部不同群体间的利益分配，只有让更多人享受到发展红利的全球化才是可持续的。对中国而言，一方面要贯彻人类命运共同体这一价值观，以本国发展促进各国共同发展；另一方面要将对外开放与平衡发展相结合，让全体人民共享对外开放红利，构建中国平衡发展新格局。

第八章 制造业价值链升级路径选择

——以云南省为例

本章我们梳理以往有关价值链升级的相关文献，得出云南省制造业价值链升级的三条路径：高效率路径、高附加值路径以及混合路径。通过构建生产效率指标和附加值指标，基于产业异质性对云南省制造业细分产业价值链升级路径进行选择。

第一节 云南省制造业价值链升级机理分析

国内外对价值链升级的研究多将重点放在价值链分工位置的攀升上面，一类文献基于 Koopman 等（2012）提出的全球价值链位置指数（GVC-position），将一国参与国际贸易的中间产品供给与使用比例作为 GVC 上下游的判断标准，这一比例越大则越靠近 GVC 上游，向 GVC 上游发展是提升中国分工地位，增加分工收益的有效途径；另一类文献以 Antras 等（2012）设计的上游度指数（Up-straeamness）基础，测算了产品从原材料到最终产品之间的距离，这一指数越大，越接近 GVC 的上游。随着人均国内生产总值的提升，上游度指数会逐渐降低，往下游发展有利于获取高附加值，促进产业升级（洪银兴，2013）。对于两类文献得出相反的 GVC 升级方向，有的学者认为这是由于侧重制造业的整体分析，缺乏对产业异质性的讨论导致的，因此本章将基于产业异质性对细分产业的价值链升级路径进行匹配研究。

此外，考虑到云南省作为我国的西部省份，制造业结构具有一定的地区特征，如 2019 年烟草制品业增加值占制造业整体增加值的 37.42%，是云南省制造业的绝对主导产业，但烟草行业对 GMS 区域价值链甚至全球价值链的参与程度都是有限的，如果按照分工位置攀升的思路研究烟草制品业价值链攀升显然是不合适的，因此本研究跳出价值链升级的传统研究思路，回到价值链升级的含义本身，对云南省制造业价值链升级路径展开研究。

Porter（1985）指出价值链存在不同的环节，而不同环节产生的价值是不同的；而某一产业的价值链升级应该体现为更高效地生产和从事更高附加值的生产环节，这也是一国制造业价值链分工地位提升的集中表现。

由经济学中经典的边际生产力递减规律我们可知，在技术给定和其他要素投入不变的情况下，增加某种生产要素的投入，当该生产要素投入数量增加到一定程度以后，增加一单位要素所带来的产量增加量是递减的；如果我们将产业在价值链升级路径的努力类比为不同的生产要素投入，可以得到持续在一个升级维度上投入，价值链边际升级效应递减的结论；因此本章从产业异质性出发，在生产效率和附加值水平两个维度度量样本期内云南省各细分制造业价值链升级表现，进而对各细分产业进行分类，将升级表现差的维度定义为未来的升级方向，实现不同细分产业匹配不同的价值链升级路径。

基于以上匹配思路，本章提出云南省制造业价值链升级的三条路径：高效率路径、高附加值路径以及混合路径。具体而言，高效率路径是指保持现有产业分工角色不变，通过提高技术水平和管理水平、完善基础配套设施以及提高营销能力等，降低生产成本，提高产出效率，进而增强价值链增值能力，实现价值链升级；高附加值路径指的是通过科技研发等，逐步将产业发展重点由低附加值环节向高附加值环节转移，最终改变现有产业发展对象，实现高附加值环节对低附加值环节的替代，进而实现价值链升级；而混合路径指的是"两条腿走路"，在产业价值链升级过程中，既注重生产效率的提升，又注重高附加值环节对低附加值环节的替代，同步提升增加值获取能力和价值链控制能力。

第二节 云南省制造业价值链升级度量指标构建

（一）生产效率指标

某产业人均利润增长率反映了该产业生产效率的变化情况，我们将其作为样本期内云南省制造业各细分产业价值链升级在生产效率维度上具体表现的衡量指标。在处理方法上，我们首先从《云南省统计年鉴》中选取 2010~2019 年云南省制造业各细分产业的产业利润和就业人数，计算得到所有细分产业各年份人均利润创造额，进而计算得到样本期内年均增长率；为了消除宏观经济环境对各细分产业人均利润增长率的影响，我们将各细分产业人均利润增长率减去制造业整体人均利润增长率，进而实现对各细分产业人均利润增长率的标准化处理，更能真实反映样本期内制造业各细分产业生产效率的变化情况，公式如下：

$$PT_i = \sqrt[n-1]{\frac{B}{A}} - PT_0 \tag{8-1}$$

式（8-1）中，PT_i 表示 i 产业样本期内年人均利润增长率；为了减少不同年份的数据波动影响，A 和 B 分别指样本期内前三年和后三年均值；n 是以年为单位的样本时长；PT_0 指样本期内制造业整体年人均利润增长率。

（二）附加值指标

产业增加值率是产业增加值在总产值中的占比，反映了经济体的投入产出效益和增长速度，是一个地区工业企业盈利能力和发展水平的综合体现，其增加值率直接决定着一个地区的发展水平和效益水平，产业增加值率越高，产业的附加值越高、盈利水平越高，投入产出的效果也就越佳，我们将产业增加值增长率作为样本期内云南省制造业各细分产业价值链升级在附加值维度上具体表现的衡量指标。为计算这一指标，我们首先从《云南省统计年鉴》中选取 2010～2019 年云南省制造业各细分产业的工业产值和产业增加值，计算得到各产业的产业增加值率，鉴于产业增加值率变化趋势稳定，我们对其做均值处理；同样，为了消除宏观经济环境对各细分产业的产业增加值率的影响，我们将各细分产业的产业增加值率均值减去制造业整体产业增加值率均值，称为产业增加值变化率。公式如下：

$$ADR_i = \overline{ADD_i} - ADD_0 \tag{8-2}$$

式（8-2）中，ADR_i 指 i 产业样本期内产业增加值变化率；$\overline{ADD_i}$ 和 ADD_0 分别指 i 产业样本期内产业增加值率均值以及制造业整体产业增加值率。

第三节　云南省制造业价值链升级路径选择

通过计算，我们得到云南省制造业 31 个细分产业的生产效率指标和附加值指标，并将其以坐标轴的形式呈现，如图 8-1 所示，纵轴为附加值指标，横轴为生产效率指标，原点 A 代表制造业整体，由于做了标准化处理，其横纵坐标数值均为零，而各细分产业围绕原点分布在四个象限内，其具体意义是：第一象限内，横纵坐标数值均为正，表明样本期内该象限内的产业在生产效率和附加值两个维度上的表现均好于制造业整体水平，与之相反的是第三象限内的点表示，样本期内这些细分产业在生产效率和附加值两个维度上的表现均低于制造业整体水平，而无论是高于还是低于制造业整体水平，其未来都应继续从生产效率和高附加值两个维度着手推动价值链升级，我们称为价值链升级的混合路径；对于分布在第二象限内的产业来说，其在生产效率上的表现超过制造业整体水平，但在附加值维度的表现低于制造业整体水平，因此对于这类产业来说，为了避免出现价值链边际升级效应递减，未来发展重点应该是提升产业附加值，实现高附加值生产环节对低附加值生产环节的替换，我们称之为高附加值路径；与之类似，位于第四象限内产业的生产效率提升低于制造业整体水平，但在附加值维度的表现超过制造业整体水平，对于这类产业来说，未来升级方向应该是向生产效率倾斜，我们称之为高效率路径。

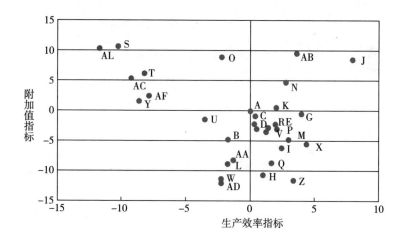

图 8-1　细分产业价值链升级路径选择坐标

通过整理，我们得到各细分产业价值链升级路径汇总，如表 8-1 所示，劳动密集型产业主要集中在高效率路径，占据了 12 个细分产业中的 8 个，对于这 8 个细分产业来说，又可以将其分为两类，一类是具有云南省地区特色的制造业产业，例如烟草制造业和食品制造业，这类产业的特点是对 GMS 区域价值链的参与程度低，其生产过程基本是在本地区完成的，较少涉及跨境生产和中间品贸易，而且其生产环节相对来说较短，向高端环节攀升空间也较小，因此其价值链升级方向主要是提高生产效率，提高投入产出比；另一类产业以纺织业、制鞋业为代表，对 GMS 区域价值链嵌入程度较深，过去一段时间在向高附加值环节攀升方面效果明显，甚至在高附加值环节已经建立一定竞争优势，继续向上攀升空间较小，未来应致力于维持现有分工环节优势，进一步提升生产效率。

表 8-1　云南省制造业价值链升级路径分类

	高效率路径	高附加值路径	混合路径
劳动密集型（12）	C. 食品制造业；D. 烟酒饮料和精制茶制造业；E. 烟草制造业；F. 纺织业；H. 皮革、毛皮、羽毛及其制品和制鞋业；I. 木材加工及木、竹、藤、棕、草制品业；G. 纺织服装、服饰业；M. 文教、工美、体育和娱乐用品制造业；（8）	（0）	B. 农副食品工业；J. 家具制造业；K. 造纸及纸制品业；L. 印刷业和记录媒介的复制；（4）
资本密集型（13）	R. 橡胶和塑料制品业；V. 金属制造业；X. 专用设备制造业；Q. 化学纤维制造业；（4）	O. 化学原料及化学制品；S. 非金属矿物制品；T. 黑色金属冶炼及压延工业；Y. 汽车制造业；AE. 废弃资源综合利用业；AF. 金属制品、机械和设备修理业；（6）	N. 石油加工、炼焦及核燃料工业；T. 有色金属冶炼及压延工业；W. 通用设备制造业；（3）
技术密集型（6）	P. 医药制造业；Z. 铁路、船舶、航空航天和其他运输设备制造业；（2）	AC. 仪器仪表制造业；（1）	AB. 计算机、通信和其他电子设备制造业；AA. 电气机械及器材制造业；AD. 其他制造业；（3）

以冶金、装备制造为代表的资本密集型产业一直是云南省制造业的支柱产业，其升级路径主要集中于高附加值路径，也反映了这些产业"大而不强"的特点，仍处于价值链的低端环节；云南省技术密集型制造业发展基础较为薄弱，在增加值和产值占比方面都比较小，发展空间巨大，以上特点反映在升级路径上，表现为在混合路径上的集中。

受经典的边际生产力递减规律启发，将在不同价值链升级路径上的努力类比为不同的生产要素投入，借助生产效率和附加值指标对云南省制造业各细分产业在 GMS 区域价值链不同升级方向上的表现，实现对各细分产业的分类，提出三条价值链升级路径：高效率路径、高附加值路径和混合路径，并根据其产业异质性匹配不同的价值链升级路径。不同分类下的制造业倾向于不同的价值链升级路径：劳动密集型制造业多倾向于高效率路径，这一方面反映了云南省劳动密集型制造业的在地化特征，另一方面反映了部分产业在 GMS 区域价值链高端生产环节具备一定的竞争优势；资本密集型制造业倾向于高附加值路径，这容易让人联想到云南省资本密集型制造业"大而不强"的特点，技术水平较低，从事的多是价值链分工低端环节，急需向高端环节攀升；而技术密集型制造业倾向于混合路径，这与云南省技术密集型制造业发展基础薄弱、缺乏国际竞争力有关。

第四节　云南省制造业价值链升级的结论与建议

一、云南省制造业价值链升级的主要结论

本章多角度分析了云南省制造业在国际分工背景下的发展现状，在 GMS 区域价值链构建可行性的基础上，从生产效率和附加值两个维度研究细分产业价值链升级路径的匹配问题。本研究在全球价值链重构的国际背景以及在强化供给侧改革、实现经济高质量发展的国内背景下具有重要的现实意义。具体研究结论有以下三点：

（1）云南省制造业在过去十年里发展迅速，但产业结构不甚合理，呈现"轻工靠烟草，重工靠资源"的局面，高技术制造业基础薄弱。近年来，云南省制造业无论是企业数量、总产值、增加值，还是利税额、带动的就业人员数和出口额都在平稳增长；云南省制造业是促进本省财富增长、就业增长、社会稳定、政府收入增加和出口创汇的主要力量。但要注意的是，虽然云南省制造业增长速度比较快，但是制造业附加值和获得的经济利益并不高，主要集中于劳动密集型以及劳动密集型和技术密集型相结合的加工业，高技术制造业发展迟缓。

（2）GMS 区域价值链的构建具备可行性，且发展空间广阔，积极参与 GMS 区域价值链有助于提升云南省制造业分工位置。其路径主要有两个：一是借助区域价值链构建对云南省低端制造业产业内竞争优势的"放大效应"，发挥产业内的比较优势，实现由价值链低端环节向价值链高端环节的攀升；二是发挥云南省

在中高端制造业的产业间比较优势，规避国际市场的激烈竞争，开拓发展新空间，依托 GMS 区域的市场优势培育新产业、开发新技术，实现产业结构的升级和技术进步，提高制造业整体发展水平，最终实现全球价值链分工位置攀升。

（3）在本章的理论框架下，云南省制造业升级存在三种路径：高效率路径、高附加值路径和混合路径。不同分类下的制造业倾向于不同的价值链升级路径：劳动密集型制造业多倾向于高效率路径；资本密集型制造业倾向于高附加值路径；而技术密集型制造业倾向于混合路径，这与云南省技术密集型制造业发展基础薄弱、缺乏国际竞争力有关。

二、云南省制造业价值链升级的对策建议

基于以上结论，对于 GMS 区域价值链视角下云南省制造业价值链升级问题，有以下对策及建议：

（1）加强规划顶层设计，发展壮大战略性新兴产业。回顾发达国家的产业升级历程，可以发现产业升级的背后从来离不开政府的产业政策。面对亟待升级的云南省制造业，政府应基于云南省资源禀赋优势，加强规划顶层设计。云南省的生物医药和绿色能源等产业在过去一段时间内实现了快速的增长，有着可观的产业基础，发展前景广阔，在分配资源和政策制定时应向该类新兴产业适当倾斜，通过扶持重点产业的发展为云南省制造业发展注入新的动力，进而带动制造业整体的优化升级。

（2）改造传统产业，激发发展新动能。本研究通过对云南省制造业发展现状的评估发现，云南省制造业产业结构较为传统，烟草产业、冶金和能源产业是绝对的支柱产业，且该类产业的在地化特征明显，对价值链分工的参与度较低。基于此，云南省制造业升级的一个重要方向就是推动传统产业转型升级，例如通过产业数字化等对传统制造业企业进行改造，激发传统产业发展动力。

（3）深刻把握云南省"边疆"和"山区"两大区位特点。"边疆"不代表封闭偏远，而是对外联系的窗口和对外开放的新高地。云南省具有沟通太平洋和印度洋，连接中国、东南亚、南亚三大市场的独特区位优势和良好的自然、经济和社会环境。政府应利用本省的地缘优势，借助国家"一带一路"建设的持续推进，依托国内制造业产业转移、产业链延伸的发展需求，发挥辐射效应，建立完备的物流、仓储、信息产业，积极参与 GMS 区域价值链，实现在区域价值链中的产业升级。努力把云南省建设成面向南亚、东南亚的国际通信枢纽和区域信息汇集中心，以及区域性物流中心和国际物流大通道。此外，云南 94% 的山地占

比这一地形特点注定了分散式的工业布局是不符合云南实际的，因此要坚持强省会战略，将先进制造业集群布局在以昆明为中心的滇中城市群，降低物流和协作成本。

（4）积极响应国家碳中和战略目标，积极参与全国碳排放市场建设，为发展绿色经济提前布局。碳交易为产业发展和企业成长开辟了新的竞争维度，这对云南省制造业来说，既是机遇，又是挑战。机遇在于打好"绿色发展牌"，相关企业将在新的竞争维度上建立竞争优势，实现"弯道超车"，如特斯拉虽然汽车业务是亏损的，但通过碳交易实现盈利 16 亿美元；挑战在于，如果不能及时淘汰落后产能，加快产业结构调整，原本就严重依靠冶金、能源等高耗能产业的云南省制造业将面临更严峻的发展格局，发展空间也将进一步缩小。

（5）加快发展生产性服务业，依托地缘优势积极参与 GMS 区域价值链构建。生产性服务业具有专业性强、创新活跃、产业融合度高、带动作用显著等特点，加快生产性服务业发展，有利于云南省制造业加快调结构转方式、促进经济提质增效。一方面，政府要引导企业进一步打破"大而全""小而全"的格局，分离和外包非核心业务，研究制定促进制造业主辅分离的有关政策措施。另一方面，应以扩大开放促进生产性服务业发展。云南具有沟通太平洋和印度洋，连接中国、东南亚、南亚三大市场的独特区位优势和良好的自然、经济和社会环境。政府应利用本省的地缘优势，依托国内制造业产业转移、产业链延伸的发展需求，发挥辐射效应，建立完备的物流、仓储、信息产业，积极参与 GMS 区域价值链，实现在区域价值链中的产业升级。努力把云南省建设成面向南亚、东南亚的国际通信枢纽和区域信息汇集中心，以及区域性物流中心和国际物流大通道。

（6）承接中高端产业转移，引进优质投资，以科技创新带动产业升级。科技创新是发展中国家实现全球价值链下的产业升级的核心驱动力，也是突破发达国家跨国公司"低端锁定"的关键所在。加大研发资金和固定资本投入力度、激励省内制造业企业进行技术创新、改善制造业的生产硬件，是云南省制造业升级的核心对策。目前，云南省缺乏中高端制造业企业，理工类高校、研究院所数量较少、门类不全，制造业整体科研能力较弱，单凭省内现有资源和条件较难实现升级目标。因此，云南省应把承接中高端制造业的产业转移、吸引高质量投资作为制造业价值链升级的重要起点。政府需做好相关配套设施的建设和配套引进政策的合理设计，以抓好项目落地为重点，加大签约项目用地、环评、用工、配套设施等协调，提高项目履约率和资金到位率，使招商引资工作落到实处，为云南工业经济增长注入新的动力。引入中高端制造业企业后，应把研发创新投入和高端人才引进作为战略规划，深化物质资本密度，在向优质创新企业学习的同时，努力实现属于云南本土的科技创新。最后，依托科技创新成果，中高端制造业应积极创建自主品牌，将科技成果转化为利润增长点，建立从设计研发、生产制造到销售的完整的价值链，逐步摆脱云南省原有的代工生产模式，引领和带动更多的企业走"专特优精"的发展道路，实现功能升级和链条升级。

（7）吸引高端科技人才，培养技术型劳动力，"内培外引"促进制造业人力资本结构向高级化转型。高级人力资本对云南省技术密集型制造业的升级影响不显著，说明在高端制造业中，云南省缺乏科技创新人才。政府需要实施人才战略，以增强人力资本结构高级化的内生驱动力，并实现借力推动。对省内，要贯彻落实党的十九大提出的"促进各级各类教育协调发展""优先发展教育战略"，统筹提升人才培养层次与质量，创新人才培育的体制机制，大力实施人才培养计划，并以加快科技成果产业化为抓手，强化人力资本结构高级化对科技创新的推动作用及其与产业结构升级的动态匹配。对省外，应发布具有吸引力的人才引进政策。目前，以西安、成都、郑州、合肥为代表的中西部省会城市，都在通过落户、购房、工作等方面的福利政策吸引高端人才，昆明应结合自身优势发布人才引进政策，充分发挥省会城市的人才集聚作用，通过借助外部智力加快人力资本结构高级化。

附录　企业价值链升级研究调查问卷

您好！感谢贵公司对本次问卷调研活动给予的支持！我们承诺所获得的信息只用于"区域价值链合作视角下 GMS 制造业价值链演进机理与升级路径研究"工作，并严格为您保密！

一、企业概况

企业名称：_____地区：_____

1. 企业所属行业类型：

☐机械/设备　　　　　☐纺织/服装　　　　　☐石化/化工

☐农产品/食品加工　　☐新能源/节能环保　　☐生物技术

☐新材料　　　　　　☐电子信息　　　　　☐其他

2. 企业性质：

☐国有企业　☐集体企业　☐联营企业　☐股份合作制企业

☐私营企业　☐个体户　☐合伙企业　☐有限责任公司　☐股份有限公司

3. 企业创建年限：

☐1~4 年　　　　☐5~10 年　　　　☐11~20 年　　　　☐21~30 年

☐31~40 年　　　☐41~50 年　　　☐50 年以上

4. 企业员工数量：

☐20 人以下　　☐20~299 人　　☐300~999 人　　☐1000 人以上

5. 2021 年企业营业收入：

☐300 万元以下　　☐300 万~1999 万元　　☐2000 万~39999 万元

☐4 亿元以上

6. 企业总资产：

☐300 万元以下　　☐300 万~4999 万元　　☐5000 万~8 亿元

☐8 亿元以上

二、企业经营情况

7. 2021 年企业销售情况：

□上升　　□下降　　□持平

若上升或下降，幅度为：□5%以下　□5%~15%　□16%~30%　□30%以上

8. 2021 年企业利润情况：

□上升　□下降　□持平

若上升或下降，幅度为：□5%以下　□5%~15%　□16%~30%　□30%以上

9. 企业在市场拓展过程中面临的最大制约因素是：

□资金缺乏　　　　　□风险抵御能力弱　　　□市场定位能力不足

□市场营销人才缺乏　□市场渠道不畅　　　　□其他

10. 企业研发人员数量：

□5 人以下　□5~10 人　　□10~20 人　　□16~19 人　　□20 人以上

11. 企业研发经费：

□10 万元以下　□10 万~50 万元　□50 万~100 万元　□100 万元以上

12. 企业专利数量：

专利数量：_____，其中，发明专利：_____，外观专利：_____；

实用新型专利：_____，已投入实际生产的专利：_____。

13. 企业与高校或研究机构的合作情况：

□共建研发中心，设在本企业　　　□共建研发中心，设在高校或研究机构

□聘请兼职或技术顾问　　□委托开发　　□购买技术　　□尚未合作

三、影响企业利润的因素

14. 影响贵企业利润的最主要因素是什么？

15. 提高企业利润的最重要的措施是什么？

16. 阻碍企业提供利润的主要障碍是什么？

17. 您对企业发展有何建议？

四、企业价值链升级能力的影响因素评分

单位：分

影响因素			完全 负面影响	轻微 负面影响	无影响	轻微 正面影响	完全 正面影响
内部 因素	企业规模	年营业收入	1	2	3	4	5
		资产总额	1	2	3	4	5
		员工人数	1	2	3	4	5
	企业人力资源	员工文化水平	1	2	3	4	5
		员工培训	1	2	3	4	5
		员工支持	1	2	3	4	5
		人才激励制度	1	2	3	4	5
	企业研发能力	机械设备先进	1	2	3	4	5
		研发资金投入	1	2	3	4	5
		研发团队实力	1	2	3	4	5
		与高校科研机构合作	1	2	3	4	5
	企业家能力	企业家价值观	1	2	3	4	5
		企业家个性	1	2	3	4	5
		企业家管理能力	1	2	3	4	5
		企业家预测能力	1	2	3	4	5
外部 因素	政府政策	融资政策	1	2	3	4	5
		优惠政策	1	2	3	4	5
		转型政策	1	2	3	4	5
	区域状况	地区经济发展水平	1	2	3	4	5
		交通运输状况	1	2	3	4	5
		人力资源充裕度	1	2	3	4	5
		地理位置及资源优势	1	2	3	4	5

参考文献

［1］ Amsden A H. Appropriate technology ［M］. Economic Development. Palgrave Macmillan UK, 1989.

［2］ Antràs P, Chor D, Fally T, et al. Measuring the upstreamness of production and trade flows ［J］. American Economic Review, 2012, 102 (3): 412-416.

［3］ Azmeh A S, Nadvi B K. Asian firms and the restructuring of global value chains ［J］. Internationl Business Review, 2014, 23 (4): 708-717.

［4］ Babiker M H. Climate change policy, market structure and carbon leakage ［J］. Journal of International Economics, 2005, 65 (2): 1-445.

［5］ Baldwin R, Okubo T. Networked FDI: Sales and sourcing patterns of Japanese foreign affiliates ［J］. The World Economy, 2012, 37 (8): 1051-1080.

［6］ Baldwin R, Venables A J. Spiders and snakes: Offshoring and agglomeration in the global economy ［J］. Journal of International Economics, 2013, 90 (2): 245-254.

［7］ Bohtinger C, Muller A, Schneider J. Carbon tariffs revisited ［J］. Journal of the Association of Environmental and Resource Economists, 2015, 2 (4): 629-672.

［8］ Branger F, Quirion P. Would border carbon adjustments prevent carbon leakage and heavy industry competitiveness losses? Insights from a meta-analysis of recent economic studies ［J］. Ecological Economics, 2014: 99.

［9］ Bair J., Gereffi G. Upgrading, uneven development, and jobs in the North American apparel industry ［J］. Global Network, 2003, 3 (2): 143-169.

［10］ Chatterji S, Ghosal S, Walsh S, et al. Unilateral measures and emissions mitigation ［D］. Singapore: Singapore Management University, 2009.

［11］ Dong Y, Whally J. Carbon motivated regional trade arrangements: Analytics and simulations ［J］. Economic Modelling, 2011, 28 (6).

［12］ Dosi G. Opportunities, incentives and the collective patterns of technological change [J]. Economic Journal, 1997, 107 (444): 1530-1547.

[13] Du J, Fang H, Jin X. The "growth-first strategy" and the imbalance between consumption and investment in China [J]. China Economic Review, 2014, 31: 441-458.

[14] Forbes N, Wield D. From followers to leaders: Managing technology and innovation in newly industrialized countries [J]. Long Range Planning, 2002, 37 (4): 371-372.

[15] Francois J F. Producer services, scale, and the division of labor [J]. Oxford Economic Papers, 1990, 42 (4): 715-729.

[16] Frederick S, Staritz C. Developments in the global apparel industry after the MFA phaseout [M]. Sewing Success, 2012.

[17] Gereffi G. The organization of buyer-driven global commodity chains: How US retailers shape overseas production networks [J]. Commodity Chains and Global Capitalism, 1994: 95-122.

[18] Gereffi G. International trade and industrial upgrading in the apparel commodity chain [J]. Journal of International Economics, 1999, 48 (1): 37-70.

[19] Gereffi G, Humphrey J, Kaplinsky R, and Sturgeon T. Introduction: Globalisation, value chains and development [J]. IDS Bulletin, 2001, 32 (3): 1-8.

[20] González J L, Jouanjean M A. Digital trade: Developing a framework for analysis [J]. OECD Trade Policy Papers, 2017: 9-14.

[21] Hansen B E. Sample splitting and threshold estimation [J]. Econometrica, 2000, 68 (3): 575-603.

[22] Hausmann R, Hwang J, Rodrik D. What you export matters [J]. Journal of Economic Growth, 2007, 12 (1): 1-25.

[23] Hummels D L, Ishii J, Yi K M. The nature and growth of vertical specialization in world trade [J]. Journal of International Economics, 2001, 54 (1): 75-96.

[24] Humphrey J, Schmitz H. Developing country firms in the world economy: Governance and upgrading in global value chains, INEF report [J]. Institute for Development and Peace, Univerity of Duisburg: Duisburg, 2002.

[25] Johnson R C, Noguera G. Accounting for intermediates: Production sharing and trade in value added [J]. Journal of International Economics, 2012, 86 (2): 224-236.

［26］ Kaplinsky R, Morris M. A handbook for value chain research ［R］. IDRC Ottawa, 2001.

［27］ Kogut B. Designing global strategies: Comparative and competitive value-added chains ［J］. Sloan Management Review, 1985, 26 (4): 15.

［28］ Koopman R, Powers W, Wang Z, Wei S J. Give credit where credit is due: Tracing value added in global production chains ［R］. NBER Working Paper No. 16426, 2010.

［29］ Koopman R, Wang Z, Wei S J. Tracing Value-Added and Double Counting in Gross Exports ［J］. American Economic Review, 2014, 104 (2): 459-494.

［30］ Krugman P. Carbon dioxide emission embodied in international trade of goods ［R］. OCED Science: Technology and Industry Working Papers, 2003.

［31］ Koopman R, Wang Z. Wei S. J. Estimating domestic content in exports when processing trade is pervasive ［J］. Journal of Development Economics, 2012, 99 (1): 178-189.

［32］ Koopman R, Wang Z, Wei S J. Tracing value-added and double counting in gross exports ［J］. American Economic Review, 2014, 104 (2): 459-494.

［33］ Krugman P. Development, geography, and economic theory ［M］. Cambridge, Mass: MIT Press, 1995.

［34］ Lall S. et al. Explaining Industrial Success in the Developing World. ［M］ // Lall S, Balasubramanyam, Vudayagiri N. Hampshire: Macmillan Education, 1991.

［35］ Lanz R, Lundquist K, Mansio G, et al. E-commerce and developing country-SME participation in global value chains ［J］. WTO Staff Working Papers, 2018.

［36］ Larch M, Wanner J. Carbon tariffs: An analysis of the trade, welfare, and emission effects ［J］. Journal of International Economics, 2017, 109.

［37］ Lockwood B, Whalley J. Carbon-motivated border tax adjustments: Old wine in green bottles? ［J］. World Economy, 2010, 33 (6): 810-819.

［38］ Melitz M J. The impact of trade on intra-industry reallocations and aggregate industry productivity ［J］. Econometrica, 2003, 71 (6) .

［39］ Nelson R R, Winter S G. Evolutionary theorizing in economics ［J］. Journal of Economic Perspectives, 2002, 16 (2): 23-46.

［40］ Porter M E, Millar V E. How information gives you competitive advantage ［J］. Harvard Business Review, 1985, 63 (4): 149-160.

［41］Schumpeter J A. The theory of economic development：An inquiry into profits，capital，credit，interest and the business cycle［M］. Cambridge，Mass：Harvard University Press，1934：18-19.

［42］Schumpeter T. The potential for new innovation research through "Econoinformatics"［J］. Econoinformatics，2012.

［43］Upward R，Wang Z，Zheng J. Weighing china's export basket：The domestic content and technology intensity of Chinese exports［J］. Journal of Comparative Economics，2013，41（2）：527-543.

［44］Wang Z，Wei S J，Zhu K. Quantifying international production sharing at the bilateral and sector levels［R］. National Bureau of Economic Research，2013.

［45］Wang Z，Wei S J，Yu X，Zhu K. Characterizing global value chains：Production length and upstreamness［R］. NBER Working Papers，No. 23261，2017a.

［46］Wang Z，Wei S J，Yu X，Zhu K. Measures of participation in global value chains and global business cycles［R］. NBER Working Papers，No. 23222，2017b.

［47］William L. Innovative business models and varieties of capitalism：Financialization of the U. S. corporation［J］. Business History Review，2010，84（4）：675-702.

［48］蔡礼辉，张朕，朱磊. 全球价值链嵌入与二氧化碳排放——来自中国工业面板数据的经验研究［J］. 国际贸易问题，2020（4）：86-104.

［49］陈昭，林涛. 国际技术溢出、研发投入门槛与技术创新——基于中国高技术产业行业异质性的实证研究［J］. 上海经济研究，2018（4）：118-128.

［50］陈雯，孙照吉. 全球价值链地位、出口劳动含量与技能构成［J］. 国际贸易问题，2017（10）：74-84.

［51］陈淑梅，高敬云. 后 TPP 时代全球价值链的重构与区域一体化的深化［J］. 世界经济与政治论坛，2017（4）：124-144.

［52］陈秀英，刘胜. 国际研发合作对全球价值链分工地位的影响——基于吸收能力的门槛效应［J］. 首都经济贸易大学学报，2020，22（4）：25-35.

［53］陈瑛，杨先明，袁帆. "一带一路"沿边产业带的企业集聚效应研究——基于 GMS 经济走廊企业调查数据［J］. 亚太经济，2018，208（3）：21-29+149.

［54］陈立敏，周材荣，倪艳霞. 全球价值链嵌入、制度质量与产业国际竞争力——基于贸易增加值视角的跨国面板数据分析［J］. 中南财经政法大学学

报，2016（5）：118-126+160.

[55] 程新章. 发展中国家支持全球价值链升级的政策体系——基于演化经济学的视角 [J]. 社会科学，2015（4）：42-54.

[56] 戴岭，潘安. 全球价值链视角下中欧贸易关系的演进特征及其启示 [J]. 经济社会体制比较，2022（1）：178-189.

[57] 戴翔，金碚. 产品内分工、制度质量与出口技术复杂度 [J]. 经济研究，2014，49（7）：4-17+43.

[58] 戴翔，刘梦，张为付. 本土市场规模扩张如何引领价值链攀升 [J]. 世界经济，2017，40（9）：27-50.

[59] 戴翔，李洲，张雨. 服务投入来源差异、制造业服务化与价值链攀升 [J]. 财经研究，2019，45（5）：30-43.

[60] 戴翔. 营商环境优化能够提升全球价值链分工地位吗 [J]. 经济理论与经济管理，2020（5）：48-61.

[61] 邓向荣，曹红. 产业升级路径选择：遵循抑或偏离比较优势——基于产品空间结构的实证分析 [J]. 中国工业经济，2016，No.335（2）：52-67.

[62] 丁一兵，张弘媛. 关税壁垒对中国嵌入全球价值链的影响 [J]. 武汉大学学报（哲学社会科学版），2020，73（4）：93-108.

[63] 董虹蔚，孔庆峰. 区域价值链视角下的金砖国家合作机制研究 [J]. 国际经贸探索，2018（10）：58-73.

[64] 费越，张勇，丁仙，吴波. 数字经济促进我国全球价值链地位升级——来自中国制造业的理论与证据 [J]. 中国软科学，2021（S1）：68-75.

[65] 方新，余江. 系统性技术创新与价值链重构 [J]. 数量经济技术经济研究，2002（7）：5-8.

[66] 付海燕. 对外直接投资逆向技术溢出效应研究——基于发展中国家和地区的实证检验 [J]. 世界经济研究，2014（9）：56-61+67+88-89.

[67] 付明辉，祁春节. 要素禀赋、技术进步偏向与农业全要素生产率增长——基于28个国家的比较分析 [J]. 中国农村经济，2016（12）：76-90.

[68] 高传胜，刘志彪. 生产者服务与长三角制造业集聚和发展——理论、实证与潜力分析 [J]. 上海经济研究，2005（8）：35-42.

[69] 高明宇，李婧. 中国贸易网络特征与人民币国际化：典型事实、关联机制与实证检验 [J]. 南方金融，2022，550（6）：3-16.

[70] 高翔，张敏. 全球价值链视角下中国制造业服务要素含量的动态演进

研究——基于区分贸易类型的国家区域间投入产出表［J］. 国际贸易问题，2021 （1）：126-142.

［71］高小龙，董银果. 中间品进口与制造业全球价值链升级［J］. 财经论丛，2020（10）：12-21.

［72］高运胜，郑乐凯，惠丽霞. 融资约束与制造业 GVC 地位提升［J］. 统计研究，2018（8）：11-22.

［73］耿晔强，白力芳. 人力资本结构高级化、研发强度与制造业全球价值链升级［J］. 世界经济研究，2019（8）：88-102+136.

［74］管治华. 碳税征收对经济增长与产业结构影响的实证分析［J］. 经济问题，2012（5）：42-45.

［75］谷军健，赵玉林. 金融发展如何影响全球价值链分工地位？——基于与科技创新协同的视角［J］. 国际金融研究，2020（7）：35-44.

［76］郭晴，帅传敏，帅竞. 碳关税对世界经济和农产品贸易的影响研究［J］. 数量经济技术经济研究，2014（10）：97-109.

［77］江小涓. 高度联通社会中的资源重组与服务业增长［J］. 经济研究，2017，52（3）：4-17.

［78］韩亚峰，冯雅倩. OFDI 逆向技术溢出对制造业价值链升级的影响——基于 G20 国家面板数据的研究［J］. 国际商务（对外经济贸易大学学报），2018（6）：75-85.

［79］韩永辉，黄亮雄，王贤彬. 产业政策推动地方产业结构升级了吗？——基于发展型地方政府的理论解释与实证检验［J］. 经济研究，2017，52（8）：33-48.

［80］何雄浪，张泽义. 国际进口贸易技术溢出效应、本国吸收能力与经济增长互动——理论及来自中国的证据［J］. 世界经济研究，2014（11）：36-41+48+88.

［81］胡军，陶锋，陈建林. 珠三角 OEM 企业持续成长的路径选择——基于全球价值链外包体系的视角［J］. 中国工业经济，2005（8）：42-49.

［82］胡艺，沈铭辉. 中美经贸摩擦与中国-东盟区域价值链的体系构建［J］. 云南社会科学，2019（5）：52-62+186.

［83］胡昭玲，宋佳. 基于出口价格的中国国际分工地位研究［J］. 国际贸易问题，2013（3）：15-25.

［84］胡昭玲，张玉. 制度质量改进能否提升价值链分工地位？［J］. 世界经

济研究，2015（8）：19-26+127.

[85] 黄栋，锁天泽. RCEP 背景下中国——东盟新能源汽车产业合作路径研究 [J]. 市场论坛，2022（4）：1-7.

[86] 黄繁华，姜悦，黄嘉雯. 服务业对全球价值链分工影响和异质性研究 [J]. 世界经济与政治论坛，2019（5）：77-96.

[87] 黄庆波，王孟孟，薛金燕，等. 碳关税对中国制造业出口结构和社会福利影响的实证研究 [J]. 中国人口·资源与环境，2014（3）：5-12.

[88] 黄暐，张台秋. 国内 R&D、国际技术溢出及其就业效应 [J]. 国际贸易问题，2012（9）：145-152.

[89] 兰天，张建国，海鹏. ACESA 背景下中国工业品贸易被动碳关税与主动碳税选择研究——基于 GTAP 模型的实证分析 [J]. 软科学，2018（8）：82-85.

[90] 黎峰. 要素禀赋结构升级是否有利于贸易收益的提升？——基于中国的行业面板数据 [J]. 世界经济研究，2014（8）：3-7.

[91] 黎峰. 增加值视角下的中国国家价值链分工——基于改进的区域投入产出模型 [J]. 中国工业经济，2016（3）：52-67

[92] 李宏，陈圳. 制度约束与全球价值链地位提升：制度红利的门槛效应 [J]. 现代财经（天津财经大学学报），2018，38（2）：41-53.

[93] 李平，崔喜君. 进口贸易与国外专利申请对中国区域技术进步的影响——基于东、中、西部面板数据的实证分析 [J]. 世界经济研究，2007（1）：28-32.

[94] 李群峰. OFDI 逆向技术溢出的最佳技术差距区间研究——基于面板门槛模型方法 [J]. 科技管理研究，2015，35（17）：202-205+216.

[95] 李小平. 国际贸易与技术溢出：途径及测算研究综述 [J]. 财贸经济，2008（5）：108-111.

[96] 李洲，马野青. 三次产业增加值分解视角下的中国出口技术复杂度——兼评经济开放对产业技术升级的重要性 [J]. 国际贸易问题，2020（1）：1-16.

[97] 李平，狄辉. 产业价值链模块化重构的价值决定研究 [J]. 中国工业经济，2006（9）：71-77.

[98] 厉无畏，王玉梅. 价值链的分解与整合——提升企业竞争力的战略措施 [J]. 经济管理，2001（3）：10-11.

［99］梁运文，曹平．CAFTA 价值链演进、南南竞争与中国经济发展战略选择［J］．世界经济研究，2009（7）：3-10.

［100］凌丹，张小云．技术创新与全球价值链升级［J］．中国科技论坛，2018（10）：53-61+100.

［101］刘斌，魏倩，吕越，祝坤福．制造业服务化与价值链升级［J］．经济研究，2016（3）：151-162.

［102］刘德学，孙博文．经济制度距离与贸易发展——基于跨国面板数据的实证研究［J］．国际商务（对外经济贸易大学学报），2019，186（1）：21-33.

［103］刘海云，毛海欧．国家国际分工地位及其影响因素——基于"GVC 地位指数"的实证分析［J］．国际经贸探索，2015，31（8）：44-53.

［104］刘军，杨渊鋆，张三峰．中国数字经济测度与驱动因素研究［J］．上海经济研究，2020（6）：81-96.

［105］刘淑春．中国数字经济高质量发展的靶向路径与政策供给［J］．经济学家，2019（6）：52-61.

［106］刘维林．产品架构与功能架构的双重嵌入——本土制造业突破 GVC 低端锁定的攀升途径［J］．中国工业经济，2012（1）：152-160.

［107］刘维林，李兰冰，刘玉海．全球价值链嵌入对中国出口技术复杂度的影响［J］．中国工业经济，2014，（6）：83-95.

［108］刘信恒．国内市场分割与出口产品质量升级——来自中国制造业企业的证据［J］．国际贸易问题，2020（11）：30-44.

［109］刘友金，周健．变局中开新局：新一轮国际产业转移与中国制造业的未来［J］．湖南科技大学学报（社会科学版），2021，24（2）：63-70.

［110］刘志彪．全球化背景下中国制造业升级的路径与品牌战略［J］．财经问题研究，2005（5）：25-31.

［111］刘志彪，张杰．全球代工体系下发展中国家俘获型网络的形成、突破与对策——基于 GVC 与 NVC 的比较视角［J］．中国工业经济，2007（5）：39-47.

［112］刘圣香，刘芳芳．浙江省制造业升级的影响因素分析与对策建议——基于全球价值链视角［J］．经营与管理，2015（2）：84-87.

［113］刘明宇，芮明杰．价值网络重构、分工演进与产业结构优化［J］．中国工业经济，2012（5）：148-160.

［114］罗仪馥．融入与游离：泰国在全球价值链中的地位困境［J］．南洋问

题研究，2022（1）：126-142.

[115] 蓝庆新，姜峰．"一带一路"与以中国为核心的国际价值链体系构建[J]．人文杂志，2016（5）：29-34.

[116] 吕越，罗伟，刘斌．异质性企业与全球价值链嵌入：基于效率和融资的视角[J]．世界经济，2015（8）：29-55.

[117] 吕越，罗伟，刘斌．融资约束与制造业的全球价值链跃升[J]．金融研究，2016（6）：81-96.

[118] 吕越，黄艳希，陈勇兵．全球价值链嵌入的生产率效应：影响与机制分析[J]．世界经济，2017（7）：28-51.

[119] 马盈盈，盛斌．制造业服务化与出口技术复杂度：基于贸易增加值视角的研究[J]．产业经济研究，2018（4）：1-13+87.

[120] 马秀丽，孙友杰．信息时代企业价值链重构分析[J]．商业经济与管理，2004（2）：32-35.

[121] 毛蕴诗，郑奇志．基于微笑曲线的企业升级路径选择模型——理论框架的构建与案例研究[J]．中山大学学报（社会科学版），2012，52（3）：162-174.

[122] 孟国碧．碳泄漏：发达国家与发展中国家的规则博弈与战略思考[J]．当代法学，2017（4）：38-49.

[123] 潘闽，张自然．产业集聚与中国工业行业全球价值链嵌入[J]．技术经济与管理研究，2017（5）：108-112.

[124] 宁福海．当前我国技术创新的制度匹配研究[J]．理论学刊，2013，229（3）：53-56.

[125] 潘文卿．外商投资对中国工业部门的外溢效应：基于面板数据的分析[J]．世界经济，2003（6）：3-7+80.

[126] 乔小勇，王耕，朱相宇，等．全球价值链嵌入的制造业生产分工、价值增值获取能力与空间分异[J]．中国科技论坛，2018（8）：58-65.

[127] 秦北辰，石有为．价值链分工的国内政治逻辑：以马来西亚、泰国、菲律宾汽车产业为例[J]．当代亚太，2022（4）：38-75+165-166.

[128] 秦汉锋．技术创新与制度创新互动关系理论的比较[J]．经济科学，1999（5）：39-45.

[129] 邱斌，叶龙凤，孙少勤．参与全球生产网络对我国制造业价值链提升影响的实证研究——基于出口技术复杂度的分析[J]．中国工业经济，2012

（1）：57-67.

［130］裴莹，郭周明．数字经济推进我国中小企业价值链攀升的机制与政策研究［J］．国际贸易，2019（11）：12-20+66.

［131］曲如晓，臧睿．自主创新、外国技术溢出与制造业出口产品质量升级［J］．中国软科学，2019（5）：18-30.

［132］曲泽静，张慧君．创新驱动区域主导产业升级与价值链重构路径［J］．统计与决策，2017（24）：35-39.

［133］邵朝对，苏丹妮．产业集聚与企业出口国内附加值：GVC升级的本地化路径［J］．管理世界，2019，35（8）：9-29.

［134］盛斌．建设国际经贸强国的经验与方略［J］．国际贸易，2015（10）：4-14.

［135］盛斌，苏丹妮，邵朝对．中国全球价值链嵌入的空间路径选择——事实与影响因素［J］．世界经济文汇，2018（1）：86-103.

［136］沈可挺．碳关税争端及其对中国制造业的影响［J］．中国工业经济，2010（1）：65-74.

［137］沈可挺，李钢．碳关税对中国工业品出口的影响——基于可计算一般均衡模型的评估［J］．财贸经济，2010，（1）：75-82.

［138］沈能，赵增耀，周晶晶．生产要素拥挤与最优集聚度识别——行业异质性的视角［J］．中国工业经济，2014（5）：83-95.

［139］史青，赵跃叶．中国嵌入全球价值链的就业效应［J］．国际贸易问题，2020（1）：94-109.

［140］苏东坡，柳天恩，李永良．模块化、全球价值链与制造业集群升级路径［J］．经济与管理，2018（4）：60-67.

［141］苏丹妮，盛斌，邵朝对，陈帅．全球价值链、本地化产业集聚与企业生产率的互动效应［J］．经济研究，2020，55（3）：100-115.

［142］苏庆义，高凌云．全球价值链分工位置及其演进规律［J］．统计研究，2015，32（12）：38-45.

［143］孙海波，刘忠璐．OFDI逆向技术溢出促进中国工业绿色转型了吗——来自中国省级面板数据的经验证据［J］．国际贸易问题，2019（3）：161-174.

［144］孙灵希，曹琳琳．中国装备制造业价值链地位的影响因素研究［J］．宏观经济研究，2016（11）：59-71+166.

[145] 孙涛，黄少安. 制度变迁的路径依赖、状态和结构依存特征研究——以改革开放以来中国农村土地制度变迁为例 [J]. 广东社会科学，2009（2）：19-24.

[146] 孙湘湘，周小亮. 服务业开放对制造业价值链攀升效率的影响研究——基于门槛回归的实证分析 [J]. 国际贸易问题，2018（8）：98-111.

[147] 孙治宇. 全球价值链分工与价值链升级研究 [M]. 北京：经济科学出版社，2013.

[148] 谭力文，马海燕. 全球外包下的中国企业价值链重构 [J]. 武汉大学学报（哲学社会科学版），2006（2）：149-154.

[149] 谭人友，葛顺奇，刘晨. 全球价值链重构与国际竞争格局——基于40个经济体35个行业面板数据的检验 [J]. 世界经济研究，2016（5）：87-98.

[150] 唐海燕，张会清. 产品内国际分工与发展中国家的价值链提升 [J]. 经济研究，2009，44（9）：81-93.

[151] 唐志红. 经济全球化下一国产业结构优化 [D]. 四川大学博士学位论文，2005.

[152] 田文，张亚青，佘珉. 全球价值链重构与中国出口贸易的结构调整 [J]. 国际贸易问题，2015（3）：3-13.

[153] 佟家栋，刘程. 与对外贸易政策相连接的产业政策——试论产业政策与政府干预 [J]. 南开学报（哲学社会科学版），2017，260（6）：82-87.

[154] 屠年松，薛丹青. 贸易自由化与中国制造业的全球价值链攀升——基于中国30个省份面板数据的实证研究 [J]. 经济经纬，2019，36（6）：70-77.

[155] 吴海平，宣国良. 加入WTO后国有大型企业集团的价值链重构 [J]. 中国工业经济，2003（2）：48-56.

[156] 王传宝. 全球价值链视角下地方产业集群升级机理研究 [D]. 华中科技大学，2009.

[157] 王海杰. 全球价值链分工中我国产业升级问题研究述评 [J]. 经济纵横，2013（6）：113-116.

[158] 王海全，吴德进，陈燕和. 中国产业向东盟转移的动因、影响及趋势研究 [J]. 福建论坛（人文社会科学版），2021（12）：100-110.

[159] 王俊. 基于演化经济学视角的新型工业化战略选择 [J]. 财经科学，2014（11）：83-91.

[160] 王岚. 融入全球价值链对中国制造业国际分工地位的影响 [J]. 统计

研究，2014（5）：17-23.

［161］王晓芳，谢贤君．经济增长与产业集聚双重视角下区域一体化的就业效应研究——基于长江经济带的实证研究［J］．经济问题探索，2018（6）：84-90.

［162］王晓萍，胡峰，张月月．全球价值多环流架构下中国先进制造业升级发展［J］．上海经济研究，2018（8）：56-62.

［163］王星宇．金砖国家经贸合作与全球价值链重构［J］．经济问题，2019（1）：123-129.

［164］王杨堃，秦山．中老铁路开通对带动云南沿边开发开放的思考［J］．铁道运输与经济，2022，44（11）：157-162.

［165］王一鸣，王君．关于提高企业自主创新能力的几个问题［J］．中国软科学，2005（7）：10-14.

［166］文东伟．全球价值链分工与中国的贸易失衡——基于增加值贸易的研究［J］．数量经济技术经济研究，2018，35（11）：39-57.

［167］魏龙，王磊．从嵌入全球价值链到主导区域价值链——"一带一路"战略的经济可行性分析［J］．国际贸易问题，2016（5）：104-115.

［168］韦庄禹．数字经济发展对制造业企业资源配置效率的影响研究［J］．数量经济技术经济研究，2022，39（3）：66-85.

［169］夏后学，谭清美，白俊红．营商环境、企业寻租与市场创新——来自中国企业营商环境调查的经验证据［J］．经济研究，2019，54（4）：84-98.

［170］夏先良．碳关税、低碳经济和中美贸易再平衡［J］．国际贸易，2009（11）：37-45.

［171］肖利平，谢丹阳．国外技术引进与本土创新增长：互补还是替代——基于异质吸收能力的视角［J］．中国工业经济，2016（9）：75-92.

［172］谢建国，张宁．技术差距、技术溢出与中国的技术进步：基于中美行业贸易数据的实证分析［J］．世界经济研究，2020（1）：12-24+135.

［173］谢涓，李恒．对外贸易与内生性经济增长模型及其分析［J］．统计与决策，2010，306（6）：121-124.

［174］谢涓．对外开放与我国区域产业结构调整研究［D］．湖南大学博士学位论文，2012.

［175］徐斌，李彦江，吴千羽．碳关税对中国高耗能商品及能源市场影响——基于可计算一般均衡模型分析［J］．产业经济研究，2015（2）：23-32.

［176］许晖，许守任，王睿智．嵌入全球价值链的企业国际化转型及创新路径——基于六家外贸企业的跨案例研究［J］．科学学研究，2014（1）：73-83.

［177］许基南．基于产业链分析的代工企业自主品牌战略研究［J］．当代财经，2007（2）：71-75.

［178］许晖，王琳．价值链重构视角下企业绿色生态位跃迁路径研究——"卡博特"和"阳煤"双案例研究［J］．管理学报，2015，12（4）：500-508.

［179］徐盈之，郭进，周秀丽．碳税与区域经济协调发展——基于分位数回归的实证研究［J］．东北大学学报（社会科学版），2016（6）：585-592.

［180］杨红丽，陈钊．外商直接投资水平溢出的间接机制：基于上游供应商的研究［J］．世界经济，2015，38（3）：123-144.

［181］杨慧梅，江璐．数字经济、空间效应与全要素生产率［J］．统计研究，2021，38（4）：3-15.

［182］杨蕙馨，田洪刚．中国制造业技术进步与全球价值链位置演变关系再检验——一个技术进步和参与度的双门槛模型［J］．财贸研究，2020，31（11）：27-40.

［183］杨俊，李平．要素市场扭曲、国际技术溢出与出口技术复杂度［J］．国际贸易问题，2017（3）：51-62.

［184］杨水利，杨祎．技术创新模式对全球价值链分工地位的影响［J］．科研管理，2019，40（12）：11-20.

［185］杨曦，彭水军．碳关税可以有效解决碳泄漏和竞争力问题吗？——基于异质性企业贸易模型的分析［J］．经济研究，2017（5）：60-74.

［186］姚战琪．生产性服务中间投入、制造业服务化对中国制造业出口的影响——基于全球价值链视角的研究［J］．北京工商大学学报（社会科学版），2019，34（4）：1-10.

［187］姚战琪．数字经济对我国制造业出口竞争力的影响及其门槛效应［J］．改革，2022（2）：61-75.

［188］于斌斌，胡汉辉．产业集群与城市化的共同演化机制：理论与实证［J］．产业经济研究，2013（6）：1-11.

［189］俞海山．碳关税：发达国家与发展中国家的博弈［J］．学习与探索，2015（3）：102-106.

［190］于世海，许慧欣，孔令乾．数字经济水平对中国制造业资源配置效率的影响研究［J］．财贸研究，2022，33（12）：19-34.

［191］余泳泽，刘大勇，宣烨．生产性服务业集聚对制造业生产效率的外溢效应及其衰减边界——基于空间计量模型的实证分析［J］．金融研究，2016（2）：23-36.

［192］余振，周冰惠，谢旭斌，王梓楠．参与全球价值链重构与中美贸易摩擦［J］．中国工业经济，2018（7）：24-42.

［193］原毅军，耿殿贺，张乙明．技术关联下生产性服务业与制造业的研发博弈［J］．中国工业经济，2007（11）：80-87.

［194］袁嘉琪，卜伟，杨玉霞．如何突破京津冀"双重低端锁定"？——基于区域价值链的产业升级和经济增长效应研究［J］．产业经济研究，2019（5）：13-26.

［195］赵明亮，臧旭恒．国际贸易新动能塑造与全球价值链重构［J］．改革，2018（7）：148-158.

［196］张海丰．技术进步与制度匹配：演化经济学的视角［J］．经济问题探索，2015，396（7）：1-6.

［197］张虎，韩爱华．制造业与生产性服务业耦合能否促进空间协调——基于285个城市数据的检验［J］．统计研究，2019（1）：39-50.

［198］张杰，刘志彪．制度约束、全球价值链嵌入与我国地方产业集群升级［J］．当代财经，2008（9）：84-91.

［199］张杰，陈志远，刘元春．中国出口国内附加值的测算与变化机制［J］．经济研究，2013（10）：124-137.

［200］张盼盼，陈建国．融资约束如何影响了中国制造业的出口国内增加值率：效应和机制［J］．国际贸易问题，2019（12）：18-31.

［201］张其春，郗永勤．基于"四链"协同升级的战略性新兴产业发展研究——以我国稀土产业为例［J］．当代财经，2015（5）：86-96.

［202］张少军，刘志彪．国际贸易与内资企业的产业升级——来自全球价值链的组织和治理力量［J］．财贸经济，2013（2）：68-79.

［203］张少军，侯慧芳．全球价值链恶化了贸易条件吗——发展中国家的视角［J］．财贸经济，2019，40（12）：128-142.

［204］张世俊，邓峰．多渠道国际技术溢出效应的区域差异性研究［J］．科学学研究，2019，37（5）：826-832.

［205］张小蒂，朱勤．论全球价值链中我国企业创新与市场势力构建的良性互动［J］．中国工业经济，2007（5）：30-38.

［206］张旭昆．制度的需求［J］．数量经济技术经济研究，2001（7）：81-84．

［207］张艳萍，凌丹，刘慧岭．数字经济是否促进中国制造业全球价值链升级？［J］．科学学研究，2022，40（1）：57-68．

［208］张友国，郑世林，周黎安，石光．征税标准与碳关税对中国经济和碳排放的潜在影响［J］．世界经济，2015（2）：167-192．

［209］张卓颖，石敏俊．中国区域价值链的空间分布及演化特征——基于交通运输设备制造业研究［J］．社会科学战线，2019（11）：56-67+81-281．

［210］张天顶．全球价值链重构视角下中国企业国际化的影响因素［J］．统计研究，2017，34（1）：33-43．

［211］赵涛，张智，梁上坤．数字经济、创业活跃度与高质量发展——来自中国城市的经验证据［J］．管理世界，2020，36（10）：65-76．

［212］郑展鹏，王洋东．国际技术溢出、人力资本与出口技术复杂度［J］．经济学家，2017（1）：97-104．

［213］郑永杰．国际贸易的技术溢出促进资源型地区技术进步的机理研究［D］．哈尔滨工业大学博士学位论文，2013．

［214］周晓波，陈璋．全球价值链、汇率变动与贸易竞争力［J］．上海经济研究，2020（6）：107-116．

［215］周晋竹．全球价值链重构的三大特征及对中国的挑战［J］．中国对外贸易，2017（1）：23-25．

［216］朱富强．分工和交易相结合的企业解释——古典主义和新制度主义的一个比较［J］．政治经济学评论，2004（3）：181-201．

后　记

　　本书是国家自然科学基金项目"区域价值链合作视角下 GMS 制造业价值链演进机理与升级路径研究"（项目编号：72063020）的主要研究成果。项目于 2020 年立项，项目组在此后的三年，先后赴泰国、越南及国内多个城市调研，进行大量的企业问卷调研和深度访谈，分别对位于 GMS 的代表性国家中国、泰国、越南的 100 家制造业企业发放调查问卷 100 份（每个企业一份问卷），共收回 93 份，问卷回收率为 93%，有效问卷 86 份，问卷有效率为 92.47%。得到了大量的第一手资料，为后续研究工作奠定了坚实的基础。在此，对于接受调研的企业的大力支持表示衷心的感谢。

　　本书是集体智慧的结晶。由我提出总体思路，起草写作大纲，并撰写主要章节的内容。与此同时，由我指导的研究生为主的项目组积极参与项目研究，个别教师也参与了研究工作。以下为参与各章初稿写作情况：第一章，易泽华、龚凯翔；第二章，薛丹青；第三章，龚凯翔；第四章，柴正猛、李柯、余维绗；第五章，张月明；第六章，贾凤；第七章，张月明；第八章，张月明。最后在初稿完成的基础上，由我负责修改并定稿。在此感谢项目组成员的辛勤劳动。

　　感谢李原子在泰国调研的支持，感谢阮氏青娥在越南的调研。感谢所有支持我们研究的老师和学生。

　　感谢国家自然科学基金项目的资助，使我有机会和项目组成员一起收集资料、进行企业问卷调研和深度访谈，在研究方法的选择、书稿的写作和团队建设等方面积累了许多经验，研究能力得到明显提高，并取得了一系列的成果。我和项目组成员在该项目的研究中获得成长。本专著的出版将成为我和项目组成员新的研究历程的开始。

2023 年 5 月